JN440502

영어 사전 사용 연구

영어 사전 사용 연구

Studies on EFL Dictionary Users and Uses

정영국 · 조미옥 편

한국문화사

영어 사전 사용 연구

초판인쇄 2012년 11월 10일
초판발행 2012년 11월 15일

엮 은 이 정 영 국 · 조 미 옥
꾸 민 이 공 정 선
펴 낸 이 김 진 수
펴 낸 곳 **한국문화사**
등 록 1991년 11월 9일 제2 - 1276호
주 소 서울특별시 성동구 아차산로 3(성수동 1가) 502호
전 화 (02)464 - 7708 / 3409 - 4488
전 송 (02)499 - 0846
이 메 일 hkm7708@hanmail.net
홈페이지 www.hankookmunhwasa.co.kr

책값은 뒤표지에 있습니다.

잘못된 책은 바꾸어 드립니다.

ISBN 978-89-5726-708-0 93740

*본 연구는 국제영어대학원대학교의 학술비 지원을 받아 진행하였다.

■ 머리말

언어 사전에 대한 연구가 본격적으로 이루어지기 시작한 지도 이제 40년이 넘었다. 그 중에서 특히 학습자용 사전에 대한 연구가 활발하게 이루어진 것은 1983년 영국 엑시터(Exeter) 대학교에서 하트만(Hartmann) 교수 주도하에 유럽사전학회가 처음 열린 것이 계기가 되었다. 그 이후 지난 30여 년 동안 다른 대륙들에서도 아프리카 사전학회, 아시아 사전학회 등과 같은 학회가 생기고, 주요 국가별로도 여러 사전학회가 생겼다.

이들 사전학회에서 다루는 연구 주제는 매우 다양하지만 크게 보면 사전 역사, 사전 비평, 사전 편찬, 사전 구조, 사전 사용, 사전과 매체로 나눌 수 있다. 이들 주제 중에서 언어 학습자 사전과 관련해서 연구의 필요성이 가장 높은 분야 중 하나가 사전 사용에 관한 것이다. 언어 학습, 특히 외국어 학습에서는 다양한 종류의 사전들이 학습자의 동반자 역할을 하기 마련이기 때문이다.

외국어 학습에 있어서의 사전 사용과 관련해서 자주 나오는 질문은 과연 사전을 사용해야 하느냐 하지 말아야 하느냐에서부터 언제 어떤 사전을 사용하는 게 가장 효과적이냐에 이르기까지 아주 다양하다. 좀 더 구체적으로 말하면, 영어 교육 분야에서는 영영 사전을 사용해야 하느냐, 영한 사전을 사용해야 하느냐, 또는 종이 사전이 효과적인가, 전자 사전이 효과적인가 하는 등의 질문이 끊임없이 나올 수 있다. 이런 질문들이 외국어를 가르치는 사람이나 배우는 사람 모두에게 매우 중요하고 의미 있기 때문이다. 그러나 이런 질문에 대한 답변을 '이것 아니면 저것'이라는 식으로 간단하게 할 수는 없다. 사전 사용자의 학습 수준, 학습 목적, 학습 방법 등에 따라 그 답이 달라질 수 있기 때문이다.

세계 곳곳에서의 활발한 사전학회 활동에 힘입어 지난 30여 년 동안 해

외에서는 외국어 학습자 사전 사용에 관해 많은 연구 성과들이 발표되었다. 그러나 이런 연구 결과들이 대단히 다양한 학술지나 단행본들에 산재되어 있는 실정이어서 사전에 관한 연구를 전문으로 하는 사람조차도 이들을 일일이 찾아서 읽고 그 내용을 샅샅이 익힌다는 것이 결코 쉽지 않다. 이런 어려움 때문에 해외에서는 사전 사용 연구에 관한 문헌들을 종합해서 소개하는 자료들이 이미 나와 있다. 예를 들어, Dolezal과 McCreary(1998)는 사전 사용자와 사전 사용에 관한 연구 논문, 학위논문, 단행본 등 500여 편의 문헌을 정리해서 소개하는 *Pedagogical Lexicography Today*라는 책을 낸 적이 있다. 최근에는 Welker(2010)가 사전 사용에 관한 연구 중에서 특히 사전 사용자에 대한 실증적인 연구를 수행한 320편의 연구물들을 *Dictionary Use: A General Survey of Empirical Studies*라는 단행본으로 정리, 소개했다.

하지만 국내에는 아직 사전 사용에 관한 다양한 연구 결과를 한자리에서 살펴볼 수 있도록 정리한 문헌이 없어서 아쉬운 실정이었다. 이러한 아쉬움은 특히 대학원 과정에서 사전학에 관한 강의를 할 때 크게 느껴진다. 학생들이 한 학기 동안 강의를 수강하면서 여기 저기 산재해 있는 문헌들을 모두 찾아서 읽고 그 내용을 파악한다는 것이 여간 어려운 일이 아니기 때문이다. 이 책을 펴내게 된 이유도 이런 어려움을 오랫동안 지켜보며 함께 느껴온 때문이다. 특히 우리에게는 지금까지 이루어진 수많은 사전 사용 관련 연구 성과들 중에서 우리 실정에 특별한 의미를 갖는 연구들을 한눈에 살펴볼 수 있는 자료가 절실히 필요하다고 느꼈다. 이 책에서는 이런 필요에 부응하기 위하여 지금까지 해외에서 발표된 사전 사용 관련 주요 연구 문헌들 가운데 60여 편을 선정하여 소개한다.

본 책에서 선정한 문헌은 1970년대에 발표된 것도 있지만, 대부분은 1990년대와 2000년대에 발표된 것들이다. 본 책에서는 이 연구들을 크게 사전 사용자들의 사전 소유 현황과 사용 실태에 관한 연구(제1장), 각 유형의 사전들이 외국어 학습에 미치는 영향(제2장), 사전 사용이 읽기, 쓰기, 번역 등에 미치는 영향(제3장), 언어 활동을 하면서 사전을 찾아본 경우와 찾아보지 않은 경우가 어휘 학습에 미치는 영향(제4장), 사전 사용 교육에서 다루어야 할 내용과 사전 사용 교육의 효과(제5장), 사전 사용자에 대한 다양한 연구 방법(제6장)의 6가지로 나누어 살펴본다.

본 책이 외국어 사전 사용에 관한 관련자들의 이해를 넓히는 데 도움이 되기를 바란다. 또한 앞으로 국내에서도 사전 사용에 관한 다양한 연구가 이뤄지는 데 참고자료가 될 수 있기를 기대해 본다. 끝으로 그동안 자료 수집과 정리에 큰 도움을 준 배연경 선생에게 고마움을 전한다.

2012년 11월

정영국 · 조미옥

■ 일러두기

1. 문헌의 서지 사항은 Harvard Style of Referencing을 일부 변용한 양식에 따라 표기하였다.
2. 연구에 소개된 문헌들의 일부는 둘 이상의 연구 주제에 걸쳐 있다. 이 경우 '요약 문헌 분류표'(269쪽)에 명시하였음을 밝혀 둔다.
3. 본문에 나오는 사전 약어들의 정식 명칭은 아래와 같다. 약어 옆의 숫자는 판(edition)을 나타낸다. 예: MED2: MED 2판(2007).

CALD *Cambridge Advanced Learner's Dictionary*

COBUILD *Collins* COBUILD *English Dictionary for Advanced Learners*

LDOCE *Longman Dictionary of Contemporary English*

MED *Macmillan English Dictionary for Advanced Learners*

OALD *Oxford Advanced Learner's Dictionary*

■ 차례

• 머리말 / v
• 일러두기 / viii

제1장 사전 사용 형태 연구

Quirk (1973) ······ 5
Tomaszczyk (1979) ······ 10
Baxter (1980) ······ 16
Atkins and Varantola (1998a) ······ 20
Diab (1989) ······ 25
Li (1998) ······ 29
Nesi and Meara (1994) ······ 33
Nesi and Haill (2002) ······ 37
Frankenberg-Garcia (2011) ······ 41
Yamada (2006) ······ 46
Ozawa and Ronald (2009) ······ 49
Law and Li (2011) ······ 53

제2장 사전 유형별 효과 비교

Laufer and Hadar (1997) ······ 62
MacFarquhar and Richards (1983) ······ 66
McCreary (2002) ······ 70
Nesi (2000) ······ 74
Nakayama and Osaki (2006) ······ 78
Koyama (2006) ······ 81
Dziemianko (2010) ······ 88

Chen (2010) 92
Nesi and Tan (2011) 96
Bowker (2003) 100

제3장 언어 활동과 사전 사용

Bensoussan, Sim and Weiss (1984) 110
Tono (1989) 115
Bogaards (1998) 119
Wingate (2004) 123
Harvey and Yuill (1997) 127
Chon (2009) 132
Atkins and Varantola (1998b) 137
Mackintosh (1998) 143
Varantola (1998) 150
Frankenberg-Garcia (2005a) 155

제4장 어휘 학습과 사전 사용

Luppescu and Day (1993) 164
Knight (1994) 168
Laufer and Hill (2001) 173
Lew and Doroszewska (2009) 177
Mochizuki (2006) 181
Ronald (2009) 185
Bruton (2007) 191
Watanabe, Itagaki, Suzuki and Kubota (2006) 195

제5장 사전 사용 교육

Nesi (1999) ········· 204
Chi (2003) ········· 208
Lew and Galas (2008) ········· 212
Bishop (2001) ········· 216
Poulet (1999) ········· 220
East (2007) ········· 223
Beattie (1973) ········· 227
Campoy Cubillo (2002) ········· 232
Iwasaki (2006) ········· 237

제6장 사전 사용자 연구 방법론

Atkins (1998) ········· 245
Hartmann (1989) ········· 246
Hulstijn and Atkins (1998) ········· 249
Tono (2001) ········· 255
Tono (1998) ········· 260
Bogaards (1999) ········· 265

■ 요약 문헌 분류표 ········· 269
■ 참고 문헌 ········· 272

제 1 장
사전 사용 행태 연구

Quirk (1973)
Tomaszczyk (1979)
Baxter (1980)
Atkins and Varantola (1998a)
Diab (1989)
Li (1998)
Nesi and Meara (1994)
Nesi and Haill (2002)
Frankenberg-Garcia (2011)
Yamada (2006)
Ozawa and Ronald (2009)
Law and Li (2011)

사전 사용자에 대한 최초의 실증적 연구는 영어 모국어 화자 사용자를 중심으로 이루어졌다. 미국의 대학생 사전 사용자에 대한 연구로 Barnhart (1962)와 이를 일부 참고하여 영국의 대학생 사전 사용자에 대해 조사한 Quirk(1973)이 대표적이다. Barnhart가 교사들에게 그들이 가르치는 학생들의 사전 사용 행태를 묻는 방식의 간접 조사를 취했다면, Quirk은 직접 설문을 통해 사용자의 인식과 사용을 연구했다.

외국어 학습[사용]자들 대상의 설문 연구는 1979년 Tomaszczyk을 기점으로 등장하였다. Tomaszczyk이 유럽(폴란드)이라는 지역적 맥락에서, 영어뿐 아니라 주요 유럽어를 학습[사용]하는 사전 사용자들을 대상으로 한 넓은 맥락의 연구라면, 비슷한 시기에 나온 Baxtcr(1980)의 연구는 한국과 교육 환경이 유사한 일본의 영어 학습자에 초점을 맞추었다. 설문조사 방식을 사용한 가장 큰 규모의 연구는 Atkins와 Varantola(1998a)를 꼽을 수 있다. 참여자 수와 지역적 분포로 볼 때 대규모 연구이자 기존의 설문 양식에 비해 변인 간 상관관계를 비교적 분명하게 구분하여 분석한 연구라는 점에서 사전 사용자 연구 분야에서 본격적인 설문 연구의 전형이라고 할 수 있다.

Diab(1989)와 Li(1998)는 일반 영어 학습자가 아니라 특수 목적 영어(ESP) 학습자에 초점을 맞춘 사용자 프로파일 연구이다. Diab는 요르단의 간호학 전공 영어 학습자를, Li는 중국 대학생 영어 학습자들의 전공(인문계 · 이공계)에 따른 사전 사용 행태 및 인식을 비교 · 조사한 연구이다.

설문조사는 특정 연구 주제에 관한 전반적인 현상을 조망하는 데는 빠르고 유용한 연구 방법이지만 그것이 실제 현상을 정확히 파악하는가에 대한 논란은 늘 있어 왔다. Hatherall(1984)이 지적한 대로, 설문조사로는 응답자들이 실제로 생각[행동]하는 것을 말한 것인지, 생각[행동]한다고 생각하는 것을 말한 것인지, 아니면 생각[행동]해야 한다고 생각하는 것을 말한 것인지 판별하기 힘들다. Nesi와 Meara(1994), Nesi와 Haill(2002), 그리고 Frankenberg-Garcia(2011)의 연구는 설문 방식이 아닌 참여자의 과업 수행 결과물이나 프로토콜, 실험 등의 방법을 이용해 일차적인 연구 데이터를 분석한 시도들이다.

후반부에 소개되는 Yamada(2006), Ozawa와 Ronald(2009) 및 Law와 Li(2011)는 각각 웹사전, PED, 그리고 모바일 사전이라는 사전 매체를 대상으로 진행한 사용자 인식 및 사용 조사 연구들이다. Yamada는 웹사전에 대한 선호도 조사와 아울러 과제물 형식의 사전 사용 기술 교육을 제안하고 있으며, Ozawa와 Ronald는 PED에 대한 영어 교사들의 인식과 사용에 초점을 맞추었다. Law와 Li에서 연구 대상이 된 모바일 사전은, 최근 사용이 폭발적으로 증가하고 있는, 스마트폰에서 실행되는 사전 응용프로그램만이 아니라 휴대전화에 내장되어 제공되는 사전 프로그램도 포함하고 있다.

Quirk (1973)

Quirk, R. (1973) 'The Social Impact of Dictionaries in the UK'. in *Lexicography in English*. ed. by McDavid, R. I. and Duckert, A. R. New York: New York Academy of Sciences, 76-83 [Reprinted in *Lexicography: Critical Concept (Vol. 1)*. ed. by Hartmann, R. R. K. (2003) London: Routledge, 312-326].

■ 연구 목적

영국 대학생 사전 사용자들에 대한 직접 설문을 통해 영국 사회에서 사전의 역할과 영향, 그에 대한 대학생 사용자의 인식을 조사한다.

■ 연구 참여자

인문·과학을 전공하는 영국의 모국어 화자 대학 1학년 220명.

■ 연구 방법

Questionnaires and surveys.

사전에 대한 오래 묵은 항간의 이미지들은 내게 '언어의 규범' 또는 '희귀하고 어려운 어휘들의 보관소'로 대변되는 것 같다. 사전의 권위적이고 규범적인 위치는 영국보다는 미국에서 한층 더하다는 말도 있다. 이러한 여러 가지 사전의 상징적 의미는 과연 지금의 사용 현실에서도 유효한 것일까? 현대 사전 사용자들은 사전에 대해 어떤 인식과 태도를 가지고 있으며, 사전을 어떻게 사용하고 있는지를 실증적으로 알아보기 위해 본 연구를 진행하였다.

순수 인문학, 응용 인문학(법학), 순수 과학 및 응용 과학(공학)을 전공하는 영국 대학 1년생 220명을 대상으로 진행한 설문조사는 30개 항목으로 이루어졌으며, 크게 다음과 같은 주제로 분류할 수 있다.

1) 사전 사용/소유 현황에 관한 항목: 가장 최근에 사전을 사용한 시기와 이유, 사전의 평균 사용 빈도, 특정 사전의 차별적 사용 여부, 주로 사용하는 사전 및 소유 여부, 부모님 댁에서의 사전 소유 여부와 사용 등.
2) 사전에 대한 태도 및 인식에 관한 항목: 영국 사전과 미국 사전에 대한 지식과 이 두 종류에 대한 선호 여부, 사전의 용례는 유명한 출처에서 따와야 한다고 생각하는지, 사전에 쉬운 단어와 비격식적인 관용구 및 숙어도 포함되어야 하는지, 사전에 백과사전적 항목이 포함되어야 하는지, 사전에 지역 방언, 미국 영어도 포함되어야 하는지, 사전에 비속어가 들어 있어야 하는지 등.
3) 사전 참조 동기 및 사용에 관한 항목: 사전을 가장 흔히 찾는 이유, 원하는 정보를 사전에서 찾지 못한 적이 있는지, 정의문의 이해 정도, 정의문의 적절성 정도, 발음 정보와 사전 사용, 형태-품사 정보와 사전 사용, 유의어/반의어 정보와 사전 사용, 어원 정보와 사전 사용, 사전 개선에 대한 응답자의 제안 등.

총 220명의 학생들 중 192명이 사전을 소유하고 있다고 답했다. 이렇게 대다수의 학생들이 사전을 소유하고 있는 상황은 전공 분야에 상관없이 비슷했다. 그러나 규칙적으로 사전을 사용하는 학생들이 사전을 소유하는 경향도 컸다(P<.001). 사전 사용 빈도 자체는 모든 전공 그룹에서 다양한 분포를 보였지만 인문 분야 학생들이 사전을 더 많이 쓰는 경향은 뚜렷했다. 특정 사전을 선호하는 경향 역시 이공계 학생들보다는 인문계 학생들이, 사전을 간혹 사용하거나 매월 한 번 이상 사용하는 집단보다는 매주 한 번 이상 자주 사용하는 집단들이 더 컸다.

사전 사용 이유에 대해서는 재미있는 현상이 발견되었다. 학생 자신이 소유하고 있는 사전과 그들의 부모님 집에 있는 사전 사이에 사용 이유가 큰 차이를 보였다. 자신 소유의 사전을 사용하는 주된 이유는 단연 '의미'와 '철자'였지만, 가정에서 사용되는 경우에는 단어 게임이나 '다른 용도' 등 사전의 기능이 한층 다양했다.

학생들이 학습 목적으로 사전을 사용하는 주된 이유가 의미와 철자, 이 두 가지인 것은 전공과 무관하게 모든 학생들에게서 동일했지만, 과학 전공 학생들의 응답에서 철자가 제시된 경우가 더 잦았고, 의미와 관련해서는 철학, 법학, 의학 전공 학생들의 정확하고 전문적인 정의를 필요로 하는 경우가 많았다. 그럼에도 전문용어 사전을 사용한다고 언급한 경우는 단 한 번밖에 없었다.

사전 속의 특정 정보를 이용하는 것과 관련하여, 유의어/반의어 정보는 무려 156명의 학생들이 이런 목적으로 자주 사전을 찾는다고 보고한 반면, 어원 정보나 발음 및 품사 정보에 대한 관심은 현저히 낮았다.

그러나 사용자들이 대체로 특정 정보에 관심이 없다고 해서 사전 편찬자들이 앞으로 사전에서 특정 요소들을 제외시켜도 되는 것은 아닌 듯하다. 학생들이 갖고 있는 사전에 대한 일반적인 생각을 물었을 때 '절대적인 완전성(absolute completeness)'을 기준으로 강력히 주장하는 반응이 많았다. 다수의 학생들은 아주 쉬운 단어나 관용어들까지 사전이 다루어야 한다고 생각했다. 특히 사전을 자주 사용하는 응답자들일수록 사전은 어휘를 포괄적으로 망라해야 한다고 생각했다($p<.001$).

반면 '비속어'와 '지역 방언'에 대해서는 포함시키지 말아야 한다는 응답이 더 많았다(비속어: 142 대 70, 지역 방언: 147 대 61). 미국 영어 포함 여부에 대해서는 근소한 차이로 긍정적인 답이 더 많았지만 이공계가 미국에 대해 더 개방적일 것이라는 예상과는 달리 이공계보다 인문계 학생들이 미국 영어 포함에 더 호의적인 반응을 보였다. 백과사전인 정보를 포함해야 하는가에 대해서는 123 대 96으로 반대가 많았고, 이런 의견은 전공과 상관없이 상당히 고르게 나타났다.

이 모든 것을 종합해 보면 전공에 상관없이 영국 학생들이 생각하는 일반적인 모습의 사전은 고유명사가 아닌 일반 어휘를, 한 언어 집단의 표준어를 중심으로 그 의미를 해설하고 기술한 자료라고 할 수 있을 것이다.

용례를 출처가 명확한 인용구 중심으로 가져와야 하는가에 대해서는 132 대 94의 비율로 부정적인 답이 많아서 사용자들이 사전 편찬자를 기꺼이 신뢰할 준비가 되어 있음을 보여주었다. 단, 사전을 중독자처럼 사용하는 인문계 학생들 사이에서만 약간 반대되는 선호도를 보여주었다.

대부분의 학생들에게 어휘의 의미[정의]가 사전의 가장 중요한 요소였지만 이 점에 대한 학생들의 불만은 상당히 컸다. 놀랄 정도로 많은 수의 대학생들이 사전 정의문에 쓰이는 메타언어를 이해하는 데 어려움을 겪는 것으로 보인다. 발음의 경우와 마찬가지로 이 점에서도 사전을 자주 사용하지 않아 친숙성이 부족한 데서 이런 어려움이 야기되는 듯하다. 이런 점은 또 전공 분야와도 관련이 있어서 이공계 학생들이 비교적 더 많이 어려움을 토로했다. 정의문의 적절성에 대한 불만은 훨씬 더 강해서 220명의 학생들 중 무려 175명이 때때로 사전에 기술된 단어의 의미가 충분히 적절하지 않다고 생각한다고 했다. 이공계 학생들 중에서는 절대 다수가 이런 경험을 하였다($p<.001$).

사전 개선을 위한 제언에 대한 학생들의 반응은 전공과 상관없이 매우 열의 있어서, 2/3가 넘는 응답자들이 많은 부분에서 서로 엇비슷한 제안을 하였다. 제언이 가장 집중적으로 몰린 부분은 1) 정의 제시 방식, 2) 다루는 정보의 범위, 3) 편집 체제에 관한 것이었다. 1)에 대해서는 52명의 학생들이 "정의문이 덜 복잡하고 덜 모호하며 덜 길 것(즉 간단 명료할 것)"을 주장했다. 거의 절반에 이르는 학생들은 또한 "정의문이 일반적인 의미로 뭉뚱그릴 것이 아니라 엄밀해야 한다"고 생각했다. 다루는 정보의 범위에 대해서는 38명의 학생들이 제언을 했는데, 사전을 좀 더 구어 중심적으로 만들 것, 더욱 포괄적이고 상세하게 정보를 제시할 것 등을 주문했다. 3)에 대해서는 36명의 학생들이 언급했는데 가장 큰 관심 요소 두 가지는 (a) 활자를 개선하고 편집을 더 시원하게 하면 가독성이 더 좋아질 것이라는 점과 (b) 상호참조 시스템과 부호들을 개선하면 사전의 효율성이 높아질 것이라는 점이었다.

본 연구에서처럼 관심 분야가 그렇게 다양한 학생들이 사전 개선에 대해 그처럼 많은 좋은 생각들을 열정적으로 제시한다는 것은 우리 사회에서 사전이 갖는 중요성이 얼마나 큰가를 시사한다. 또한 학생들의 전공 분야에 따라 상당한 차이점들이 있기도 했지만 응답에 나타난 합일과 일치의 정도를 보면 우리 사회에서 사전에 대한 이미지가 얼마나 제도화되어 있고 균일한가도 알 수 있다.

■ **관련 연구**

본 연구가 영국의 대학생 사전 사용자에 대한 설문조사 연구라면, Barnhart(1962)는 미국의 대학생 사전 사용자에 대한 설문조사 연구이다. 이 두 연구는 영어권 화자들의 사전 사용 현황과 대도에 관한 선구적인 연구로 인용된다.

Tomaszczyk (1979)

Tomaszczyk, J. (1979) 'Dictionaries: Users and Uses'. *Glottodidactica* 12, 103-119.

■ **연구 목적**

외국어 학습자 및 사용자를 대상으로 설문조사를 통해 그들의 사전 사용 실태와 욕구를 조사한 최초의(1979년) 실증적 연구이다.

■ **연구 대상**

449명의 외국어(주요 유럽어 및 영어) 학습자(유학생, 외국어 전공의 대학생) 및 외국어 사용자(외국어 교사 및 번역자).

■ **연구 방법**

Questionnaires and surveys

사전 사용자의 욕구는 그동안 사전 연구에서 거의 주목을 받지 못했다 [1979년 기준: 편자 주]. 모국어 사전 사용자를 대상으로 진행한 Quirk(1972)의 연구가 있지만, 외국어를 공부하거나 전문적으로 구사하는 사전 사용자에 대한 연구는 전무한 실정이다. 향후 더욱 적절한 사전을 개발하기 위해서는 외국어 학습자 및 사용자들의 사전 사용 욕구에 대한 이해가 필요하다.

449명의 외국어 학습자 및 사용자를 대상으로, 그들의 사전 사용 실태 및 욕구를 설문으로 조사하였다. 설문 문항은 14명의 다양한 외국어 사용자들과의 면접조사를 바탕으로 초안을 만들고, 다시 20명의 외국어 사용자들에게 시험적으로 실시한 후 개선점을 반영하여 완성하였다. 본 연구 결과는 잠정적인 성격이 크다. 따라서 응답 결과에 대한 통계적 해석은 배제하였다.

449명의 참여자들은 크게 I. 284명의 외국어 학습자(foreign language learners)와 II. 165명의 전문적인 외국어 사용자(foreign language speakers)로 나뉜다. I 집단은 다시 Ia. 유학생(foreign students)과 Ib. 외국어 전공 학생(language students)으로, II 집단은 다시 IIa. 외국어 교사 및 일반 번역가와 IIb. 기술 번역가 집단으로 나뉜다. I 집단의 평균 연령은 21세이며 외국어 학습 경험은 평균 5년이었다. II 집단의 평균 연령은 57세이며 외국어 학습 경험은 평균 30년이었다. 그들이 학습 또는 사용하는 외국어는 영어를 필두로 러시아어, 폴란드어, 프랑스어 및 독일어 등 16개 언어였으며, 응답자의 91%는 2개 이상의 외국어를 구사할 줄 안다고 응답하였다.

그들이 사용하는 사전과 사전에 대한 만족도를 조사한 결과 가장 주목할 만한 점으로 외국어 구사 능력이나 사용하는 외국어를 막론하고 거의 모든 응답자가 이중언어 사전은 꼭 사용한다는 점이다. 이 중에서도 L2→L1 이중언어 사전이 L1→L2 이중언어 사전보다 사용 빈도가 높았고 만족도 역시 높았다. 이는 L1→L2 사전의 기능이 L2→L1과는 다르다는 점, 또 L1→L2 사전은 외국어 습득 단계에서 비교적 나중에 사용되기 때문에 사용자가 L1→L2 사전을 사용할 시점에는 사전의 내용을 비판적으로 인지할 만큼의 충분한 외국어 실력을 갖춘 이후인 경우가 많다는 점을 고려하면 예상할 수 있는 결과이다.

주로 학생 집단인 I 집단은 쓰기 활동(67.3%)과 읽기 활동(61.6%)에서, 전문가 집단이 II 집단은 외국어로 번역할 때(46.1%)와 모국어로 번역할 때(44.8%)에 사전을 자주 사용하는 편이라고 응답하였다. 특기할 만한 점으로는 학생 집단에서 23.6%에 이르는 참여자가 '말하기' 활동에서 사전을 자주 사용한다고 응답했는데, 이는 강의 발표 준비라든가 프레젠테이션과 같은 격식을 갖춘 말하기 활동까지 '말하기'로 이해하여 응답한 데 따른 결과인 듯하다.

단일어 사전과 이중언어 사전을 모두 소유하고 있다고 보고한 228명의 응답자의 사용 실태를 보면, I 집단은 모든 언어 활동(듣기, 읽기, 말하기, 쓰기, 외국어로 번역, 모국어로 번역)에서 약 40~70%에 이르는 비율로 '이중언어 사전만을 사용'하는 것으로 나타났다(예: 읽기 활동 시 42.9%가 이중언어 사전만을, 14.3%가 단일어 사전만을 사용하며, 33%는 이중언어 사전 위주로 사용한다). II 집단은 단일어 사전 사용 비율이 상대적으로 높아, 번역 활동을 제외한 다른 언어 활동에서는 단일어 사전 사용 비율이 이중언어 사전을 상회하였다(예: 읽기 활동 시 31.6%가 이중언어 사전만을, 34.2%가 단일어 사전만을 사용한다). 이 결과는 외국어 수준이 향상될수록 모국어에 의존하는 정도가 약해진다는 일반적인 인식을 확인시켜 주고 있다. 그럼에도 비록 단일어 사전에 비해 상대적 사용 빈도는 낮긴 하지만, 외국어 전문가 집단에서조차 여전히 수치상으로는 상당한 비율로 이중언어 사전만을 사용한다는 결과는 다소 의외이다. 이는 외국어 교수법 전문가들이 강조하는, "모국어 간섭을 줄이기 위해 이중언어 사전 사용을 배제해야 한다"는 주장이 현실과 괴리가 있다는 점을 드러내 준다고 볼 수 있다. 또한 모국어 정보라는 것이 과연 외국어 습득에 간섭이 될 뿐인가 하는 최근의 언어 습득 이론적 논쟁과도 연관이 있을 수 있을 것이다.

사용자들은 사전의 '단어의 뜻/대응어' 정보를 압도적으로 자주 이용하였다. 전체 응답자의 85.4%, 95.3%, 그리고 97.75%가 각각 단일어 사전, L2→L1 이중언어 사전, L1→L2 이중언어 사전에서 의미 정보를 참조한다고 응답하였다. '유의어(74%)', '철자 및 관용구(72%)', '강세 및 발음(65%)' '비속어 및 은어(45%)' '분철(36%)' 정보가 뒤를 이었으며, '어원(19%)' 검색 빈도가 가장 낮았다. 비속어 및 은어 정보는 응답 집단별로 편차가 커서 I 집단이 상대적으로 빈번하게 참조하였고, IIb 집단은 가장 적은 수치로 비속어 및 은어 정보를 참조하였다. 사전의 의미(대응어) 정보에 대한 만족도는 단일어 사전에서 가장 높았고(91.2%), 그 다음이 L2→L1 이중언어 사전이었다(73.9%). 사전의 철자 정보나 발음 정보에는 80% 이상의 응답자들이 만족하였다. 사용자 만족도가 가장 낮은 정보는 '비속어 및 은어'로서 만족도가 22%에 그쳤다. 특히 학생 사용자 집단(I 집단)의 만족도가 전문가 집단에 비해 상대적으로 낮았는데, 이들이 사용하고 있다고 보고한 사전들이 대부분 작은 크기의 일반 언어 사전인 데에 기인한 것으로 보인다.

의외인 것은 70%에 이르는 학생 및 교사 집단이 표제어의 품사나 기능어들을 사전에서 확인한다고 대답한 반면 이들 중 단지 59%만 표제어의 통사 정보[표현 활동에 필요한 문형 정보 등]를 확인한다고 보고한 점이다. 이들 응답에서 우리는 사전 사용자들의 비효율적인 사전 사용의 단적인 예를 발견할 수 있다. 즉, 단어의 품사는 주어진 문맥에서 언어 지식을 통해 충분히 유추할 수 있는 정보임에도 굳이 사전에 의존하고 있다는 점, 둘째로 사전이 제공하는 표현 문법 정보를 충분히 활용하지 않고 있다는 점이 그것이다. 이를 통해 추측건대 사전 사용자(특히 학생 사용자)들 상당수가 어휘와 문법을 별개로 인지하고 있으며 어휘 지식의 범위를 매우 제한적으로 인식하고 있는 것으로 보인다.

I 집단은 L2→L1 사전 한 종에 L1→L2 사전이나 포켓용 단일어 사전 한 권을 가진 경우가 대부분이었고, 거의 모든 언어 문제를 한두 종의 사전에 의존하고 있었다. Ib와 IIb 집단의 일부(15%)만이 언어 문제를 해결할 때까지 가용한 모든 사전을 다 찾아본다고 응답했다. 이들은 주로 소형 사전으로 시작해 소형 사전에서 정보를 발견하지 못할 경우 점차 두꺼운 사전으로 진행하는 사용 행태를 보였다.

사전 정보 부문별 사용자 만족도를 좀 더 살펴보면, 이중언어 사전은 철자와 품사 정보 및 기능어 정보를 제외한 모든 정보 부문에서 15%에서 30% 정도의 격차로 단일어 사전의 만족도에 못 미치는 결과를 보였다. 은어 사전, 유의어 사전, 발음 사전과 같은 특수 목적 사전에 대한 만족도는 일반 언어 사전에 비해 같거나 낮은 경우가 많았다. 예를 들어 일반 언어 사전에서 제공하는 어원 정보에 대한 만족도는 92.1%로 매우 높은 반면 어원 전문 사전이 제공하는 어원 정보에 대한 만족도는 76.1%에 그치고 있다. 이는 특수 목적 사전을 사용할 때, 해당 특정 분야의 어휘 정보에 대한 사용자의 기대 수준이 일반 사전을 사용할 때보다 훨씬 높기 때문인 것으로 풀이된다.

마지막으로 71%의 응답자가 사전에서 지명, 인명 등의 고유명사 정보를 찾아본다고 하였으며, 69%는 단일어 사전에 있는 삽화나 그림 설명이 의미 이해를 돕는다고 생각했다. 58%의 응답자는 때로는 아무런 참조 목적 없이 사전을 읽어 본다고 대답했는데, 특히 이 같은 행위는 학습자 집단에서(64%) 또 단일어 사전 사용 시(35%) 가장 빈번하게 일어났다. 사전의 부속 지면에는 어떤 정보를 게재할 것인가에 대해서는 약어(응답자의 73%) – 지명(70%) – 동사의 불규칙변화표(58%) – 자주 쓰이는 이름(49%) – 도량형(43%) – 자주 쓰이는 성(41%) 등을 언급하였다. 사전을 구입할 때 고르는 기준으로 응답자의 65%는 표제어 수를 꼽았고, 이어서 주변의 추천(27%), 가격(13%), 책의 크기와 두께(9%)를 구입 기준으로 꼽았다. 사전에 대한 기대는 두 집단에서 확연히 구분되었다. 학생들로 구성된 I 집단의 응답자들은 주로 "한 권의 사전에 더 많은 표제어와 더 많은 부록, 백과사전적 정보"를 원하는 반면, 전문적 외국어 사용 집단인 II 집단은 "더 많은 종류의, 더 세분화된 다양한 사전의 출시"를 원하였다.

■ **관련 연구**

본 연구의 참여자 대상인 외국어 학습자로서의 사전 사용자와 대비되어 영어권 사용자에 대한 설문조사 연구로 Quirk(1973)[본문 5쪽]과 Barnhart (1962)가 있다.

Baxter (1980)

Baxter, J. (1980) 'The Dictionary and Vocabulary Behavior: A Single Word or a Handful?' *TESOL Quarterly* 14 (3), 325-336.

■ **연구 목적**

일본의 대학생들을 대상으로 어떤 사전을 주로 사용하는지, 선호하는 이유는 무엇인지를 조사하고, 사전의 사용이 일본인 영어 학습자의 어휘 사용 행태와 어떤 관련이 있는지를 논의한다.

■ **연구 대상**

일본 3개 국립대학에 재학하는 영어 학습자 342명.

■ **연구 방법**

Questionnaires and surveys.

"자신이 의미하는 바를 나타내기 위해 많은 단어를 사용하는 사람은 서투른 사수와 같다. 돌 하나만으로 목표에 명중하는 것이 아니라 한 줌의 돌멩이들을 되는대로 던져서 그 중 하나는 과녁에 맞겠지 하며 기대를 하는 것이다."

이 말을 한 사람은 다름 아닌 사무엘 존슨이다. 그가 이런 말을 했을 때 그는 분명 사전이 '과녁에 명중하는 가장 적절한 말'을 찾는 데 도움을 주는 도구라는 점을 밝히려 했으리라. 사전에 대한 이러한 인식은 EFL 학습자와 교사에게서도 발견할 수 있다. 그들에게 있어 사전이란 종종 화자의 의도에 가장 정확하고 적절하게 부합하는 표현의 집합체로 인식된다.

그런데 어휘 사용의 명료함과 정확성은 문어에 특히 더욱 요구되는 요건일 수 있다. 우리가 글을 쓸 때는 상황 맥락이나 대화자의 의미 협상, 표정이나 제스처 같은 비언어적 수단에 기댈 수 없기 때문에 정확히 의미를 전달할 수 있는 단어를 언어의 경제성에 맞게 사용해야 할 필요가 있다. 이런 맥락에서 외국어 어휘의 양적 측면은 중요하게 인식될 수 있다.

그러나 말할 때의 상황은 반드시 그러하지는 않다. 구어에서는 앞서 말한 다양한 비언어적 수단을 활용할 수 있으며, 적절한 말이 생각나지 않을 때 그 뜻을 풀어서 설명하거나 비슷한 말을 사용하여 의미를 소통할 수 있다. 오히려 말을 할 때는 정확한 표현을 찾느라 발화의 흐름을 단절시키는 것이 의사소통을 방해하는 경우가 더 많다. 즉 구어에서는 문어와는 또 다른 방식의 어휘 구사 행위(vocabulary behavior)를 필요로 하는데, 이때의 어휘력이란 자신의 어휘 수준 내에서 순발력 있게 자신이 전달하고자 하는 바를 정의(설명)할 수 있는 능력이다.

그런데 바로 이 정의하는 능력이 일본의 영어 학습자에게 크게 부족해 보인다. 그들은 영어 단어 – 일본어 대응어식의 연관을 벗어나면 해당 영어 표현이 떠오르지 않을 때 다른 말로 바꿔 표현하는 데 큰 어려움을 겪는다. 이런 어려움의 주요 원인 중 하나로 '사전'을 상정하고, 일본인 학습자의 사전 사용 실태를 살펴보기 위해 실문조사 연구를 진행하였다.

연구 참여자는 3개 일본 국립대학에 재학 중인 대학생 342명이다. 이중 영어 관련 전공자(영문학, 영어교육학 등)는 62명, 그 외 전공자는 280명이다. 설문조사 문항에 대한 참여자들의 응답을 요약하면, 먼저 처음 사전을 구입한 시기는 중학교가 88.6%로 압도적으로 많았고, 고등학교가 11.4%이었다. 그때 구입한 사전의 종류는 이중어(영일) 사전이 97%로 절대 다수였고, 일부가 이중어(일영)사전을 구입했다고 하였다(6.9%). 영어 단일어 사전을 구입했다고 한 경우는 1명(0.3%)에 불과했다. 또 이중언어 사전의 소유 현황을 보면 영어 전공자의 경우 1인당 평균 3.8권, 비전공자의 경우 평균 2.92권의 사전을 갖고 있는 반면, 영어 단일어 사전의 소유 현황은 전공자가 평균 1.7권이었으며, 비전공자의 경우에는 이보다 훨씬 적어서 0.27권에 불과했다. 무엇보다 가장 자주 사용하는 사전이 어떤 종류인지에 대한 질문에 영어를 전공하는 학생들과 전공하지 않는 학생들은 각각 다음 표1과 같이 대답했다.

표1. 가장 자주 사용하는 사전 종류(단위 %)

응답자 / 사전 종류	영어 전공자 (62명)	영어 비전공자 (276명)
이중언어 사전(일영)	0	2.2
이중언어 사전(영일)	98.4	96.4
단일어 사전(영영)	1.6	1.5

위 표에서 보는 바와 같이 설문에 응답한 영어 전공자나 비전공자 모두 영영 사전은 거의 사용하지 않으며 영일 사전을 주로 사용하는 것으로 나타났다.

다음은 이들 사전의 종류에 따라 사용자를 대상으로 사용 빈도를 알아보았다. 각 사전에 대해 일주일에 적어도 한 번 이상 사용한다고 대답한 사용자 비율은 다음 표 2와 같았다. 영어 전공 여부에 관계없이 영일 사전을 가장 많이 사용하는 것으로 나타났다(표2).

표2. 전공별 사용 사전 빈도(단위 %)

응답자 / 사전 종류	영어 전공자 (62명)	영어 비전공자 (273명)
이중언어 사전(일영)	45.1	19.9
이중언어 사전(영일)	98.3	96.7
단일어 사전(영영)	66.1	8.8

이런 분석 결과를 보면 이들 학습자에게 있어 영일 이중언어 사전의 영향이 지대하리라 짐작할 수 있다. 왜 영일 이중언어 사전을 선호하는지 이유를 묻는 문항에서 가장 빈번한 대답은 "이용하기 쉽기 때문"이었다. 그들은 영영 사전의 정의문을 이해하기 위해 정의문에 나온 단어를 또 찾아봐야 하는 어려움을 영영 사전의 가장 불편한 점으로 꼽았다. 따라서 이들에게 영어 모국어 화자를 대상으로 한 일반 영영 사전이 아닌 학습자용 영영 사전을 권장할 필요가 있다. 학습자 영영 사전의 통제된 정의용 어휘는 사용자가 정의문을 쉽게 이해하는 데 도움을 줄 것이다. 영영 사전의 빈번한 사용은 학습자의 외국어 어휘 사용 행태를 개선하는 데 도움을 줄 것이다. 뿐만 아니라 학습자들이 이중언어 사전을 광범위하게 사용하게 되면 이중언어 사전을 사용하는 학습 전략이 습관화되기 때문에 단일어 사전을 사용하기 어려우므로 단일어 사전 사용에 대한 지도가 필요하다.

■ 관련 연구

본 연구는 아시아권(일본) 학습자를 대상으로 한 초기 사용자 연구에 해당한다. 유럽 지역의 사용자 연구 중 비슷한 시기에 이루어진 Tomaszczyk (1979)[본문 10쪽]과 비교해 볼 수 있다.

Atkins and Varantola (1998a)

Atkins, B. T. S. and Varantola, K. (1998a) 'Language Learners Using Dictionaries: The Final Report on the EURALEX/AILA Research Project on Dictionary Use'. in *Using Dictionaries: Studies of Dictionary Use by Language Learners and Translators*. ed. by Atkins, B. T. S. Tübingen: Niemeyer, 21-81.

■ 연구 목적

영어를 외국어로 배우는 유럽인 학생들의 사전 사용 행태를 살펴보고 사전이 어떻게 외국어 사용 및 학습을 보조하는지를 구명한다. 또 대규모의 사용자 연구가 어떻게 진행되었는지 그 절차와 방법을 상세히 기술한다.

■ 연구 참여자

프랑스어·독일어·이탈리아어·스페인어 모국어 화자(중등, 대학, 성인) 영어 학습자 1,140명.

■ 연구 방법

Questionnaires and surveys.

Tests and experiments.

본 연구는 외국인 영어 학습자들이 사전을 사용할 때 실제로 무엇을 하는지를 살펴보기 위해 시작되었다. 여기에는 다음과 같은 연구 문제들이 포함된다.

- 사전이 다양한 활동(L2 이해, L1→L2/L2→L1 번역, L2 표현 활동)을 수행하는 학생들을 어떻게 돕는가?
- 이중언어 사전과 단일어 사전이 똑같이 효과적인 보조 도구인가?
- 이들 두 가지 유형의 사전에 대한 학생들의 태도는 어떠한가?
- 사전 사용에 대한 교육이 얼마나 이뤄지고 있는가?

연구 참여자들은 프랑스어, 독일어, 이탈리아어, 스페인어의 네 개 언어 모국어 화자인 영어 학습자(중등, 대학교, 성인)들로, 당초 설문지는 1,600 세트(각 언어별로 400세트씩, 이 중 400세트는 통제 집단 배포용)가 배포되었는데, 회수된 것은 1,140세트였다(이중 통제 집단은 297건 회수). 이후 통제 집단의 응답은 연구 가치가 없다고 판단되어 제외하고, 여기에 다시 정보가 불충분한 데이터를 제거하여 최종 분석에 사용된 응답지는 총 723건으로 모아졌다.

각 참여자가 완성하는 설문지+시험지 세트는 1) 사전 사용자 프로파일 양식(Dictionary User Profile Form: DUPF), 2) 배치 고사(Placement Test: PT), 3) 사전을 사용하면서 또는 사용하지 않으면서 답을 쓰게 될 문제들로 구성된 사전 사용 관련 테스트(Dictionary Research Tests: DRT), 세 부분으로 이뤄져 있다. 혼란을 피하기 위해 각종 설문지의 메타언어는 응답자의 모국어로 했다. DUPF는 영어 학습 및 사전 사용과 관련해 응답자들의 경험과 태도를 알아보기 위한 것이다. PT는 100문항의 다지 선다형 문제로 이뤄졌는데, 채점 후 각 학생에 대해 아래 성적 중 하나가 부여되었다. A: 81~100점/ B: 66~80점/ C: 51~65점/ D: 0~50점. DRT는 사용자들의 사전 사용 행태 및 언어 활동에서 사전의 역할을 알아보기 위해 고안된 영어 시험으로서 본 연구의 주 데이터를 이룬다. 문항들은 측정 대상이 되는 언어 활동과 사전 사용 기술에 따라 9가지로 구성되었으나 분석에 사용된 문항은 다음 5가지 항목(총 20문항)으로 좁혀졌다(DRT의 첫 두 문항(Q-1, Q-2)은 영어 품사 명칭 및 사전의 메타언어에 대한 지식을 측정하는 것으로 추후 DUPF 데이터와 함께 사용자 분석에 사용되었다).

Q-3: 문맥 속 빈 곳에 알맞은 표현 고르기(난이도 초급).

Q-5: 해당 단어의 전치사 연어 고르기.

Q-6: 영어 단락 이해력 측정.

Q-7: 모국어 → 영어 번역.

Q-9: 문맥 속 빈 곳에 알맞은 표현 고르기(난이도 중/고급).

DRT의 목적은 학습자의 자연스러운 사전 사용을 그대로 살리는 것이었기 때문에 참여자들은 문제를 풀다가 필요하면 본인이 사용하는 사전을 자유롭게 쓸 수 있었다(어떤 사전을 썼는지는 정확히 밝히도록 했다). 각 문항 뒤에는 그 문제를 풀 때 사전을 찾아보았는지 아닌지를 표시하게 했다.

사전 사용자 관련 설문 결과 설문에 참여한 학습자의 60%가 사전 사용에 대해 전혀 교육을 받지 못했다고 했고, 25%는 약간 교육을 받았다고 말한 반면, 단지 14%만이 사전을 어떻게 사용할 것인가에 대해 '정확하고 체계적인' 교육을 받았다고 했다. 사전 교육에 있어서 국가별로 약간의 편차가 존재해, 프랑스어 화자인 응답자들은 80%가 사전 사용 교육을 전혀 받은 적이 없었던 반면 독일어 화자들은 50% 가까이 사전 사용법 교육을 받았다고 했다.

723명의 응답자들 중 26%는 20개의 DRT 문제를 풀면서 사전을 한 번도 찾아보지 않았다. 최소한 한 번이라도 사전을 사용한 74%, 즉 538명의 응답자들이 사전을 찾은 횟수는 총 2278번이었다. 따라서 학생당 사전 찾기 평균 횟수는 4.23번이다. 11번 이상 사전을 찾아본 응답자들을 제외하면 평균 횟수는 4.16번이 된다.

DRT의 주요 분석 대상이 되는 항목을 언급하기 전에 한 가지 흥미로운 연구 결과가 있었다. 본 데이터에서 제외된 문항 중에 Q-4는 다어 표현(multi-word expressions, 즉 합성명사, 구동사, 관용어 등)이 주어졌을 때 해당 표현에 대한 정보가 어느 표제항에 나올 것인지를 예측하는 문제였는데, 대부분의 응답자들이 사전에서 '동사+분사'로 된 다어 표현(예: to do without)을 어느 표제항에서 찾아야 하는지를 알지 못했다는 점이다(이들 표현은 흔히 동사 표제항에서 구동사로 다뤄진다). 영어를 5~9년 공부한 학생이 전체 응답자의 80% 정도를 차지하고 있음을 고려할 때 이는 매우 당혹스러운 사실이다. 이때, 사전 사용 교육을 받은 학생들은 사전에서 다어 표현의 위치를 더 정확히 찾을 수 있을 것이라는 추정을 할 수도 있을 것이다. 그러나 분석 결과 사전 사용 교육을 받은 사람들의 예상과 교육을 받지 않은 사람들의 예상의 성공률 사이에는 거의 아무런 차이가 없었다.

학생들의 사전 사용 빈도는 영어 능력에 따라 차이를 보여, 영어에 대한 지식이 적은 학생들이 더 자주 사전을 찾았다(등급 A와 B에 속한 학생들은 68%가 한 번 이상 사전을 찾은 반면 C와 D 등급은 81%가 한 번 이상 사전을 참조). 그러나 C와 D 등급의 학생들은 A와 B 등급의 학생들보다 더 자주 사전을 찾아보았음에도 사전을 참조한 뒤 정답을 맞히는 비율은 그들보다 낮았다(Q-5/19번 문제에서 사전의 도움으로 문제를 푼 각 등급의 정답률은 A: 79%, B: 66%, C: 59%, D: 49% / Q-9번 문제에서 사전의 도움으로 문제를 푼 각 등급의 정답률은 A: 75%, B: 72%, C: 66%, D: 50%). 그렇다면 A 등급의 학생들은 D 등급의 학생들보다 언제 사전을 보아야 할지를 결정하는 능력이 더 뛰어난가? 사전의 도움을 받지 않고 문제를 푼 각 등급의 정답률 역시 등급이 낮아질수록 계속 낮아지는 것으로 볼 때, 이에 대한 답은 긍정적이다. 즉 영어를 잘 할수록 (그리고 아마도 사전 사용 경험이 많을수록) 언제 사전을 찾는 것이 적절한지에 대해 더 나은 판단을 한다. 이것은 과제 유형에 상관없이 일관되게 적용되고 있었다.

사전 사용이 학생들이 문제를 푸는 데 얼마나 도움이 되었는가? 이 질문에 대한 답을 본 연구의 데이터만으로 쉽게 단정할 수 없다. 예를 들어 어떤 문제에서 A 등급 학생들 중 사전을 사용한 학생은 69%가 정답을 썼는데 사전을 사용하지 않고 문제를 푼 학생들은 54%가 정답을 썼다. 그러나 또 다른 문제에서는 사전을 사용한 학생은 84%의 정답률을 보인 반면 사전을 사용하지 않은 학생들은 88%의 정답률을 보이기도 했다. 대략적으로 보면 복잡한 어휘 항목으로 구성된 선택지에서 주어진 문맥의 빈칸에 알맞은 표현을 찾아야 하는 경우 사전이 실제로 도움이 된 것으로 보인다.

본 연구는 과제 유형에 따라 학생들이 사용하는 사전의 종류가 달라지는지를 살펴보기 위해 과제유형을 다양화하여 데이터를 도출했다. 연구 결과 학생들의 등급에 상관없이, 모든 과제 유형에 대해 전반적으로 이중언어 사전이 뚜렷이 선호되고 있었다. 다만 A 등급 학생들이 영어로 된 글을 읽으면서 모르는 단어의 의미를 이해하기 위해서나 이미 뜻은 알고 있는 단어에 대해 표현 활동상의 지식이 필요한 경우에만 영어 단일어 사전을 더 선호하겠다고 말했다.

또 사전 선택은 영어 능력과 상관관계가 있었다. 학생의 영어 지식이 많을수록 그 학생이 영어 단일어 사전을 사용할 가능성이 더 컸다. A 등급 학생 가운데 단일어 사전 사용 비율은 40%인데, B 등급은 21%, C 등급은 19%, D 등급은 12%였다. 이중언어 사전과 단일어 사전을 효과 면에서 비교해 보면 전반적으로 사전 사용자의 영어 수준에 상관없이 이중언어 사전을 찾는 것보다 단일어 사전을 찾는 것이 전반적으로 성공률이 더 나아 보인다. A 등급 사용자들의 경우에는 단일어 사전을 사용한 경우 성공률이 83%로, 이중언어 사전을 사용한 경우의 성공률인 77%보다 높았고, 이 같은 경향은 언어 등급 전반에 걸쳐 나타났다.

■ 관련 연구

Atkins와 Varantola(1998b)본문 137쪽 및 Atkins와 Knowles(1990)를 관련지어 참조할 수 있다.

Diab (1989)

Diab, T. (1989) 'The Role of Dictionaries in English for Specific Purposes: A Case Study of Student Nurses at the University of Jordan'. in *Lexicographers and Their Works*. ed. by James, G. Exeter: University of Exeter Press, 74-82. [Reprinted in *Lexicography: Critical Concept (Vol. 1)*. ed. by Hartmann, R. R. K. (2003) London: Routledge, 327-335].

■ **연구 목적**

요르단 대학에서 간호학을 전공하는 특수 목적용 영어(ESP) 학습자들의 사전 사용 현황을 알아본다.

■ **연구 참여자**

요르단의 대학생 ESP 학습자 405명.

■ **연구 방법**

Questionnaires and surveys.
Interviews.
Self-records.

사전의 특별한 사용자층의 하나인 ESP 학습자들의 사전 사용 실태와 욕구는 다소 연구가 미흡한 실정이다. 본 연구는 요르단의 간호학 전공자들을 대상으로 그들의 사전 사용 현황에 대해 알아보고자 한다. 연구 질문은 대략 다음과 같이 정리할 수 있다.

1) ESP 학습자들의 이전의 사전 사용 경험과 사전 사용 교육은 어떠했는가?
2) 영어가 EFL인 요르단 대학의 영어 커리큘럼에서 사전은 현재 어떤 위

치를 갖고 있는가? 사전에 대한 ESP 학생들, 교직원 및 교수들의 인식과 태도는 어떠한가?

3) ESP 학습자들은 어떤 의사소통적/학습적 맥락에서 사전을 사용하며, 주로 어떤 유형의 정보를 사전에서 찾는가?
4) 이들이 주로 사용하는 사전은 그들의 특수한 욕구를 얼마나 충족시키는가?

위와 같은 사항을 살펴보기 위해 설문조사, 한정 응답식 면접조사(structured interviews), ESP 학습자들의 사전 사용 일지 등의 데이터 수집 방법을 사용하였고, 아울러 요르단 중고등 교육과정 및 대학 간호학 교육과정상의 여러 문헌을 참고하였다.

요르단의 중등교육 단계에서 사전 사용 교육은 극히 미미하였다. 1986년 이전의 교육과정에서 사전이 언급되는 유일한 경우는 '통합 교과활동'이라고 명명된 부분에서인데, 사전과 다른 참고도서들을 찾아보도록 도서관을 방문하는 활동에 나온다. 영어 의무교육 기간인 총 5년 동안 학생들은 단 1회, 알파벳 순서에 따라 표제어를 사전에서 찾는 방법을 배우는 것이 전부였다.

사전 사용 교육의 부재는 대학 과정에서도 여전하였다. 요르단 대학의 교육 과정 및 교재 등을 검토한 결과 학부과정에서든 대학원과정에서든 사전 사용 관련 교육은 거의 없는 것으로 드러났다. 이런 결과는 학생들과 교사들의 응답에서도 마찬가지로 나타났다. 사전 사용 지도를 한 적이 있다고 응답한 ESP 교사는 거의 없었고 학생들이 사전 사용 현황을 파악하고 있는 교사도 거의 없었다.

설문조사와 면담 조사 결과 ESP 학생들은 정기적으로 (주로 포켓판) 영어-아랍어 사전을 사용하는 것으로 나타났다. 이들이 사전을 찾는 빈도는 학년이 높아질수록 차츰 증가했다. 문맥을 통해 모르는 단어의 뜻을 추측하는 전략은 본 연구에서도 대다수의 학생(89%)들이 읽기 활동 시 시도한다고 보고한 전략이었다. 그러나 67%의 학생들은 글을 읽다가 모르는 단어가 나올 때마다 규칙적으로 사전을 찾아보았다. ESP 학생들 사이에 또한 가지 흔한 전략은, 자신들이 읽는 책에다 단어의 뜻을 아랍어로 달아놓는 것이었다.

사전은 글 읽기, 특히 교재를 읽을 때 자주 사용하는 것 같다. 학생들과 교사들의 주된 참조목적은 사전에서 단어의 뜻을 찾는 것이었다. 학생들은 전문용어뿐만 아니라 유사 전문용어(sub-technical vocabulary)도 찾아보는 것으로 보인다. 음성 정보를 위해서는 사전을 찾기보다 다른 학생, ESP 또는 간호학과 교직원에게 물어보거나 글자 그대로 발음하는 것 같은 다른 전략에 주로 의지하는 경향이 있었다. 마찬가지로 대부분의 학생들이 문법에 대한 도움이 필요하다고 했지만 통사 정보를 찾기 위해 사전을 사용하는 학생 수는 의미나 음성 정보를 찾는 수보다 더 낮고 빈도도 낮았다.

대다수의 학생(90%)들이 모든 간호학과 학생들은 최소 한 권의 사전은 가지고 있어야 한다는 데 동의했다. 그러나 거의 절반의 학생들이 사전 사용이 "따분하다"고 생각했고 65%의 학생들은 포켓판 사전을 사용하는 것이 무방하다고 생각했다. 학생들이 대부분 사전 앞부분에 있는 안내글은 읽지 않는 경향을 보였다.

학생들에게 가장 인기 있는 사전은 큰 크기의 일반사전인 영어-아랍어 사전(Ba'albaki 편찬)과 큰 크기의 의학 사전(Hitti 편찬)이었다. 이 두 사전의 최신판의 내용을 분석해 보니 이 사전들이 ESP 학생에게는 적절한 도움을 줄 수 없다는 판단이 들었다. Ba'albaki 영어-아랍어 사전은 ESP 학생들에게 불필요한 정보가 너무 많은 한편 의학 관련 용어에 대한 정보는 불충분했다. Hitti 의학 사전 역시 애초에 ESP를 염두에 두고 만들어진 것이 아니라 단순히 영어 의학 용어에 대한 아랍어 대응어를 제시한 용어집일 뿐이었다. 따라서 영어 학습자를 위한 정의나 설명도 없으며, 영어 의학 용어에 대한 발음 안내도 없었다. 작은 크기의 영영 의학 사전을 제외하고는 다수의 학생들이 영영사전을 '전혀' 또는 '거의' 사용해 본 적이 없다고 했다. 잘 알려진 학습자 사전인 LDOCE나 OALD도 이 학생들 사이에서는 거의 알려져 있지 않았다. 이들 중 다수(74%)는 스스로 영영사전을 사용하기에는 역부족이라고 답했다. 간호학 전공의 ESP 학습자들에게는 일반 영영 학습자 사전의 내용이 불필요한 부분이 많은 것이 사실이다. 동시에 의학/간호학과 학생들의 사용할 수 있는 ESP 학습자용 영영사전은 거의 없는 실정이다.

일반 영어 학습자 사전과 달리 특정 분야의 학생을 위한 ESP 사전이 편찬되어야 한다. 또한 이런 사전이 있다고 하더라도 제대로 사용이 되지 않으면 소용이 없으므로 ESP 학생, 교사, 교사 교육자들이 사전 사용 기술에 대해 잘 알 수 있도록 이 기술을 학습/교수 과정에 포함시켜야 할 것이다.

■ **관련 연구**

또 다른 ESP 학습자의 사전 사용 연구로 Campoy Cubillo(2002)[본문 232쪽] 및 Li(1998)[본문 29쪽]를 참고하라.

Li (1998)

Li, L. (1998) 'Dictionaries and their Users at Chinese Universities: With Special Reference to ESP Learners.' in *Lexicography in Asia*, ed. by McArthur, T. and Kernerman, I. Jerusalem: Password Publishers, 61-80.

■ 연구 목적

다양한 전공의 중국 대학생들의 사전 사용 현황을 조사하여 ESP 학습자의 사전 사용 실태와 욕구를 알아본다.

■ 연구 참여자

중국 대학의 ESP 학습자 및 교원 801명.

■ 연구 방법

Questionnaires and surveys(연구 1).
Tests and experiments(연구 2).

중국은 국가 교육과정에 따라 초등학교 때부터 중국어 사전 사용 교육이 시작된다. 그러나 외국어 학습을 위한 이중언어 사전이나 영어 단일어 사전에 대해서는 교육이 드문 실정이다. 본 연구는 사전 사용자에 따라 사전에 대한 필요가 다르며, 사전 사용은 언어 능숙도와 전공의 영향을 받는다는 가설에 입각하여 우시경공업대학(Wuxi University of Light Industry)의 학생들과 교사들 801명을 대상으로 진행한 설문조사에 바탕을 두고 있다. 학생 대상의 설문조사는 영어 수업 중에 진행하였고, 교사들은 별도의 면대면 회의를 통해 자료를 수집하였다. 연령대별로는 18-30세가 88.6%, 31-40세가 8.0%, 41-50세가 0.6%, 51-60세가 2.6%이었으며, 남녀 비율은 여성 47.1%, 남성 52.9%로 구성되었다. 설문조사와는 별도로 진행한 두 번째 연구는 번역 테스트로, 동 대학 이공계 전공생 61명을 대상으로 화공학 교재에서 발췌한 텍스트를 중국어로 번역하는 과업을 통해 데이터를 수집하였다.

일찍부터 중국어 사전 사용에 대한 교육을 받은 덕분에 중국 대학생들의 사전에 대한 의식이 강할 것으로 예측했는데, 이것은 높은 비율의 사전 소유나 사전에 대한 사용자 태도에서 증명되었다. 응답자의 사전 소유 현황을 보면, 모든 학생 및 교사가 최소 한 권의 영-중 사전을 소유하였다(그러나 영어 단일어 사전의 소유율은 25%를 가까스로 상회하는 정도에 그쳤다). 응답자의 93.7%가 사전을 자주 사용하는 것이 대단히 필요하거나 필요하다고 답했고, 필요치 않다고 답한 이는 6.3%뿐이었다.

응답자들은 사전을 구입할 때 가장 중요한 고려 사항으로 45.4%가 용례와 문법 정보를, 39.2%가 표제어 수를 꼽았다. 사전을 찾는 목적으로는 의미와 용례[용법]가 비슷하게 가장 주요했고 그 다음이 철자, 발음이었다.

801명의 응답자들의 월별 사전 사용 평균 횟수는 15.28번이었다. 사전을 많이 소유하고 있다고 해서 꼭 사전을 더 많이 사용하는 것은 아니었고, 교육을 더 오래 받은 개인일수록 더 많은 사전을 소유하고 있을 가능성은 크지만 꼭 그 사전들을 더 자주 사용하는 것은 아닌 것으로 나타났다. 여성들이 남성들보다 더 자주 사전을 사용하는 것도 주목할 만했다. 그러나 사전 사용은 개인이 하는 일이나 직업적인 신분에 대단히 많은 영향을 받았다. 사용자 집단별 사전 사용 빈도를 조사해 보니, 인문계 국제경제 전공 3학년생들이 사전을 가장 자주 사용했으며, 이공계 교사/교수 집단이 사전을 가장 덜 사용하였다.

78.8%가 중등학교 때부터 이중어(영어-중국어) 사전을 사용하기 시작했지만 교사의 안내에 따라서라기보다는 자발적인 경우가 더 많았다. 대부분의 학습자가 사전 사용에 관한 정식 교육을 전혀 받은 적이 없었다. 그

러나 이 또한 사용자 집단에 따라 상황이 달라서, 영어과 교사/교수들은 70% 정도가 대학에서 영어를 전공하면서 사전 사용에 대해 약간의 교육을 받은 것으로 나타났다. 과학 및 예술 전공 학생들의 사전 사용 교육 경험은 대단히 부족해서 그들 중 75% 정도가 어떤 사전 사용 교육도 받은 적이 없었다. 모든 그룹의 응답자들의 60% 이상이 사전 및 참고자료 사용 기술을 수업 중에 가르칠 필요가 있다고 보았다.

사전을 사용하면서 겪는 어려움으로는 이용자의 48.5%가 특수 분야에 쓰이는 일반적인 단어들에 대한 이해가 가장 힘들다고 했다. 이런 단어들은 사전을 찾아본 후에도 이해가 안 된다고 했다. 그 다음 어려움은 숙어 및 관용구와 관련된 것으로, 응답자의 31%가 숙어 및 관용구를 검색할 때 어떤 표제항을 보아야 하는지 판단하는 데 어려움을 겪는다고 하였다.

설문지를 통한 조사의 문제점을 보완하기 위해 실시한 번역 테스트 결과(번역 테스트에서는 사용한 사전과 찾은 단어를 기록하게 하였다), 이용자들은 전문용어의 검색과 이용에서 가장 적은 오류를 일으켰다. 총 1,231회의 사전 찾기(look-ups)의 27%에 달하는 334회가 번역 오류였는데, 주로 본격적인 전문용어보다는 준 전문용어에서 나타났다. 특히 준 전문용어가 다의어인 경우와 단어의 문맥 속 의미가 사전에 정확히 정의되어 있지 않은 경우, 학생들은 사전에서 찾은 정보를 문맥에 적용하여 번역하는 데 어려움을 겪었다. 학생들은 사전 사용 기술과 관련된 문제들을 드러냈다. 가장 두드러진 행태로, 표제항에 첫째로 나오는 대응어(의미)를 선택하는 것이었으며, 접사에 대한 지식 부족으로 degrade, degradation, biodegradation을 일일이 다 찾아보는(6명의 학생들에게서 발견됨) 경향을 보였다. 번역 테스트에 참여한 학생들을 영어 능숙도 별로 중급 이상과 이하로 나누어 보면, 중급 이상의 학생들이 이하의 학생들보다 단어 뜻을 선택할 때 실수를 덜 했다. 고능숙도 학생들은 평균 16.75 단어를 찾아본 반면 저능숙도 학생들은 그보다 7개 더 많은 단어를 찾아보았다. 성별을 기준으로 본 분석에서는 여학생들이 평균 영어 점수가 더 높았는데도(여 평균 64.8점 대 남 평균 55.4점) 번역 테스트 때 더 많은 단어를 찾아본 것으로 나타나 주의를 끌었다.

본 연구는 ESP 교수와 학습에서 사전이 없어서는 안 될 역할을 한다는 견해를 뒷받침하는 자료를 제공해 준다. 또한 현재 ESP 학생들이 사용 가능한 사전들이 그들의 요구를 충족시키기에 부적합하다는 것도 보여준다. 일반 학습자 사전은 학술적인(academic) 욕구를 충족시키지 못하고, 한편 특수 사전은 학습 도구로서의 사전이 갖는 가치를 제한하고 있다. 앞으로 ESP 사전은 사용자의 이해력 범위를 넘어서지 않으면서 교육적 효과를 향상시킬 필요가 있다.

■ **관련 연구**

전문용어의 참조 행위와 관련하여 본 연구와 더불어 Campoy Cubillo (2002)[본문 232쪽]와 Diab(1989)[본문 25쪽] 및 Mackintosh(1998)[본문 143쪽]와 비교하여 참고할 수 있다.

Nesi and Meara (1994)

Nesi, H. and Meara, P. (1994) 'Patterns of Misinterpretation in the Productive Use of EFL Dictionary Definitions'. *System* 22 (1), 1-15.

■ **연구 목적**

영어 학습자 사전의 정의문이 어떤 방식으로 학습자에게 이해되는지 분석한다.

■ **연구 참여자**

영국 대학의 ESL 영어 학습자 52명.

■ **연구 방법**

Tests and experiments.

영어 교육 현장에 있는 사람이라면 학습자들이 영영 사전의 내용을 종종 잘못 이해하곤 한다는 사실을 익히 알고 있을 것이다. 그런데 왜 그런지에 대해서는 지금까지 밝혀진 것이 많지 않다. 본 연구는 영어 학습자의 영영 사전 사용 오류에 몇 가지 유형이 있음을 분석하였다. 또한 성인 영어 학습자들의 영영 사전 사용 오류가 상당히 체계적인 패턴을 띤다는 점을 발견하였다.

사전 사용 오류를 방지하기 위한 사전 내용의 개선 노력은 부단하게 이어져 왔다. 그러나 사전 정보가 완벽해지면 사용상의 오류가 정말 방지될 수 있을까?

영어 모국어 화자인 초등학생을 대상으로 한 몇몇 연구에 따르면, 사전 사용자들은 사전을 만드는 입장에서는 전혀 예측하지 못한 방식으로 사전을 사용하고 있으며, 사전에서 제시한 정보를 건너뛰거나 오인하는 일이 허다하다. 초등학생 영어 모국어 화자들을 대상으로, 낯선 단어들과 그 단어에 대한 정의문을 제시한 뒤 그 단어들을 사용하여 간단한 문장을 만들어 보도록 한 연구에서 Miller와 Gildea(1985, 1987)는 초등학생들이 모국어 사전에서 어려운 정의문을 해독할 때 저지르는 오류 패턴을 발견하여, 이를 키드룰(kidrule)이라고 명명했다. 키드룰은 다음과 같은 패턴을 보인다. 정의문을 읽는다. → 정의문에서 친숙한 어구를 고른다 → 그 어구를 끌어다가 문장을 만든다 → 그 어구 대신에 표제어를 끼워 넣는다. 키드룰의 예를 하나 들어 보면 다음과 같다.

목표어: meticulous

정의문: very careful or too particular about small details(밑줄은 사용자가 고른 어구)

작성한 문장: I was meticulous(= very careful로 인식) about falling off the cliff.

여기에서 우리는 편찬자의 의도와 사용자의 오용에 얽힌 역설을 발견할 수 있다. 사전 편찬자들은 사전의 정의문이 상세하고 친절하다면 뜻 이해나 사용에서 오해를 방지할 수 있으리라고 생각하지만, 사용자들은(여기서는 초등학생 모국어 사전 사용자) 길이가 긴 정의문을 읽을 때 정의문 전부에 주의를 기울이지 않고, 따라서 정의문을 오독하는 경향을 보이는 것이다.

본 연구는 성인 영어 학습자를 대상으로 이들이 학습자 영영 사전의 정의문을 읽을 때에도 키드룰과 유사한 전략을 사용하는지, 또 그밖에 어떤 오용 패턴을 보이는지를 실제 사례를 수집하여 분석하였다.

앞서 언급한 Miller와 Gildea의 연구에서처럼 본 연구도 참여자에게 목표어와 그 정의문을 제시한 뒤 목표어를 이용하여 뜻이 통하는 문장을 만들도록 했다. 그러나 차이는 있다. 본 연구에서는 목표어 하나가 아닌 목표어 쌍을 제시했다. 목표어 쌍의 하나는 참여자들도 익히 알고 있는 쉬운 단어이며, 다른 하나는 참여자에게 낯설다고 생각되는 저빈도 단어이다. 참여자는 이 두 목표어가 하나의 문장에 모두 들어가도록 문장을 작성해야 했다. 또한 본 연구는 과업을 컴퓨터로 제시하였다. 목표어 쌍이 컴퓨터 스크린에 순차적으로 제시되고, 참여자가 원할 경우 사전 정보를 불러내어 참조할 수 있도록 구성함으로써, 추후 분석 시 참여자가 사전 정보를 참조하지 않고 작성한 문장을 분석에서 제외할 수 있었다. 또 과업 수행 시간도 기록할 수 있었다. 목표어 쌍의 수는 모두 18개이며, 정의문은 주요 학습자 사전(LDOCE, OALD, COBUILD)에서 발췌하여 사용하였다.

참여자는 영국 대학에서 대학 영어 과목을 수강하는 52명의 외국인 영어 학습자들로, 이들로부터 총 712건의 사전 참조가 수집되었다. 사전 참조 데이터는 참여자가 작성한 문장의 적절성 측면에서 작성한 문장들과 대조 · 분석되었다.

문장의 오류 비율은 매우 높았다. 작성한 문장의 56.5%에 이르는 402개의 문장에서 오류가 나왔다. 문장 분석 결과 이들 오류는 크게 1) 목표어 미사용 오류, 2) 목표어에 대한 의미 인식 오류(semantic error: 의미를 완전히 오인하거나 어휘적 연어를 잘못 사용하거나 내포적 의미를 오해한 경우 등등), 3) 사용 오류(usage error: 형태 통사적 오류)로 분류되었는데, 두 가지 이상의 오류 유형이 하나의 문장에 걸쳐 있는 경우가 많았다. 의미 인식 오류가 이 중에서 가장 많은 것으로 나타났다(예: OALD 정의문을 참조한 집단의 경우 5.7%가 목표어 미사용 오류, 9.7%가 사용 오류인 반면 46.5%가 의미 인식 오류임).

다음 단계로 오류 문장에서 얼마나 키드룰 오류 유형이 발견되는지를 살펴보았다. 키드룰 전략 사용 여부와 그 영향을 알아보기 위해 연구자는 앞서 언급한 키드룰 전략 사용 과정을 역으로, 참여자의 문장에서 목표어 부분을 참여자가 사용한 사전의 정의문에 나오는 어구와 환치하는 분석 방식을 사용하였다. 이러한 분석 결과 전체 오류 문장의 약 25%에 이르는 경우가 키드룰 전략 사용으로 인한 것임을 확인하였다. 키드룰 오류를 제외한 다른 오류 타입으로 '(다의어에서) 특정 의미 과잉 의존' '문법 사용 오류' '어휘적 연어 오류' '형태나 발음이 비슷한 다른 단어와 혼동한 경우' 등이 분석되었다. 이중 문법 오류를 살펴보면 58건의 문법 오류 중 38건에서 사용자가 목표어의 품사를 다른 품사로 대체하였다. 주로 목표어의 품사가 동사일 때 다른 품사인 형용사나 명사로 대체하는 경우가 그 반대 경우보다 압도적으로 많았는데, 이는 동사의 표현 어휘 지식이 명사나 형용사보다 복잡하기 때문에 참여자가 무의식 중에 회피 전략을 사용한 것으로 추정할 수 있다.

본 연구를 통해 성인 EFL 학습자들에서도 키드룰 전략 사용이 광범위하게 이루어지고 있음을 확인할 수 있었다. 영어 학습자가 키드룰 사용 방식에서 영어 모국어 화자들과 구별되는 지점은, 모국어 화자들에게서는 일관성 없고 부주의한 사용으로 인한 키드룰 에러가 많은 반면, EFL 학습자들은 사전 정보를 꼼꼼히 읽었음에도 이 같은 오류 경향을 보였다는 것이다.

■ **관련 연구**

본 연구의 배경이 된 연구는 Mitchell(1983) 및 Miller와 Gildea(1985, 1987)이다. 외국어 학습자의 키드룰 전략 사용은 Wingate(2004)[본문 123쪽]에서도 확인되었다.

Nesi and Haill (2002)

Nesi, H. and Haill, R. (2002) 'A Study of Dictionary Use by International Students at a British University'. *International Journal of Lexicography* 15 (4), 277-305.

■ 연구 목적

학문적 목적의 영어(EAP) 학습자들은 평소 어떤 읽기 활동에서 무슨 사전을 사용하여 어떤 단어들을 찾는지에 대한 자가 기록을 수집하여 그들의 사전 참조 행위상의 특징을 알아본다.

■ 연구 참여자

영국 대학의 예비 과정을 이수하는 다양한 국적의 EAP 학습자 89명.

■ 연구 방법

Self-records.

사전 사용 행태 조사 연구에서 주로 사용되는 연구 방법으로 설문조사와 실험 및 관찰 연구 방법을 들 수 있는데, 설문조사는 전적으로 응답자의 진술에만 의존한다는 점에서, 그리고 실험 및 관찰 연구는 실제 사전 사용 환경과 유리되어 있다는 점에서 각각 한계를 안고 있다. 본 연구는 실제 사전 사용 환경에서 사용자의 사전 참조 행위를 자가 진술한 자료를 수집함으로써 영어 학습자의 사전 사용 행태를 가급적 왜곡 없이 상세하게 묘사하는 데 의의를 두고 있다.

영국 대학의 Key Academic Skills for International Students 과정(일종의 입학 예비 과정)에 등록한 89명의 외국인 학생들이 작성한 사전 사용 과제가 연구의 주요 분석 자료로서, 학생들은 자유롭게 읽기 사료를 선택하여 이 속에서 잘 모르는 단어 5개를 골라 이들 단어를 2종의 이상의 사전에서 찾아보고 사전 사용에 관한 일련의 질문에 답하는 과제를 수행하였다. 과제의 문항 중 본 연구에서 다뤄진 문항은 다음과 같다.

1) 자신이 소유한 사전의 종류, 사용 빈도 및 어떤 경우에 사전을 사용하는지 등에 대한 소개.
2) 자신이 고른 읽기 자료에서 모르는 단어를 5개 찾아 표시하고, 그 단어들을 2종 이상의 사전에서 검색하여 해당 문맥에 적당한 의미를 골라 적기(읽기 자료 및 참조한 사전의 서지 사항 및 해당 표제항을 복사하여 첨부함).
3) 검색 내용에 만족하는지, 그리고 사전에서 단어의 뜻을 찾는 과정에서 어려움이 있었다면 무엇이었는지를 보고하기.

89명의 학생들이 소유(사용)하고 있다고 보고한 사전은 총 63종이었는데, 이중 23종만 명시적으로 학습자를 대상으로 한 사전이었으며, 나머지는 성인 영어 모국어 화자 대상의 사전들이었다. 이 점에 대해 학생들 대부분은 인지하고 있지 못했다. 학생들은 3명을 제외하고는 모두 사전을 매우 빈번하게 사용하고 있다고 보고하였다. 학생들이 찾아 본 단어는 모두 444개였는데, 이 중에서 16개는 중복되어 427개로 집계되었으며, 그 목록이 부록에 제시되어 있다.

위 과제의 항목 중 2)~3)과 관련한 연구 자료의 주요 분석 대상은, 89명에서 정보를 불충분하게 제공한 12명을 제외한, 77명이며 이들이 찾아 본 단어 수는 390개였다. 77명 중 34명은 그들이 사전에서 찾은 모든 단어의 문맥적 의미를 바르게 찾았으나, 과반수(56%)에 해당하는 43명은 다섯 번 중 한 번 이상 사전 참조가 성공적이지 못하였으며, 65개 단어(16.4%)의 정확한 의미를 찾는 데 실패했다. 이 65건의 검색 실수(실패) 사례는 다음 표1과 같은 유형으로 나눠진다.

표1. 사전 참조 실패 유형 및 빈도

검색 실수(실패) 유형	사례 건수
1. 사전에서 엉뚱한 표제항(부표제항)을 선택함	34
2. 올바른 표제항(부표제항)을 선택했지만 그 내용을 잘못 해석함	11
3. 올바른 표제항(부표제항)을 선택했지만 그 낱말이 문맥에서 약간 다른 의미(주로 비유적인)를 갖는다는 점을 의식하지 못함.	7
4. 올바른 표제항(부표제항)을 선택했음에도 그것이 문맥에 적절치 못하다고 판단하여 배제함	5
5. 사전에 목표어 및 목표 정보가 없음	8
합계	65

위의 5가지 검색 실수(실패) 범주 중에서 가장 흔한 것이 첫째 것이었다. 34건의 사례 중에서 23건은 찾고자 하는 단어의 품사를 잘못 인식하는 데서 비롯되었다(예를 들면 bust가 문맥에서 동사로 사용되었는데도 명사 항목을 찾았다). 첫째 범주의 다른 유형으로는 다의어 의미 중에서 문맥에 적절치 않은 의미를 선택한 경우이다. 또 다른 오류 유형으로 ban 대신에 bane을 찾거나 lie 대신에 lay를 찾은 경우이다. 첫째 유형의 오류를 범한 많은 학생들이 자신의 사전 찾기에 대해 만족해했다.

둘째 유형의 오류의 예시로는 a restricted canonical patriarchal approach to the subject에서 canonical의 의미를 'accepting'으로 이해한 경우를 들 수 있다. 그 학생이 참조하였던 COBUILD2에서 canonical의 의미가 "if something has canonical status, it is accepted as having all the qualities that a thing of its kind should have"라고 정의되어 있는데, 그 정의의 일부에 해당하는 accept를 canonical의 의미로 이해한 경우이다(→ kidrule error). 둘째 유형의 오류를 저지른 많은 학생들은 자신의 실수를 감지하지 못했으며, 사전의 내용에 만족해했다.

셋째 유형의 오류는 사전에서 찾은 정보를 문맥에 맞도록 소화하여 적용하기보다는 사전의 내용을 문맥에 그대로 대입해 버리는 경우를 말한다. 즉 의미 적용 오류에 속한다고 볼 수 있다. 예를 들어 'the boy's eyes, eloquent with terror'라는 문맥이 주어졌을 때, eloquent를 사전에서 제시하는 일반적인 의미인 '유창한'으로 그대로 대입하여 어색한 번역을 하는 경우에 해당된다. 역으로 넷째 유형의 오류는 사전상의 의미 정보는 그 단어의 일반적인 의미라는 사실을 감안하지 못한 채 해당 어휘 문맥에 맞지 않는다고 판단하여 사전의 정보를 무시하는 경우이다.

연구 결과로 보아 사전 사용자들에게 가장 큰 문제점은 사전에서 적절한 표제항(부표제항)을 선택하는 것이다. 이것은 학습자 사전에 보다 정교한 안내어가 필요함을 시사한다. 또한 사전 사용자들은 (영영 사전) 정의문에 대해 다소 비효과적인 의미 추론 전략을 사용하며, 이로 인해 종종 단어의 의미를 제대로 파악하지 못하였다. 이것은 보다 개선된 사전 사용 기술에 대한 훈련이 필요하며 사용자들이 뜻풀이에서 사용하는 표현에 더 세심한 주의를 기울일 필요가 있음을 시사하고 있다.

■ 관련 연구

연구에 언급된 둘째 오류 유형과 관련해서 Nesi와 Meara(1994)[본문 33쪽] 및 Wingate(2004)[본문 123쪽]를 참조하라. 사전에서 정의문의 형태로 제시되는 어휘의 의미(signification gloss)와 문맥 속에서 발현하는 어휘의 의미(value gloss) 간의 근본적인 차이에 대해서는 Widdowson(1978)에 소개되어 있다.

Frankenberg-Garcia (2011)

Frankenberg-Garcia, A. (2011) 'Beyond L1-L2 Equivalents: Where do Users of English as a Foreign Language Turn for Help?' *International Journal of Lexicography* 24 (1), 97-123.

■ 연구 목적

사용자들에게 의미 이외의 어휘 참조 욕구를 유발시켰을 때 그들의 사전 선택 전략에 대해 알아본다.

■ 연구 참여자

포르투갈 대학에서 호텔경영학, 관광학 등을 전공하는 ESP 학습자 211명.

■ 연구 방법

Tests and experiments.

여러 사용자 연구에 따르면, 과거 수십 년 동안 영어 학습자 사전은 내용과 편집에서 큰 발전을 거듭하고 있음에도 불구하고 사용자들의 사전 사용 행태는 크게 바뀐 것이 없다. 사용자들은 여전히 이중언어 사전에 크게 의존하고 있으며 그들의 사전 참조 목적은 대부분 단어의 의미 파악에 치중해 있다. 이 같은 현상의 고착은, 사용자의 사전 사용 기술의 부재에 앞서, 영어 학습자의 언어 인식(language awareness)의 부족에 주원인이 있다고 보는 편이 타당하다. 다시 말해 적절하고도 자연스러운 영어 표현을 위해서는 단순히 의미나 대응어 지식뿐 아니라 어휘의 형태-통사, (문법적 · 어휘적) 연어, 사용 및 내포적 의미 등에 대한 지식이 필요한데, 영어 학습자들은 여기까지 인식이 미치지 못하기 때문에 그 결과 사전 사용이 대응어 확인 위주로 극히 제한적인 것이다. 이 같은 현실 인식에 바탕을 두고, 본 연구는 학생들에게 의미(대응어) 외의 다른 어휘 정보 참조 욕구를 유발시켰을 때에 과연 학생들의 사전 선택 성향이 달라지는지, 달라진다면 어떤 양상을 띨 수 있는지 알아본다.

연구 참여자는 포르투갈의 대학에서 호텔경영학, 관광학, 비서학 등을 전공하는 211명의 ESP 영어 학습자들이다. 이들의 모국어는 대부분 포르투갈어이며, 이들은 (영어를 전공하지는 않기 때문에) 일상적으로 사전을 사용하는 부류는 아니라고 할 수 있다. 이들에게 의미(대응어) 외의 다른 어휘 정보 참조 욕구를 유발하기 위해서 특별히 고안된 실험 자료를 이용하였다. 시험지는 코퍼스에서 20개의 문장을 발췌하여 수정하여 사용하였는데, 이들 20문장은 4문장씩 1) 전치사 연어(예: take part in), 2) 불규칙 어형변화(예: cling→clung), 3) 스펠링(예: accommodation), 4) 어휘적 연어(예: to place an order), 5) 내포적 의미(예: He married an oriental.)에 관한 어휘 정보를 확인하도록 구성되었다. 이들 문장 모두는 목표 정보가 틀리게 기재되도록 수정되었다(예: take part in 대신 take part of). 참여자들은 20개의 틀린 문장을 보면서, 예를 들어 전치사 연어라면, 다음과 같은 질문에 답하였다.

> 아래 네 문장에서 전치사가 잘못 쓰였습니다. 어떤 전치사로 바꿔야 하는지 알고 있습니까? 다음 항목에서 해당되는 응답에 체크하십시오.
>
> ( ) 예, 알고 있습니다. 올바른 전치사는 ___ 입니다.
>
> ( ) 확실히 모르겠습니다. 아마도 ___ 인 것 같습니다.
>
> ( ) 모르겠습니다.
>
> '예, 알고 있습니다'에 체크했다면 다음 문항으로 가십시오. '확실히 모르겠습니다'와 '모르겠습니다'에 체크했다면 다음의 항목에서 해당되는

응답에 체크하십시오. 만일 복수 항목에 체크했다면 가장 우선적으로 참조할 자료순으로 번호를 매겨 주십시오.

( ) 포르투갈어-영어 이중언어 사전
( ) 영어-포르투갈어 이중언어 사전
( ) 영어 단일어 사전
( ) 문법책
( ) 백과사전
( ) 기타(자세히: ___________)
( ) 해당 사항 없음(위 어떤 참고자료에서도 해당 정보를 찾기 힘들다고 생각할 경우)

211명의 참여자로부터 총 4,220개의 응답이 수집되었다. 이중 1,215 항목은 '예, 알고 있습니다'였고, 98개는 미기재 항목이므로 분석에서 제외하였다. '확실히 모르겠다'와 '모르겠다'로 기재된 나머지 2,907 항목 중 사전 선택 문항에서 체크하지 않은 항목 및 복수 응답에서 번호를 매기지 않아 분석이 어려운 항목 361개를 추가로 제외하여 최종적으로 2,546 항목의 사전 선택 응답이 결과 분석에 사용되었다.

응답자가 가장 어려움을 겪었던('확실히 모르겠다'와 '모르겠다'의 응답) 어휘 정보의 종류는 현저한 정도로 '어휘적 연어'였으며, 그 다음으로 '내포적 의미' 부문의 정보였다. 스펠링이나 동사의 과거형은 어려움을 가장 적게 느낀 것으로 나타났다. 문제가 되는 어휘 정보의 종류별로 사전 선택 응답 양상을 빈도 면에서 살펴보면 표1과 같다.

표1에서 알 수 있는 것처럼, 본 연구에서 이중언어 사전은 전체 집계에서나 부문별 집계에서 3위와 4위를 차지하며, 학생들이 최우선적으로 선택한 사전 종류가 아님이 드러났다. 이중언어 사전은 영어 단일어 사전에

못 미치며, 심지어 전체 집계에서는 포르투갈어-영어/영어-포르투갈어 이중언어 사전 2종을 합친 것보다도 더 많은 경우에서 학생들은 '문법책'을 참조하겠다고 선택하였다. 이 같은 결과에 영향을 미친 것은 전치사 연어와 불규칙 어형(동사의 불규칙 과거형) 문제에서 문법책의 선택이 현저히 두드러지기 때문인데, 이는 학생들의 문법-어휘에 대한 이분법적인 인식을 반영한다고도 볼 수 있다. 즉 전치사나 불규칙 과거형은 주로 문법의 영역이라고 인식하며 따라서 '어휘' 정보를 담은 사전에서보다 문법책에서 이들 정보를 다룰 것이라고 여기는 것 같다. 그런데 보통 문법책의 전치사 정보는 전치사의 원형적 의미에 치중하고 있으며, 문법책은 전치사 연어와 같은 어휘적 정보를 빠르게 참조할 수 있는 구조를 갖고 있지 않은데, 학생들은 이에 대해 잘 인지하지 못하는 것으로 보인다. 반면 학생들은 타당하게도 영영 단일어 사전이 스펠링이나 어휘적 연어, 단어의 내포적 의미와 같은 어휘 정보를 풍부하게 제시할 것이라고 기대하는 것으로 나타났다. 한편 '기타'에 체크를 한 경우 주로 등장한 참조 매체는 인터넷, 불규칙 동사표, 온라인 사전, 교사 등으로 나타났다.

표1. 어휘 정보 유형별 사전 선택 빈도(단위: 응답 건수)

	PT-EN	EN-PT	영영	문법책	백과사전	기타	해당 없음
전치사 연어	29	27	58	**292**	10	31	4
불규칙 어형	24	61	49	**349**	11	33	3
스펠링	96	91	**128**	81	5	20	5
어휘적 연어	127	82	**132**	99	30	40	22
내포적 의미	26	106	**148**	136	64	52	41
전체	302	394	515	**957**	127	176	75

(가장 빈도가 높은 참고자료에 볼드 표시.)

학생들에게 평소와는 다른 어휘 참조 욕구를 유발했을 때 학생들이 이중언어 사전을 최우선적으로 고르지 않은 것은 두 가지로 해석할 수 있을 것이다. 이는 평소 학생들이 어휘 의미만 주의를 치중시킨 나머지 어휘의 그 밖의 요소들에 대해서는 관심을 덜 기울이는 경향을 방증하는 것이라고 볼 수 있을 것이다. 또 다른 관점에서는 기존의 이중언어 사전들이 어휘의 내포적 의미나 연어와 같은 정보 제시에 취약했기 때문에 학생들이 자연적으로 이들 사전에서 원하는 정보를 얻을 수 없을 것이라고 생각했을 수도 있을 것이다.

■ **관련 연구**

사용자 설문조사나 자연스러운 언어 활동 상황에서 사전 사용 행태를 조사한 연구들은 일관되게 사용자들의 이중언어 사전 선호 현상을 보고하고 있다. 이런 조사 결과는 광범위한데, 본 연구와 관련해서는 Atkins와 Varantola(1998b)[본문 137쪽]와 Varantola(1998)[본문 149쪽] 및 Frankenberg-Garcia (2005a)[본문 154쪽]를 참고할 수 있다.

Yamada (2006)

Yamada, S. (2006) 'Student's Evaluation and Use of Web-based EFL Dictionaries.' in *English lexicography in Japan*. ed. by Ishikawa, S., Minamide, K., Murata, M. and Tono, Y. Tokyo: Taishukan Publishing Company, 311-324.

■ 연구 목적

수업 중에 Cambridge, Longman, Oxford의 웹사전을 활용한 뒤, 학기 중·후반에 학생들의 사전 선호도를 조사하여 웹사전의 장단점에 대한 사용자의 의견을 알아본다.

■ 연구 참여자

일본 소재 대학의 3~4학년생 영어 학습자 28명.

■ 연구 방법

Questionnaires and surveys.

본 연구는 영어 수업 중에 Cambridge, Longman, Oxford의 웹사전을 활용한 뒤, 학기 중 · 후반에 수강생 28명의 사전 선호도를 조사한 것이다. 2004년 가을 학기 경영대 3-4학년을 대상으로 한 강의를 이용한 연구이다. 교재는 전통적인 상업영어 교재를 사용하였고, 주 2회 강의 중 월요일에는 어학실에서 발음 중심으로, 목요일에는 컴퓨터실에서 사전을 이용한 어휘 중심 수업을 하였다. 매주 연구자는 그 주 수업에 사용할 교재 지문에 나오는 중요한 단어와 구들을 뽑아 3종의 웹 사전에서 발췌한 표제항을 수록한 유인물(A4지 2쪽 분량)을 제공하였다. 유인물을 통해 연구자는 지문에서 어떤 단어를 선택해 어느 사전의 표제항에서 정보를 발췌할 것인지에 대한 연구자 나름의 감식안을 학생들과 공유하고, 학습자 영영 사전 표제항의 풍부한 정보에 대해 학생들이 인식할 수 있는 계기를 마련하고자 하였다. 학기가 끝날 때에는 연구자가 만든 형식과 유사한 형식의 단어집을 3종의 웹 사전에서 발췌하여 A4지 4쪽 이내의 분량으로 만드는 과제를 제시하였다.

이러한 수업 활동과는 별도로 강의 한 달 반 후 학생들이 이미 사용하고 있던 세 종류의 웹 사전에 대한 의견을 묻는 첫 설문조사를 실시하였다. 설문조사에서 학생들에게 세 사전의 사용 선호도를 순서로 매기게 하고, 각 사전의 장 · 단점 및 기타 코멘트를 하게 하였다. 학기가 끝날 때에도 또 한 차례의 설문조사를 실시하였다.

두 차례 설문조사를 통해 나타난 학생들의 강력한 사전 선호도 경향은 두 가지로 요약된다. 첫째, 많은 학생들은 처음 자신의 의견을 이후에도 바꾸지 않았다. 둘째, 많은 학생들이 자신에게 익숙한 사전을 선호했다. 특히 첫째 경향과 관련해서 13명(46.4%)이 두 설문조사에서 사전 순위를 전혀 바꾸지 않았고, 20명(71.4%)이 동일한 사전을 최고로 꼽았으며 21명(75%)이 동일한 사전을 최악으로 꼽았다.

3종의 웹 사전에 대한 장 · 단점을 기술한 응답으로 미루어 보면, 학생들이 웹 사전에서 기대하는 가장 중요한 기준은 참조 용이성, 가독성(legibility), 그리고 용례 정보의 양과 질이었다. 이중 참조 용이성이 좋은 웹 사전에서 기대되는 최고의 자질로 여겨졌다. 학생들은 품사에 따라 표제어가 구분되어 있는 Longman 웹 사전의 접근 구조(access structure)가 통사 구분이 모호한 Cambridge나 품사 구분 없이 철자 형태가 동일한 단어는 하나의 표제항에 제시하는 Oxford보다 편리하다고 평가했다. 또한 학생들은 알아보기 쉬운가(legibility)를 사전 내용보다 더 우위에 두는 경향이 있었다. 한 학생은 Longman 사전의 정의문이 더 도움이 된다는 것을 알지만 보기가 더 쉬워서 Cambridge를 클릭하게 된다고 고백하기도 했다.

웹 사전은 종이 사전과 더 차별화가 되어야 하고 고객의 요구에 더 유연하게 대응해야 한다. 빈도별 또는 역사적 발달에 따른 의미 제시를 선택하게 할 수도 있을 것이고 더 많은 찾기 지원 시스템, 이중 언어화, 사용자 L1 요소의 선택적 표시 등도 바로 다음 단계의 발전 방안으로 고려해 볼 수 있을 것이다.

앞에서 본 것처럼 학생들은 사전에 대한 의견을 화석화하는 경향이 있고 자기가 익숙한 사전을 선호하는 경향이 있다. 또 그들이 너무 성급하게 사전에 대한 판단을 내리는 듯하기도 하다. 이런 점들을 감안하면 도입 단계에서 실질적인 연습 활동을 동반한 집중 교육이 대단히 중요하다. 본 연구자가 한 것처럼 학생들이 동시에 여러 사전을 사용하면서 그 특징을 비교해 보는 활동을 하도록 하는 것이 아주 유용할 것이다.

■ **관련 연구**

Yamada(2009)에서는 본 연구(2004년)와 2003년의 유사한 연구 결과를 종합하여 웹사전에 대한 대학생 사용자들의 의견을 정리하고, 사전 사용자 교육의 하나로서 과제물(웹사전에서 발췌한 표제항으로 단어장을 만드는 과제)을 제시하는 것의 교육적 효과에 대한 논의하고 있다. 일본 대학에서의 사전 사용 교육의 사례를 제시한 Szirmai(2009)도 함께 참고할 만하다.

Ozawa and Ronald (2009)

Ozawa, S. and Ronald, J. (2009) 'Electronic Dictionaries in the Classroom'. in *Perspectives in Lexicography: Asia and Beyond.* ed. by Ooi, V. B. Y., Pakir, A., Talib, I. S. and Tan, P. K. W. Tel Aviv: K Dictionaries ltd., 129-137.

■ **연구 목적**

일본인 영어 교사 및 비일본인 영어 교사들의 PED에 대한 인식과 영어 교실에서의 PED 사용 현황을 설문을 통해 알아본다.

■ **연구 참여자**

일본인 영어 교사 28명과 비일본인 영어 교사 15명.

■ **연구 방법**

Questionnaires and surveys.

일본의 경우 이미 2004년에 학생들의 75%가 PED(Portable Electronic Dictionaries, 휴대용 전자 사전)를 소유하였으며 그 비율은 이제 100%에 육박하고 있다. 학생들의 광범위한 PED 사용은 영어 교실 수업에 적지 않은 영향을 미치고 있다. 이에 본 연구는 PED 사용과 관련한 다음의 문제들을 살펴본다.

1) 영어 교사의 나이, 모국어, PED 사용 경험 및 교수 환경에 따라 교사들 간에 PED에 대한 인식 및 태도에서 차이를 보이는가?
2) 영어 교실에서 PED는 어떻게 사용되고 있으며, PED 사용을 위한 안내(교육)는 어떻게 진행되고 있는가?
3) 영어 교사들은 PED의 장단점에 대해 어떤 의견을 가지고 있는가?

설문지는 3부분으로 구성되어 있다. 첫 부분은 응답자에 대한 문항으로서 응답자의 모국어, 성별, 나이, PED 소유 및 사용 여부에 대한 문항 등이 포함된다. 둘째 부분은 교실에서 PED를 사용하는 것의 장점 및 단점에 대한 응답자의 의견을 묻는 항목으로 이루어져 있다. 셋째 부분은 학생들이 교실에서 PED를 사용하는 것에 대한 응답자의 반응(예: 교사 자신도 교실 수업 중 PED를 사용하는지? 사용한다면 어떤 목적으로? 학생들이 교실에서 PED를 사용하도록 허용하는지? 학생들에게 PED 사용에 대한 지도나 안내를 하는지? 등)을 조사한다.

설문에 응한 일본인 영어 교사 28명 중 절반 이상이 PED를 소유/이용하고 있는 반면 비일본인 영어 교사 15명 가운데서 오직 4명만 PED를 소유/이용하고 있었다. 전체적으로 보아, 교사 자신의 PED 이용과 다른 변수들 간의 상관관계가 가장 크게 나타났다. 즉 교사 자신이 PED 사용에 익숙한 경우에 교사들은 교실에서 학생들이 PED를 사용하는 것을 허용하는 경향이 높았으며 PED의 사용 목적 역시 좀 더 다양하였다. 반면 PED에 익숙하지 않은 교사들은 주로 철자 확인, 대표적인 의미 확인과 같은 비교적 단순한 목적으로 PED를 사용했으며 많은 경우에 학생들이 교실에서 PED를 사용하는 것을 제한하거나 금지했다. 또 PED를 사용하는 교사들의 절반 가량은 학생들에게 일정 정도의 사전 사용 안내를 제공한 경험이 있는 반면 PED를 사용하지 않는 교사들의 절대 다수(11명 중 10명)는 사전 사용 기술을 가르쳐 본 적이 한 번도 없었다.

PED의 장단점에 대한 교사들의 태도는 두 집단에서 확연히 구분되었다. PED의 가장 큰 장점 두 가지인 '휴대성'과 '검색 속도'에 대해서는 두 집단 모두 비슷한 의견을 보였다. 그러나 일본인 영어 교사들(아마도 PED에 좀 더 익숙한)은 PED의 다른 장점들로 '사용 간편성'과 '즉각적인 교차 참조 기능'을 꼽은 반면 비일본인 영어 교사들은 '자율적 영어 학습에 도움이 되는 점'을 PED의 중요한 장점으로 꼽았다.

PED의 단점에 대해서 두 집단의 의견은 더욱 크게 달라졌다. 일본인 영어 교사들의 PED의 교육적 영향에 대해 가장 강한 우려를 나타냈다. 그들은 PED 사전의 장점인 빠르고 쉬운 검색이 어휘 학습(어휘 기억, 철자 학습)에는 역효과를 일으킬지 모른다고 생각했다. 또한 학생들이 단어를 몰라도 PED 사전만 있으면 된다고 생각하여 자칫 어휘 학습에 소홀해질지 모른다고 우려했다. 또한 일본인 영어 교사들은 PED의 제한된 화면 때문에 학생들이 표제항 전체를 파악하지 못할 수 있음을 지적했다. 반면에 비일본인 영어 교사들은 학생들이 수업 시간에 PED를 참조함으로 해서 수업의 흐름(회화 수업)을 끊어 버리는 것과 학생들이 PED(이중언어 사전 정보)에 의존하여 의미 추측이나 의미 협상과 같은 중요한 의사소통상의 기술을 개발하지 못할지도 모른다는 점에 대해 가장 큰 우려를 보였다. 정리하면 일본인 영어 교사들은 PED 사용으로 인한 어휘 학습 효과 감소를, 비일본인 영어 교사들은 의사소통 능력을 키울 기회가 감소하고 일본어에 의존하게 되는 점을 PED의 단점으로 파악하고 있었다.

사실 학생들의 교실에서의 잦은 PED 사용은 교사들에게 권위와 전문성을 위협하는 것처럼 느껴질 수 있다. PED 사용 경험이 상대적으로 많고 학생들과 모국어를 공유하는 일본인 교사들이라면 이 상황을 세 가지 방법으로 개선할 수 있을 것이다. 첫째로 교사들 자신이 전자 사전의 전문가가 되는 것이다. 즉 학생들보다 더욱 유능하고 기술적인 전자 사전 사용자가 되어서 학생들에게 적절한 사용 방법을 안내할 수 있다. 둘째로 학생들에게 특정 언어(교실) 상황에서만 전자 사전 사용을 허용할 수 있다. 셋째로 가끔은 학생들의 전자 사전 사용을 전적으로 제한하고 그 대신 종이 사전을 사용해 보도록 지도하는 방법이 있다. 그렇게 함으로써 학생들은 여전히 중요한 학습 기술인 비전자적 형태의 참조 정보를 어떻게 찾아내어 활용하는지를 배울 수 있을 것이다.

학생들의 전자 사전 사용이 100%에 이른 상황에서 학생들에게 적절한 전자 사전 사용 지도를 하는 일은 매우 필요하다. 특히 전자 사전 사용은 자율적 영어 학습과 긴밀히 연결되어 있기 때문에 전자 사전의 사용을 단지 새로운 유행으로 보거나 전적으로 학생들에게 맡기기보다는 그것을 어떻게 영어 학습에 도움이 되는 방식으로 최대한 활용할지를 교사가 함께 연구하고 안내할 필요가 있다.

■ 관련 연구

전자 사전의 교육적 효용 및 전자 사전 사용에 대한 인식에 관해서 Sharpe(1995), Taylor와 Chan(1994), Tono(2000), Laufer(2000) 및 Guillot와 Kenning(1994)을 참조하라.

Law and Li (2011)

Law, L. and Li, K. (2011) 'Mobile Phone Dictionary: Friend or Foe?: A User Attitude Survey of Hong Kong Translation Students.' in *Lexicography: Theoretical and Practical Perspectives. Papers submitted to the Seventh ASIALEX Biennial International Conference, Kyoto, August 22-24 2011*. ed. by Akasu, A. and Uchida, S. Kyoto, Japan: The Asian Association for Lexicography, 303-312.

■ 연구 목적

홍콩의 번역 전공 대학생들의 모바일 영어 사전 사용 현황을 조사한다.

■ 연구 참여자

통·번역 전문학사 학위를 준비하는 홍콩의 대학생 342명.

■ 연구 방법

Questionnaires and surveys.

MPD(Mobile Phone Dictionaries)의 장점은 1) 검색 속도, 2) 휴대성, 3) 음성 정보 제공, 4) (독립형 전자 사전에 비해) 다양한 사전 검색 가능성, 5) 다른 애플리케이션과의 연계 가능성 등을 꼽을 수 있다. 단점으로는 1) 그래픽, 그림 및 사진 자료 부족, 2) 어휘에 대한 단편적 정보, 3) 전문용어 정보 부족, 4) 작은 스크린 사이즈 등을 들 수 있다. 또 과거에 PED가 그러했듯이 MPD는 종종 교사들로부터 종이 사전에 비해 교육적으로 덜 바람직한 매체로 인식되기도 한다.

모바일 사전은 전 세계적으로 급격히 사용이 증가하고 있음에도 아직 연구가 충분히 이뤄지지 않고 있다. 본 연구는 홍공의 번역 전공 대학생들의 모바일 사전 사용 현황을 조사하고 그들의 MPD에 대한 욕구와 사용 전략의 일반적인 패턴을 알아본다. 홍콩의 2~3년제 대학에서 영어 통·번역을 전공하는 대학생 342명에게 번역 활동 시 MPD 사전 사용 현황을 설문조사로 알아보았다. 이들 중 자원한 4명에 대하여서 추가적으로 면접조사를 실시하였다. 참여자들의 영어 능숙도는 52% 이상은 IELTS 5.9 이상, 36% 이상은 6.03 이상에 준하였다.

참여자의 3분의 2 가량인 66.1%(226명)가 영어 사전이 내장된 휴대 전화를 소유하고 있다고 응답하였다. 이들 가운데 88%는 영중- 또는 중영 이중언어 사전이며, 43% 가량은 중국어 또는 영어 단일어 사전도 포함되어 있었다. 전문용어 사전이나 유의어 사전, 백과사전 콘텐츠가 포함된 경우는 10%가 못 되었다. 88%를 차지하는 이중언어 사전에서 Kingsoft의 Jinshan Ciba 영중 사전이 22.6%로 가장 높은 비율을 차지했고, 뒤이어 Oxford 영중 사전(22%) – Longman 영중 사전(7%)순으로 나타났다. 그러나 출처가 어디인지 모른다는 응답이 가장 많아서 42.5%에 달했다. 자신의 휴대전화에 포함된 이중언어 사전의 출처에 대한 인식 부족은 중영 사전에서 더욱 두드러져서 63.3%의 응답자가 출처를 모른다고 답했다.

MPD를 소유하고 있다고 응답한 226명의 참여자들의 62.3%는 MPD를 매일 또는 일주일에 수회 이상 사용한다고 하였으며, 77%는 MPD를 불러와서 사용하는 방법을 알고 있다고 응답했다. 35%는 MPD 표제항의 기본적인 구조에 익숙하며, 32.7%는 표제항에 사용된 각종 약호들에 익숙하다고 응답했다. 이들의 20.4%는 사용 안내 정보를 읽은 적이 있다고 응답하였다.

이들이 번역 활동 목적으로 가장 자주 사용하는 사전은 온라인 사전 → 종이 사전 → MPD → PED이며, 이들이 MPD에서 가장 빈번하게 찾아보는 정보는 대응어(73.5%) → 용법(43.4%) → 용례(35.8%) → 문법(31%)

순으로 나타났다. 전반적으로 이들의 59.2%는 MPD에 만족 또는 대단히 만족한다고 응답하였다. 참여자들이 MPD에 보강되었으면 하고 바라는 것은 문법 정보(79.2%), 전문용어(73%), 교차 참조 기능(45.1%) 및 백과사전 정보(44.7%)인 것으로 드러났다.

응답자의 절대 다수인 96.5%가 MPD 사용에 관한 어떠한 교육도 받은 적이 없다고 응답했다. 하지만 이들의 단 7.5%만이 MPD을 효과적인 사용을 위한 교육이 필요하다고 생각했고, 82.3%는 필요 없다고 응답하였다. 교육이 불필요하다고 본 주요한 이유로는 1) MPD는 혼자서도 충분히 쉽게 사용법을 익힐 수 있기 때문에, 2) 내가 MPD를 사용하지 않기 때문에, 3) MPD는 버전이 너무나 다양하기 때문에 통일된 교육이 가능하지 못할 것 같다 – 만일 사전 사용 교육을 한다면 종이 사전이나 온라인 사전에 대한 교육이 더욱 필요할 것이다, 등과 같은 대답이 나왔다. 교육이 필요한지 확신이 없다고 대답한 11.2%의 학생들은 '휴대폰은 시험장에 가지고 갈 수 없다,' '교사가 MPD 사용을 장려하지 않는다' 등의 이유를 꼽았다.

본 설문조사를 통한 학생들의 응답과 개선 방안에 대한 의견 등을 종합해 볼 때 향후 MPD는 하이퍼링크를 이용한 교차 참조 기능과, 아울러 (휴대전화의 문자 입력 체계의 제한점을 고려한) 근접 검색 기능 등이 우선적으로 보완되어야 할 것으로 보인다. PED나 온라인 사전들과 마찬가지로 MPD 역시 학생 주도적으로 사용되는 참조 매체이다. 현재 교수 현장에서 MPD 사용 교육은 거의 전무하며, 사전 참조 교육이 설사 일부 이뤄지고 있다고 해도 시대에 뒤처진 내용이 대부분이어서 실제 교육 욕구와의 격차가 점점 더 커지고 있는 실정이다. MPD 사용에 대해 영어 교육 현장의 관심과 지도가 필요하다.

■ 관련 연구

일본의 학생들을 대상으로 진행한 MPD 관련 설문 연구로 Thornton과 Houser(2004)가 있다. 단순한 참조 기능을 넘어 스마트폰 기기를 다양한 어휘 학습에 활용할 수 있는 방안을 제안한 연구로 Boyd(2011)의 액션 리서치가 있으며, 모바일 기기를 이용한 영어 학습에 대한 사용자의 인식을 연구한 Huang 등(2011)을 참조할 수 있다.

제 2 장

사전 유형별 효과 비교

Laufer and Hadar (1997)
MacFarquhar and Richards (1983)
McCreary (2002)
Nesi (2000)
Nakayama and Osaki (2006)
Koyama (2006)
Dziemianko (2010)
Chen (2010)
Nesi and Tan (2011)
Bowker (2003)

사전 사용이 언어 수행이나 어휘 학습에 미치는 영향이 무엇인지를 조사할 때, 기본적으로 두 가지 방향으로 변인 설정을 할 수 있다. 하나는 사전 사용 자체이다. 이때는 사전을 사용했을 때와 사용하지 않았을 때로 구분하여 사전 사용의 영향을 살펴볼 수 있을 것이다. 다른 하나는 사용하는 사전이다. 이때는 서로 다른 출처나 종류의 사전 둘 이상을 가지고 각각의 효과를 비교해 볼 수 있을 것이다. 2장에서 다루는 연구들은 모두 후자에 속한다.

사전 유형에 따른 효과를 비교하려는 시도의 연구 동기는 주로 어떤 사전이 더욱 효율적인지, 어떤 사전이 더욱 교육적인지, 그리고 특정한 사용자 층에게 가장 적합한 유형의 사전이 있는지, 있다면 어떤 것인지를 구명하는 데 있다. 사전의 검색 효율성은 검색 속도(얼마나 빨리 원하는 정보를 찾을 수 있나)와 검색 정확도(얼마나 정확히게 정보를 찾을 수 있나)로 측정할 수 있으며, 사전의 교육적 효과로는 사용자의 선호와 사용 빈도라는 사용자 측면과 사전에서 찾아본 단어의 학습 및 장 · 단기적 기억이라는 어휘 학습적 측면이 주로 고려된다.

사전 종류와 유형별 효과를 비교하는 연구에서 가장 첨예한 대립쌍으로 'L2 단일어 사전'과 '이중언어 사전'을 들 수 있다. ELT 분야의 논의들을 훑어보면 한동안 영어 단일어 사전의 사용이 적극적으로 권장되거나 이중언어 사전이 백안시되던 때가 있었다(Baxter, 1980). 그러나 이후 최근까지 30년 가까운 기간 동안 발표된 연구들을 살펴보면 영영 학습자 사전의 지속적인 발전에도 불구하고 학습자가 이중언어 사전보다 단일어 사전을 더 선호하거나 단일어 사전을 통해 더 효과적인 학습이 가능하다는 결과는 찾아보기 힘들다. 오히려 어휘 기억 측면에서는 이중언어 사전 또는 이중언어화 사전의 상대적 효율성이 밝혀지고 있다. Laufer와 Hadar(1997)는 단어의 의미 이해와 표현 활동에 있어서 이중언어 사전, L2 단일어 사전, 그리고 이중언어화 사전의 상대적 효율성을 비교하고 있다.

MacFarquhar와 Richards(1983)와 McCreary(2002)는 모국어 화자를 위한 일반 영영 사전과 영어 학습자를 위한 영영 사전의 사용자 선호 및 효율성을 비교하고 있다. 이 두 종류의 사전은 전혀 다른 사용자를 상정하여 편찬되었다고 여기게 마련인데, McCreary(2002)의 실험 결과는 영영 '학습자' 사전이 영어 모국어 화자에게도 일반 사전보다 더욱 효율적임을 보여주고 있다.

Nesi(2000), Nakayama와 Osaki(2006), Koyama(2006), Dziemianko (2010) 및 Chen(2010)은 모두 종이 사전과 전자 사전을 효율성을 비교한 연구이다. 설문조사나 사용 행위 관찰 조사 등을 보면 전자 사전이 종이 사전에 비해 교차 참조, 사용자 편의, 검색 속도 및 선호도 면에서 훨씬 긍정적임에도 PED가 급속도로 보급된 1990년대와 온라인 사전이 보편화된 2000년대 이래 줄곧 전자 사전의 교육적 효과에 대해서는 우려의 목소리가 컸다. 쉬운 검색은 곧 피상적인 학습으로 이어질지도 모른다는 점, 그리고 전자 사전으로 인해 잘못된 사전 사용 습관을 형성할 수 있다는 우려들이 주를 이루었다. 이러한 상황은 전자 사전의 사용 효율성과 교육적 효과에 대한 실증적인 연구를 촉발했다.

Nesi와 Tan(2011)은 주요 영영 학습자 사전에서 제공되는 다양한 '의미 구분 장치'의 효율성을 비교하여, 어떤 사전의 편집 방침이 어떤 사용자에게 얼마나 더 효과가 있는지를 밝혀내려 했다. Bowker(2003)는 번역(전공)자라는 특수한 사용자 층을 대상으로 번역 활동에서 일반 사전의 정보와 코퍼스 정보의 효율성 및 정확성을 비교한 연구이다. 사전-내, 사전-간, 참조 매체-간의 구분이 점점 흐려지며 사전의 정보 제공 형태 및 출처, 사용자 인터페이스가 하루가 다르게 변화하고 있는 실정에서, 코퍼스와 일반 사전의 정보 특성과 사용 방식에 대한 연구는 번역학 및 전문용어학과 더불어 사전학에서도 중요한 연구 주제가 되고 있다.

Laufer and Hadar (1997)

Laufer, B. and Hadar, L. (1997) 'Assessing the Effectiveness of Monolingual, Bilingual, and "Bilingualised" Dictionaries in the Comprehension and Production of New Words'. *Modern Language Journal* 81, 189-196.

■ **연구 목적**

단어의 의미 이해와 표현 활동에 있어서 이중언어, 단일어, 그리고 이중언어화 사전의 상대적 효율성을 비교한다.

■ **연구 참여자**

이스라엘의 중상급 고교 학습자(76명) 및 상급 대학 영어 학습자(46명).

■ **연구 방법**

Tests and experiments.

영어 학습자를 대상으로 한 가장 광범위한 연구 중 하나인 Atkins와 Knowles(1990)에 따르면, 연구에 참여한 다수(75%)의 학생들이 이중언어(bilingual) 사전을 사용하였지만 원하는 정보를 찾는 데는 단일어 사전이 종종 더 효과적이었다. 더구나 단일어 사전을 사용함으로써 학습자들은 영어(외국어) 어휘 체계를 직접적으로 접할 수 있다. 그럼에도 외국어 수준과 상관없이 학습자들은 사전을 사용하는 한 이중언어 사전에 의지하는 경향이 있다. 그렇다면 단일어 사전과 이중언어 사전의 두 가지 정보 유형을 다 포함하는 이중언어화(bilingualised) 사전이 적절한 대안일 수 있을 것이다.

통상 L2-L2-L1의 정보 구조를 취하는 이중언어화 사전은 단일어(영영)

학습자 사전에 표제항 번역을 결합한 것이다. English-English-Hebrew 사전인 OSDHS(*Oxford Student Dictionary of Hebrew Speakers*, 1978)이 한 예이다. 이들 유형의 사전의 상대적 효율성을 비교해 보기 위해서는 동일한 참여자 집단에 대해 동일한 사전들을 사용하여 동일한 과제를 수행하도록 한 뒤 그 결과를 비교해 보는 방법이 있을 것이다.

본 연구의 참여자는, 한 집단은 이스라엘 고교 11학년에 재학 중인 영어 학습자 76명이며, 또 한 집단은 대학교 1학년 영어 학습자 46명이다. 고교생 집단의 영어 수준은 중상급, 대학생 집단의 영어 수준은 상급으로 분류할 수 있다. 1차로 저빈도 단어 22개를 선별하고 이들 어휘를 7명의 최상급 영어 전공자들에게 보여준 뒤 여기서 다시 15개의 실험용 어휘를 골라냈다. 해당 어휘의 표제항은 LDOCE(단일어 사전), MMD(영어-히브리어 이중언어 사전), OSDHS(이중언어화 사전)에서 발췌하였다. 각 시험지는 5개 단어+이중언어 사전 표제항, 5개 단어+단일어 사전 표제항, 5개 단어+이중언어화 사전 표제항으로 구성되었는데, 이들 단어가 나오는 순서는 무작위로 하였다. 또한 하나의 특정 단어에 대한 어휘 정보를 세 유형의 사전에서 모두 발췌해 모든 학생에게 특정 단어+특정 표제항이 똑같이 제시되지 않도록 하였다.

학생들은 시험지에 제시된 단어들과 그 표제항을 읽고 각 표제어에 대해 1) 가장 알맞은 뜻을 세 가지 보기에서 고르고(의미 이해 활동), 2) 그 단어를 사용하여 뜻이 통하도록 문장을 작성하는(표현 활동) 과업을 수행했다. 두 명의 연구자가, 정답은 각 2점, 부분 정답(이해 과업에서 근사한 보기를 고른 경우와 작문에서 학생이 표제어의 의미에 대해 부분적으로만 이해하고 있다고 판단되는 경우)은 1점, 오답은 0점 처리하여 집계하였다. 즉 각 사전 유형에 대해 이해 및 표현 활동 과업의 점수를 다 합하면 20점 만점이 나오게 된다.

채점 결과를 전반적으로 살펴보면, 이해 활동과 표현 활동 모두에서 이중언어화 사전이 단일어 사전 및 이중언어 사전보다 좀 더 효과적인 것으로 밝혀졌다. 다시 말해 이중언어화 사전의 표제항이 제시된 경우에 학생들이 단어의 의미를 파악하거나 단어를 활용하여 문장을 만들어낼 때 월등히 좋은 점수를 얻었다. 이중언어화 사전은 이해 활동에서는 다른 두 유형의 사전보다, 표현 활동에서는 단일어 사전보다, 각각 통계상 유의미한 차이로 효율적이었다. 참여자의 언어 능숙도는 사전 유형별 채점 결과와 관련이 없었다.

그래서 채점 결과를 또 다른 독립변인인 '사전 사용 기술'로 나누어 살펴보았다. 시험의 개인별 총점인 60점을 기준으로 30점 미만을 취득한 참여자를 '미숙련 사용자'(총 23명), 30점~45점을 '보통 사용자'(75명), 그리고 46점 이상을 취득한 자를 '우수한 사용자'(25명)로 나누었다(이들 세 집단 모두에 중상급자와 상급자가 분포되어 있었다). 이들 집단에 대한 사전 유형별 채점 결과를 분산분석해 보니 집단별로 차이가 드러났다.

'미숙련 사용자' 집단은 이해+표현 활동 전체로 보면 이중언어 사전 사용 시, 이해 활동만을 놓고 보면 이중언어화 사전 사용 시 가장 좋은 결과를 보였고, 단일어 사전의 표제항에서는 두 과업 모두에서 가장 저조한 결과를 보였다. '보통 사용자' 집단은 전반적으로 '이중언어화 사전' 사용 시 가장 좋은 결과를 보였다. 이때 특기할 것으로, 이해 활동에서 이들은 이중언어화 사전 다음으로 단일어 사전 사용에서 좋은 결과를 보여 '미숙련 사용자' 집단에 비해서는 단일어 사전의 정보 사용 기술이 나은 것으로 나타났다. '우수한 사용자' 집단 역시 전반적인 수치상 '이중언어화 사전' 사용 시 가장 좋은 결과를 보였는데, 다만 이 집단에서는 사전 유형별 점수가 통계적으로 유의미한 차이를 보이지는 않았다. 이로써 추정할 수 있는 것은, 단일어 학습자 사전을 이용할 수 있는 기본적인 어휘력을 전제로 했을 때

(실험에 참여한 집단은 모두 중상급~상급 영어 학습자로서 LDOCE의 정의용 어휘를 이미 습득하였다), 전반적인 사전 사용 기술이 특정 유형(단일어 사전)의 사용 능숙성과 연관된다는 점이다. 즉 우수한 사전 사용자들은 이해 활동에서나 표현 활동 시에나, 또 어떤 유형의 사전에서나 필요한 정보를 더 잘 찾고 이해할 수 있는 것으로 보인다. 반면 미숙한 사용자들이나 보통 사용자들은 자신에게 익숙하지 않은 유형의 사전 정보(예를 들면 단일어 사전 정보나 이중언어화 사전에서 영어 정보)의 활용 능력이 상대적으로 떨어진다고 할 수 있을 것이다. 하지만 비록 통계적으로 유의미한 차이는 아니었다고 하더라도 '우수한 사용자' 집단에서 이중언어화 사전 사용 시 수치적으로 가장 좋은 결과가 나왔으며, 전 집단에서 전반적으로 이중언어화 사전 사용 시 가장 좋은 결과를 이끌어 내었음을 상기할 때, 영어 어휘 체계에 대한 직접적인 노출과 모국어 정보를 두루 제시하는 이중언어화 사전의 교육적 장점을 확인할 수 있다.

■ **관련 연구**

영어 학습자들의 이중언어화 사전 사용 실태를 학습자의 영어 능숙도 별로 연구한 Laufer와 Kimmel(1997)을 참조하라.

MacFarquhar and Richards (1983)

MacFarquhar, P. D. and Richards, J. C. (1983) 'On Dictionaries and Definitions'. *RELC Journal* 14 (1), 111-124.

■ 연구 목적

사전 정보에 대한 사용자 피드백이 활발히 개진·수렴되지 못하던 1980년대에 행해진 연구로서, 그때까지 당연시 되어 왔던 사전의 정보를 사용자들이 비교해 보고 그 선호도를 직접 조사하였다.

■ 연구 참여자

하와이에 거주하는 ESL 학습자 180명.

■ 연구 방법

Questionnaire and survey.

Participant evaluation.

사전 정보에서 정의의 중요성은 재론의 여지가 없다. 모국어 화자와 외국어 학습자를 막론하고 사전에서 가장 빈번하게 참조하는 정보는 어휘의 뜻(정의)이다. 사전에서 어의는 일반적으로 유의어, 설명(정의), 또는 그 단어가 사용되는 맥락 제시 등의 방법을 통해 기술되는데, 모국어 화자를 위한 영어 사전과 학습자를 위한 영어 단일어 사전의 차이점 역시 어의 설명 방식(정의문 제시 방식)에서 가장 두드러진다. 다시 말해, 학습자를 위한 단일어 사전은 1) 단어의 뜻을 설명할 때 제한된 어휘(1,500~2,000개)를 사용하며, 2) 정의용 어휘라는 제한을 두지 않더라도 의미가 이해하기 쉽고 분명하게 전달되도록 애쓰는 반면에 3) 모국어 화자를 위한 일반 영어 사전은 정의문에 사용할 수 있는 어휘에 제한을 두지 않는다. LDOCE는 이중 1에 해당하는 경우이고, OALD는 2에, 그리고 *Webster's New World Dictionary*(WNWD)는 3의 경우에 해당된다고 할 수 있다. 이는 쉬운 말로 쓰인 설명일수록 영어 학습자들에게는 더 이해하기 쉬울 것이라는 전제에 기초한 사전 편찬상의 고려일 것이다.

그러나 제한된 어휘로 단어의 의미를 설명하는 것이 실제로 얼마만큼 효과적인지는 확인해 보아야 할 문제이다. 우선 실제 사전 사용자들이 정의용 어휘를 어느 정도까지 알고 있을까? LDOCE의 정의용 어휘 목록에는 account, armour, bitter, compass, conquer, conscience… 같은 단어들이 들어 있는데, 사용자들이 이런 단어들을 이미 알고 있다고 확신할 수는 없는 노릇이다. 둘째로 제한된 어휘로 단어의 뜻을 설명하는 것이 필연적으로 더 쉽거나 정확한 것은 아니다. 어휘 제한 때문에 정의문이 불필요하게 길어지거나 어색해지는 경우도 적지 않다. 이 같은 어려움 때문에 사전 연구자들 사이에서도 정의용 어휘의 효용에 대해 의견이 분분하다. 본 연구는 위 세 가지 정의 방식의 장단점에 대한 이론상의 논의가 아닌, 정작 사용자들은 이것을 어떻게 평가하는지 난이도와 명료성(intelligibility and clarity) 측면에서 사용자 관점의 평가를 수집하여 분석했다.

앞서 언급한 세 종의 사전이 연구에 사용되었다(LDOCE 1980; OALD 1974; WNWD 1972). 학습자가 사전을 참조할 만하다고 판단되는 60개의 단어를 선정하여, 각각의 사전에서 해당 표제항을 발췌한 뒤 가로로 긴 카드 한 장에 세 개의 표제항을 나란히 배치한 60장의 마스터 카드를 만들었다. 각각의 표제항 옆에는 평가자가 표시를 할 수 있도록 빈칸을 달아 놓았다. 이때 정보 제시 순서에 의해 응답이 영향을 받지 않도록 하기 위해 각각의 사전의 표제항이 20개씩 맨 왼쪽, 중간, 맨 오른쪽에 위치하도록 하였다. 이 60장의 마스터 카드를 무작위로 섞어 8.5×11인치 크기의 종이에 5

개씩 배열한 다음 31장씩 복사하여 모두 1860장의 카드를 만든 후, 10장 한 세트로 중복되지 않도록 섞어 186장의 봉투에 나눠 담았다. 이것을 하와이대학의 어학 과정에 등록한 아시아・태평양계 외국인 학생 180명에게 나눠 주었다.

먼저 구두로 간단한 오리엔테이션을 한 뒤 참여자들은 각자 10장의 카드를 읽고, 각각의 표제어에 대한 세 개의 표제항 중에서 가장 이해하기 쉽고 명확하다고 생각되는 표제항 옆의 빈칸에 체크 표시를 하게 하였다. 이런 방식으로, 모든 참여자가 10개의 표제어를 중복 없이 평가하고, 모든 표제어가 30명의 평가자에 의해 중복 없이 평가되었다. 평가가 끝난 뒤에 참여자들은 본인의 TOEFL 점수와 반의 언어 레벨을 묻는 간단한 설문에 응답하였다.

연구 결과 과반이 넘는 비율로 학습자들은 LDOCE의 정의 방식이 가장 쉽고 명확하다고 응답하였다(51.5%). 그 다음으로 OALD의 정보에 선호를 표시했으며(28.5%), WNWD에는 가장 낮은 비율로 선호를 표시하였다(20.0%). LDOCE의 정의 방식에 대한 선호는 학습자의 언어 능력(TOEFL 점수 및 언어 등급)과도 무관하였다. 즉 TOEFL 점수 기준 570점 이상의 참여자 군(또는 상급반 그룹)의 선호도와 500점 이하의 참여자 군(또는 하급반 그룹)의 선호도는 통계적으로 유의미한 차이가 없었다.

비록 OALD의 정의 방식이 WNWD의 정의 방식보다는 선호도가 높았으나, OALD와 WNWD 간의 선호도 차이보다는 LDOCE와 OALD 간의 선호도 차이가 훨씬 컸으며, 이러한 선호도 차이가 상급자 군과 하급자 군 모두에서 엇비슷한 것으로 보아 학습자들은 언어 능력을 막론하고 제한된 어휘를 사용한 정의 방식을 일관되게 선호한다고 볼 수 있다. 이는 정의용 어휘를 사용한 정의 방식이 일부 영어 학습자 군에게만 제한적으로 이점을 가지는 것이 아니라 광범위한 사용자층에게 어필할 수 있음을 시사한다. 단 이 연구는 각기 다른 정의 방식이 실제 어휘 학습이나 언어 수행에 어떤 영향을 끼치는지를 연구한 것이 아니고, 단지 사용자의 선호도만을 조사한 것임에 주의할 필요가 있다.

■ **관련 연구**

다음의 세 문헌은 모국어/외국어 영어 학습자를 위한 어휘 통제에 대한 선구적인 시도로 평가된다. Ogden(1934), Thorndike and Lorge(1944), West (1953).

McCreary (2002)

McCreary, D. R. (2002) 'American Freshmen and English Dictionaries: "I Had Aspersions of Becoming an English Teacher".' *International Journal of Lexicography* 15(3), 181-205.

■ **연구 목적**

성인 영어 모국어 화자를 대상으로 원어민용 영영 사전과 학습자용 영영 사전의 상대적 유용성을 평가한다. 아울러 영어 원어민 사용자들은 사전의 어휘 정보를 어떻게 활용하고 있는지 알아본다.

■ **연구 참여자**

영어 모국어 화자 대학생 207명.

■ **연구 방법**

Tests and experiments.

학습자용 영영 사전은 일반 모국어 화자를 위한 영영 사전에 비해 연어, 문형, 용례, 화용상 더욱 풍부한 어휘 정보를 제시하며, 정의문 또한 이해하기 쉽게 쓰여 있다. 이는, 원어민 화자들은 연어나 문형, 화용적 지식을 자연스럽게 습득하지만 학습자들은 이들에 대한 명시적인 학습이 필요하다는 전제에 의한 것이다. 그러나 일련의 연구들에 의하면 원어민 화자들 또한 어려운 어휘에 대해서는 연어나 화용적 어휘 정보를 필요로 한다는 사실이 조금씩 드러나고 있다.

그렇다면 학습자용 영영 사전의 어휘 정보가 원어민에게도 역시 유용하며 필요하지 않을까? 미국 대학생들이 대개 사용하는 탁상용 사전

(collegiate desk dictionaries)은 과연 현재 미국 모국어 화자 대학생들의 욕구를 만족시키고 있는가?

영어를 모국어로 사용하는 207명의 대학교 1학년생들이 실험에 참가하였다. 연구 참가자들의 학업 성취도는 미국의 평균 SAT 점수를 크게 웃도는 정도로 훌륭한 편이며, 다양한 전공의 학생들로 이루어졌다. 연구자는 실험에 3종의 사전을 사용하였다. 학습자용 영영 사전으로는 COBUILD와 LDOCE를, 일반 원어민용 영영 사전으로는 AHD(*American Heritage Dictionary*) 제2판을 사용하였다. 원어민에게도 생소할 수 있는 20개의 고난이도 어휘를 선정하여, 이들 단어에 대해 3종의 사전에서 발췌한 어휘정보를 표1과 같이 네 가지 버전의 실험용 소책자(Packet A~D)로 구성하였다.

표1. 실험용 소책자의 종류별 구성

소책자 종류	전반부 구성	후반부 구성
Packet A	10 AHD target entries	10 COBUILD target entries
Packet B	10 COBUILD target entries	10 AHD target entries
Packet C	10 AHD target entries	10 LDOCE target entries
Packet D	10 LDOCE target entries	10 AHD target entries

2차의 예비 실험을 거쳐 본 실험에서, 207명의 참가자들은 비슷한 수의 4 집단으로 나뉘어 각각다른 소책자를 배부받았다. 과업 시 준수 사항에 대한 교육을 받은 후 참여자들은 20개의 고난이도 어휘를 사용하여 20개의 문장을 작문하였다. 참여자들이 작성한 4,140개의 문장은 이후 'acceptable,' 'ambiguous,' 'unacceptable'이라는 세 가지 범주로 구분했다. 문장에서 해당 단어의 의미가 정확히 드러나며 사용상의 맥락도 적절할 때는 'acceptable', 작성한 문장이 사전의 용례를 그대로 베낀 경우나 의

미/맥락이 틀렸을 경우에는 'unacceptable', 문장이 정확하게는 쓰였으나 사용상의 맥락이 모호한 경우에는 'ambiguous'로 채점했다.

실험 결과, 2종의 학습자용 영영 사전과 일반 영영 사전이 유용성 면에서 통계적으로 대단히 유의미한 차이를 보였다(p<0.001). 학습자 사전의 정보를 사용한 경우 acceptable한 문장을 쓴 빈도는 COBUILD의 경우 44.95%, LDOCE의 경우 43.56%인데 반해 AHD를 참조한 경우에는 33.57%에 불과했다. 한편 'unacceptable'한 문장들을 살펴보면, COBUILD가 LDOCE에 비해 5%를 상회하는 차이로 더욱 유용했으며, 이 차이는 통계적으로 유의미했다. 즉 성공률 면에서는 두 학습자 사전이 비슷했지만, 부적절한 문장이 덜 나왔다는 점에서는 COBUILD의 효용성이 더 컸다.

참가자들의 문장을 분석하는 과정에서 사전 사용자들의 사용상의 오류 패턴 역시 드러났다. 영어학습자들이나 초급 영어 모국어 화자들 사이에서 흔히 관찰되는 키드룰 오류(정의문에서 자신이 알고 있는 단어들만으로 잘못된 의미 추론을 하는 오류)와 다의어 표제항에서 처음에 나오는 정의만을 참조하는 사용 전략이 영어 모국어 대학생 화자들에게도 발견되었다. 그밖에 해당 단어를 철자나 발음이 비슷한 다른 단어로 착각하여 작문하는 오류와 다의어 표제항에서 자신에게 제일 흥미를 끈 의미를 고른 뒤 확장 해석하여 부적절한 문장을 작문하는 오류 등이 분석되었다.

영어 모국어 화자들을 위해 만들어진 사전이 사용자에게 충분한 용례와 사용 맥락 및 화용 정보를 제시하지 못하며, 학습자 영영 사전이 모국어 화자의 표현 활동에는 더욱 큰 도움을 준다는 것이 확인되었으며, 이는 모국어 화자 대상의 단일어 사전의 개선 방향에 대해 시사하는 바가 크다.

■ **관련 연구**

McKeown(1993) 및 Miller와 Gildea(1985, 1987)는 연구 참여자들이 영어 모국어 화자라는 점에서 본 연구와 관련이 있다. 영어 학습자 대상의 연구로는 MacFarquhar와 Richards(1983)본문 66쪽 및 Nesi와 Meara(1994)본문 33쪽를 참고할 수 있다.

Nesi (2000)

Nesi, H. (2000) 'On Screen or in Print? Students' Use of a Learner's Dictionary on CD-ROM and in Book Form'. in *EAP Learning Technologies*. ed. by Howarth, P. and Herington, R. Leeds: Leeds University Press, 106-114.

■ 연구 목적

내용은 동일하되 매체가 다른 두 사전을 사용하여, 두 종류의 사전이 사용자의 읽기 활동에 미치는 효과 및 두 사전에 대한 사용자의 선호도를 비교해 봄으로써 사전의 매체에 따른 교육적 효용을 검증한다.

■ 연구 참여자

영국 대학의 EAP 학습자 29명.

■ 연구 방법

Self-records.

Tests and experiments.

전자적 형태의 어휘 설명(glosses) 대 지면 상의 어휘 설명의 효과에 대한 비교 연구는 현대 외국어 교육(Modern Foreign Languages) 분야에서 주도적으로 이루어져 온 편인데, 이들 대부분의 연구 결과에서 컴퓨터 기반의 전자적 어휘 설명이 지면상의 어휘 설명에 비해 여러 가지 면(사용자의 참조 적극성, 참조에 소요되는 시간과 노력, 사용 만족도 등)에서 훨씬 효과적인 것으로 보고되고 있다. 이 연구는 영어 지문 읽기 활동에서 내용은 동일하되 형태상으로 구별되는(OALD 5 종이 사전과 CD-ROM 사전) 어휘 정보를 제공하여 지문에 대한 이해도와 사용자 만족도, 그리고 사용자의 참조 행위를 비교 분석함으로써 전자적 형태의 어휘 정보와 인쇄 형태의 어휘 정보 간의 효율성을 ELT/EAP 맥락에서 검증하고 있다. 연구 문제(research questions)는 다음과 같이 설정하였다.

1) 시디롬 사전을 사용한 경우에 더 많은 어휘 정보를 참조하는가?
2) 시디롬 사전을 사용할 때 어휘 정보 참조에 걸리는 시간은 종이 사전과 비교해 어떠한가?
3) 사용자 만족도는 어떠한가?
4) 지문을 이해하는 데 시디롬 사전이 유용한가?

영국 소재의 대학에서 영어 교육을 받고 있는 29명의 성인 영어 학습자를 대상으로, 이들에게 두 편의 신문 기사를 제시하고 처음 기사를 읽을 때는 종이 버전의 OALD 5를, 둘째 기사를 읽을 때는 시디롬 버전의 OALD 5를 제공했다. 두 지문은 분량이 동일하며(각 286자) 난이도와 문장 복잡도 역시 거의 동일하였다. 본 실험 전에 간단히 OALD 5의 종이 버전과 시디롬 버전의 이용법에 대한 오리엔테이션을 실시했다. 지문을 읽는 동안 참가자들은 그림 1과 같은 포맷의 사전 사용 자가 기록지를 작성하였다. 지문을 읽은 후에는 8개의 문항으로 진위형 검사(true/false test)를 실시하여 이해도를 측정하였다. 또한 과업 수행 시간을 측정하였다.

진위형 검사에서는 종이 사전 사용 상황이 6.7점으로 시디롬 사용 상황에 비해 0.3점 높았으나 통계적으로 유의미한 차이는 없었다. 평균 소요 시간은 시디롬 사전이 조금 덜 걸렸고(16.7분 대 15.9분), 참조 횟수 면에서 시디롬 사전의 참조 횟수가 더 많았지만(3.9회 대 4.6회), 이 역시 통계적으로 유의미한 차이는 없었다. 다만 참조 용이성(4.1점 대 4.6점) 및 사용 만족도(4.1점 대 4.6점)는 통계적으로 크게 유의미한 차이로 시디롬 사전 사용 조건에서 더 높게 나왔다 (p=>.001). 즉 두 사전이 정보의 내용 면에서는 아무런 차이가 없었음에도 참가자들은 시디롬 사전을 사용할 때 사전을 더욱 자주 참조했으며 자신이 원하는 정보를 훨씬 쉽게 찾을 수 있었다. 사용 만족도 역시 종이 사전에 비해 훨씬 높았다.

그림 1. 사전 사용 자가 기록지

Section A. Before you look up a word
Write here which word you want to look up ....
Write here what information you are looking for (eg, what the word means, how it is pronounced etc.) ....
Section B. After you have looked up a word

1. How easily did you find the information that you wanted in the dictionary?
   Mark on the scale 1 to 5 (1 = very difficult / impossible, 5 = very easy)
   1 2 3 4 5
2. How satisfied were you with the information in the dictionary?
   1 2 3 4 5
3. If you were not satisfied with the dictionary information, explain why:
   ....
4. Did you look up the meaning of any of the words in the definition for this word? YES/NO
   (If the answer is YES, use a new sheet of paper to record dictionary use.)

이 같은 양적인 결과와 더불어 자가 기록지 정보를 분석함으로써 참여자들이 어떤 단어를 참조했는지, 또 사전을 사용하면서 어떠한 어려움을 경험했는지를 알 수 있었다. 많은 참여자들이 시디롬 사전에서 제공하는 발음 오디오 파일을 들었다. 이는 읽기 이해를 측정하는 과업의 목적과는 아무런 상관이 없는 것으로, 몇몇의 경우에는 그저 발음 정보를 들어 보기 위해 특정 단어를 검색한 것으로 나타났다. 반면 시디롬 사전의 비주얼 정보는 거의 이용하지 않았다. 또한 기록지 상으로는 정확히 반영되지 않았으나 직후 간단히 치러진 인터뷰를 통해 참여자들이 시디롬 사전 환경에서 자가 기록지에 기록한 단어보다 더 많은 단어를 찾아보았음이 드러났다(12명의 참여자들이 총 23개의 단어를 추가로 검색함). 이는 전자적 형태의 참조 매체가 하이퍼링크 등의 기능을 지원하는 데 따라 사용자들이 더욱 쉽게 교차 참조를 할 수 있기 때문으로 분석된다. 심지어 몇몇의 경우에는 지문에도 없고 표제항에도 등장하지 않는 단어들을 참조한 기록도 발견할 수 있었다. 이 결과는 전자적 형태의 사전에서는 사용자들의 '수평적 어휘 브라우징(lateral browsing)'이 빈번하다는 기존의 연구 결과와도 일치하는 것이다.

■ **관련 연구**

현대 외국어 교육 분야에서 전자적 방식의 어휘 정보 제공의 학습 효과를 연구한 문헌 중 자주 언급되는 것으로 Chun과 Plass(1996), Knight(1994)[본문 168쪽]가 있다. 다음 문헌은 연구 방법 면에서 본 연구와 관련성이 있다. Guillot와 Kenning(1994), Harvey와 Yuill(1997)[본문 127쪽].

Nakayama and Osaki (2006)

Nakayama, N. and Osaki, S. (2006) 'How the Rate of Unknown Words Affects Word Search and Reading Comprehension: Hand-held Electronic Dictionaries vs. Paper Dictionaries.' in *English lexicography in Japan.* ed. by Ishikawa, S., Minamide, K., Murata, M. and Tono, Y. Tokyo: Taishukan Publishing Company, 298-310.

■ 연구 목적

읽기 자료의 난이도가 학습자가 전자 사전이나 종이 사전을 이용하여 읽기 자료를 이해하는 능력에 어떤 영향을 주는지를 살펴본다.

■ 연구 참여자

일본의 대학생 영어 학습자 137명.

■ 연구 방법

Tests and experiments.

기존의 연구들을 보면, 사전을 사용하여 읽기 자료를 이해하려고 할 때 특정한 상황에서는 종이 사전보다 전자 사전이 더욱 도움이 되는 것으로 보인다. 그 특정한 읽기 상황이란 1) (어휘) 난이도가 높은 텍스트와 2) 제한된 시간인 것으로 보이지만 정확히 어느 정도의 어휘 난이도(rate of unknown words, RUW)의 읽기 지문에서 이 같은 결과가 나오는지는 분명치 않다.

Osaki 등(2003)의 연구 결과에 따르면 학습자 RUW가 9%인 텍스트를 읽을 때 ED 사용이 PD보다 학습자들의 이해도에 유의미한 차이를 보였다. 한편 Hu와 Nation(2000)은 (사전의) 도움을 받지 않는 즐거운 읽기를 위해서는 학습자가 텍스트에 나오는 단어들의 98% 정도를 알고 있을 필요가 있다고 주장했다. 위의 진술들을 일본 영어 학습자들에게 적용한다면 2% 이하의 RUW는 너무 낮아서 읽기 이해도를 높이기 위해 사전 사용을 필요로 하지 않을 것 같고 9% RUW의 텍스트를 읽을 때는 ED 사전의 사용이 확실히 도움이 될 것이다. 그렇다면 RUW이 3%이나 6%일 때는 어떠할지 의문이 생긴다. 본 연구에서는 학습자들이 1) 문맥에 더 적절한 의미를 찾고, 2) 읽기 이해를 더 잘하는 데 도움이 되는 것과 관련하여 어떤 RUW가(3%, 6%, 9%) 종이 사전보다 전자 사전의 사용을 더 용이하게 하는지를 밝혀보려고 하였다.

일본 여러 대학에서 영어를 공부하는 대학생 137명을 ED 사용 집단, PD 사용 집단, 사전을 사용 않는 집단(ND)으로 나뉘었다. 각 집단은 다시 세 가지 텍스트(RUW 3%, 6%, 9%)에 따라서 총 9개 집단으로 나뉘었다. Vocabulary Levels Test(VLT)(Schmitt, Schmitt, Clapham, 2001)를 이용하여 모든 집단의 능숙도가 서로 능숙도가 비슷하도록(38.51) 집단을 나누었다. 읽기 지문은 RUW에 따라 세 버전으로 만들었다. 지문에서 '모르는 단어'는 Coxhead의 Academic Word List(AWL)에 제시된 단어들로 간주하였다. 참여자 절반이 *Genius E-J Dictionary*(Taishukan)의 종이 사전을 소유하고 있기에 ED도 이 사전이 들어 있는 것(Casio Ex-word XD-V4000)으로 선정했다. 목표 단어들은 품사와 빈도(예: 1,000단어 수준, 2,000단어 수준 등)를 배분하여 총 13개를 선정하였다. 실험에 사용한 테스트는 1) 의미 찾기 테스트(definition test)와 2) 이해도 테스트로 구성되었다. 의미 찾기 테스트에서 참여자들은 텍스트를 읽으면서 밑줄이 쳐진 목표 단어들을 제공된 사전에서 찾아보고 문맥상 가장 적절한 단어의 의미를 기록하였다. 이해도 테스트는 각 집단에 동일하게 실시되었는데 일본어로 된 다지선다형 10문항으로 구성되었다. 테스트에 앞서 ED 집단과 PD 집단에게 40분 동안 사전 사용 교육을 실시했다. 그 뒤 15분 간 의미 찾기 테스트를 시행하고, 마지막으로 10분 이내에 읽기 이해도 테스트를 실시했다.

ND 집단은 의미 찾기 테스트에서 제외시키고 통제 집단으로 포함시켜 결과를 분석하였다. 의미 찾기 테스트에서 RUW가 3%인 경우에는 사전 유형 간에 차이가 발견되지 않았다. 그러나 RUW가 6%나 9%인 경우에는 대부분의 목표 단어에서 ED가 PD보다 문맥에 적절한 의미를 찾는 데 더 도움이 되었다. 이해도 테스트 결과를 분석해 보면 RUW가 3% 이상일 때 ED 집단이 PD 집단보다 이해도 테스트에서 더 높은 점수를 얻었다. 사전 유형별로 비교한 결과 ED 집단이 가장 높은 이해도 점수를 기록했다. 그러나 PD와 ND 집단 사이에는 아무 차이가 발견되지 않았다. 따라서 세 가지 RUW의 텍스트를 읽을 때 ED 사용이 PD나 ND보다 학습자의 읽기 이해를 더 용이하게 한다고 볼 수 있다.

본 연구의 결과로 보면, 텍스트 내에 모르는 단어의 비율이 높아지면 ED가 단어 (의미) 찾기와 읽기 이해를 위한 가장 좋은 도구라고 할 수 있다. 영어 능숙도가 낮은 학습자들은 높은 수준의 학생들에 비해 단어 지식이 제한적이므로 텍스트를 읽을 때 모르는 단어를 접하게 될 가능성이 더 크다. 그러므로 특히 영어 능숙도가 낮은 학습자들에게는 단어 찾기와 읽기 이해에 PD보다 ED가 더 도움이 된다고 주장할 수 있을 것이다.

■ **관련 연구**

외국어 읽기에서 적정한 텍스트 내 모르는 단어의 비율에 대한 연구로는 Hu와 Nation(2000)을 참고하라. 읽기 이해에 있어서 '읽기 절차(reading process)' 모델에 관해서는 대표적으로 Grabe와 Stoller(2002)를 참고할 수 있다.

Koyama (2006)

Koyama, T. (2006) *For the Effective Use of Hand-held Electronic Dictionaries in the Japanese EFL Context: Focusing on Retention, Reading Comprehension, and Learner's Impressions*. Unpublished doctoral dissertation, Kansai University, Osaka, Japan.

■ **연구 목적**

종이 사전과 전자 사전(PED)의 사용 환경(인터페이스) 차이를 비교하고 이들의 교육적 효과에 대해 알아본다.

■ **연구 참여자**

일본 소재 대학에 재학 중인 초급~상급 영어 학습자 18명(연구 1) 및 34명(연구 2, 연구 3).

■ **연구 방법**

Tests and experiments.

Think-aloud.

1980년대 중반에 첫 제품이 등장한 이래 휴대용 전자 사전(personal electronic dictionaries, 또는 hand-held electronic dictionaries)은 폭발적인 성장을 거듭해 왔다. 2000년대 초반에 진행된 설문조사(시장 조사)들에 따르면 일본 내에서의 PED 시장은 지난 5년 간 4배 정도 증가하여 대다수의 대학생 학습자들이 일상적으로 사용하는 기기가 되었으며, 이제 그 사용층이 고등학생으로 확대되는 추세이다. 기존의 연구들을 보면, 어휘당 검색 속도 면에서나 교차 참조 기능 면에서 ED(electronic dictionaries)의 사용자 인터페이스가 PD(print dictionaries)를 확실히 능가하며, 이는 종종 읽기 지문의 이해를 더욱 쉽게 도와주는 것으로 보인다. 그러나 ED의 사용이 어휘의 학습과 장단기 기억에 얼마나 효과적일지는 여전히 미지수이다.

본 연구는 PD와 ED의 검색 효율성과 교육적 효과를 비교해 보기 위한 일련의 실험들로 구성되어 있다. 이들을 연구 문제에 따라 구분해 보면 다음과 같이 4가지로 나눌 수 있다.

연구 1: PD와 ED의 인터페이스상의 차이가 EFL 학습자들의 사전 찾기 행위, 특히 단어 찾기에 걸리는 시간, 검색한 단어의 기억, 사전에 대한 인상에 어떤 영향을 주는지를 알아본다.

연구 2: ED를 사용할 때 검색 과정에서 학습자의 과업 몰입도(involvement load) 또는 인지적인 노력(mental effort)을 증가시키면 ED의 어휘 학습 효과 역시 높아지는지를 알아본다.

연구 3: 읽기 활동 시 사전 참조(look-up) 빈도와 읽기 이해도 사이의 상관관계를 알아본다.

연구 4: 영어 능숙도가 높은 사용자와 낮은 사용자 간에 ED 사용 행태상의 차이를 알아본다.

연구 1의 참여자는 오사카 소재 대학에 재학 중인 중급의 영어 학습자 18명이며, 연구에 사용한 사전은 *Taishukan's Genius E-J* 사전(3판, 종이 사전)과 CASIO EX-word XD-R8100(전자 사전)이다. 이들 사전은 내용(등재된 표제어와 용례)이 동일하다. 참여자들에게 동일한 난이도의 대학생용 읽기 지문 두 편(텍스트 A, 텍스트 B)을 주고 2회의 세션에 걸쳐 다음의 과업을 수행하도록 하였다. 첫 번째 세션에서는 우선 사전 없이 지문을 읽고 난 뒤, Q1) 사전을 보면서 지문에 나오는 목표 단어 4개의 뜻을 일본어로 쓴다(단어의 의미 찾기 과업). Q2) 지문에 나오는 목표 단어 4개의 영어 예문을 인용한다(단어의 용례 찾기 과업). 일주일 후에 치러진 두 번째 세션에서는 Q3) 첫 세션에서 자신이 찾아본 단어들을 기억해 낸다(검색한 단어의 기억(recall) 과업). Q4) 자신이 첫 세션에서 찾아보았던 단어에 동그라미를 표시한다(검색한 단어의 인식(recognition) 과업). 참여자들은 이들 과업을 ED와 PD 두 가지 환경에서 수행했다. 즉 학생 1이 텍스트 A를 PD와 함께, 텍스트 B는 ED와 함께 읽으면서 과업을 수행했다면, 학생 2는 텍스트 A는 ED와 함께, 텍스트 B는 PD와 함께 읽으면서 과업을 수행하는 식으로 진행하였다. 참여자들은 테스트와는 별도로 사전 종류별 장단점에 대한 설문지에 응답하였다.

연구 1의 결과를 분석하여 보면, 단어의 의미 찾기나 예문 찾기를 비교한 실험에서(Q1과 Q2) 사전의 종류에 따른 차이는 없었다. 즉 단어의 의미이든 용례이든 사전에서 정보를 찾는 데 걸리는 시간이 사전 간에 유의미한 차이가 없었다. 둘째 세션의 과업에 대해서는, PD와 ED 간의 단어 기억 비율은 차이가 없었지만, PD로 찾은 단어에 대해 더 잘 인식하였다. 즉 비록 소극적인 형태이기는 하지만 PD를 통해 찾아 본 단어가 ED를 통해 찾아 본 단어보다 더 오래 머릿속에 남아 있는 것으로 보인다. 설문조사 결과 학생들은 ED는 편리하다고 본 반면, PD는 더 믿을 수 있다고 하였다.

연구 2는 연구 1의 결과로부터 발전하였다. 연구 1에서 PD를 사용하면서 들이는 인지적 노력이 더 나은 기억(인식)과 연관되는 것으로 잠정적으로 추정되었다. 그렇다면 인지적 노력을 덜 필요로 하는 ED 사용 환경에서 단어 기억도를 높일 수 있는 방법은 없을까? 만일 ED를 사용하는 학습자의 과업 몰입도를 높이면 더 큰 어휘 학습 효과를 기대할 수 있을 것인가?

오사카 소재 단과대 2학년생 34명을 대상으로 조사하였다. 이들은 모두 초보자보다는 약간 우수한 정도의 영어 수준의 학습자들(false beginners)

이었다. 이들을 과업 집단과 비 과업 집단으로 나누어 225단어의 읽기 지문을 주었다. 이들이 사용한 사전은 CASIO EX-Word XD-R9000이었으며, 목표 단어는 6개였다. 과업 집단은 단어를 사전에서 찾을 때 추가로 관련 용례도 찾아보게 하였다. 즉 사전 검색의 과업 몰입도를 높이기 위한 장치로 '용례 검색'을 추가했다. 첫 세션 일주일 후 사전 예고 없이 기억(recall 및 recognition) 테스트를 하였다.

실험 결과 두 집단 간에 단어의 의미 파악 및 검색한 단어의 기억에서 유의미한 차이가 없었다. 예상과 달리 추가로 예문을 찾아보도록 한 것이 단어 기억이나 적절한 의미 찾기에 도움이 되지 못했음이 드러났다.

이번에는 같은 조사를 다른 참여 집단을 대상으로 실시했다. 영어 능숙도가 먼젓번 집단보다 상당히 높은 대학생 61명을 대상으로 하였다. 이들 중 절반은 매일 ED를 사용하고 있었다. 이들에게 463단어로 된 읽기 지문을 주고 위의 실험과 동일한 절차를 되풀이하였다. 실험 결과 이 집단에서도 추가 과제(용례 찾기)가 단어 기억에는 긍정적인 영향을 미치지 못했다. 그러나 용례 검색이라는 활동이 적절한 대응어를 찾는 데는 도움을 준 것으로 나타났다. 이 같은 연구 결과는 영어 능숙도가 낮은 학습자들은 용례와 같은 정보로부터 목표한 정보를 뽑아내는 능력이 부족함을 시사한다고 볼 수 있다.

연구 3은 ED가 PD보다 읽기 활동 중 사전 검색 횟수를 증가시키는지, 또 이를 통해 늘어난 검색 빈도가 읽기 이해도에 영향을 미치는지를 알아보았다. 초보자보다는 약간 우수한 정도의 영어 능숙도를 가진 34명의 단과대생을 대상으로 조사하였다. 우선 이들에게 두 편의 읽기 지문에 등장하는 단어들의 목록을 준 뒤 자신이 안다고 생각하는 단어들에 표시하게 하였다. 그런 다음 참여자들을 두 집단으로 나눠 각각 번갈아 두 가지 지문과 두 가지 사전 환경(ED와 PD)에서 읽기 과제를 수행하도록 하였다. 읽기 활동 중 사전 사용은 자유롭게 허용하고, 사전에서 찾아 본 단어는 텍스트에 표시를 하도록 하였다. 지문 읽기가 끝난 후에는 읽기 이해도 측정 테스트를 실시하였다.

분석 결과 ED 환경과 PD 환경에 따른 읽기 시간, 사전 검색 빈도, 사전에서 찾은 단어의 수에는 유의미한 차이가 있었다. 이것은 ED 환경에서는 학생들이 더 적은 시간을 들여 과제를 완수하면서도 읽기 중에 더 많은 단어들을 찾아보았음을 보여준다. 또한 ED를 사용할 때 학생들은 이미 자신이 안다고 말했던 단어들을 더 자주 확인하는 경향을 보였다. 그러나 읽기 이해도에서는 두 환경 간에 유의미한 차이가 없었다. 즉, 결과적으로 이해도에서 사전 사용 환경 간에 차이가 없었다는 것은 이 같은 활발한 검색 활동이 지문을 이해하는 것과는 직접적인 관련이 없음을 보여준다. 같은 연구를 영어 능숙도가 조금 더 높은 집단을 대상으로 실시한 조사에서도 전체적인 결과는 변함없었다. 다만 이 집단은 이전 집단에서보다 사전 환경에 따른 더 큰 시간 단축과 검색 횟수상의 차이를 보였다. 즉 능숙도가 높은 영어 학습자들에게 ED를 사용하게 하면 이들은 초보자들보다 더 짧은 시간에 원하는 정보를 더 많이 검색할 수 있있나. 그러나 이들에게서도 사전 사용 환경에 따른 읽기 이해도 차이는 없었다.

지금까지 세 차례의 실험 연구 결과 PD보다 ED 사용 시 검색 빈도도 늘어나고 읽기 시간도 덜 걸린다는 것이 밝혀졌다. 반면 이것이 더 나은 읽기 이해도나 단어 기억을 보장하지는 않는다는 것도 드러났다. 여기에 대한 하나의 탐구로 연구 4에서는 능숙한 영어 학습자(또 그만큼 능숙한 사전 사용자일 것이라 추정되는 good language learners)와 초보와 다름없은 영어 학습자(사전 사용 역시 미숙할 것이라고 생각되는 false beginners) 간에 사전 사용 행태상의 변화를 관찰하였다.

영어 공인시험 고득점자이면서 해외 유학 경험이 있는 영어 능숙도가 높은 학습자 5명과 false beginner에 속하는 영어 학습자 5명을 모집하여 생각을 입밖에 내어 말하기(think-aloud)를 통해 이들의 사전 사용 행태를 관찰하였다. 읽기 지문은 220자로 구성된 대학생용 읽기 자료에서 발췌하였고, 사용한 사전은 CASIO XD-H9100이었다. 읽기 과제를 수행하는 데 시간 제약을 두지 않고 사전 찾기도 참여자의 자율에 맡겼다. 음성/녹화로 수집한 자료를 분석하였다.

분석 결과 다음과 같은 내용을 확인할 수 있었다. 우선 GLLs는 사전을 찾기 전에 먼저 시간을 들여 맥락과 관련 지어 단어의 뜻을 생각해 보는 습성이 있었다. 이런 점은 FBs와 뚜렷한 대조를 보이는데, 이들은 모르는 단어를 단순히 대신한 일본어 대응어만 반복해서 찾으려 드는 경향이 있었다. 둘째로 종이 사전을 가지고 실시한 연구들에서와는 달리, ED 환경에서는 FBs들의 검색 성공률이 비교적 높았다. 이것은 사전의 종류가 검색 결과에 영향을 줌을 시사한다. 즉 ED의 기능들은 GLLs뿐 아니라 FBs들에게도 EFL 학습을 위한 발판이 되어준다. 셋째로 GLLs들은 사전을 찾은 다음에도 시간을 들여 사전 정보를 소화했다. 즉 이들은 목표 단어의 "발음에 주의를 기울"이고, "용례도 확인하여" 더 많은 정보를 얻는다. 간단히 말해 GLLs는 ED를 사용할 때라도 어휘를 학습할 기회를 최대한 활용한다.

위에 요약한 일련의 연구 결과들의 교육적 함의는 다음과 같다. 학생들이 ED를 교육적으로도 유용하게 사용하도록 하려면 다음과 같은 적절한 지도가 필요할 것이다. 실제로 사전을 찾아보기 전에 '문맥을 통해 의미를 추론해 보고' 모르는 단어의 '발음에 주의를 기울여' 입으로 발음해 보면서 '용례나 숙어 등을 찾아보아서' 더 많은 정보를 알아내거나 '두 가지 이상의 사전들을 찾아보기도 하면서' 좀 더 성의 있게 사전을 사용할 수 있도록 해야 한다.

■ 관련 연구

전자적 형태의 사전(어휘 주석)의 낮은 참조 유발점(consultation trigger point)이 사용자로 하여금 적극적인 참조 행위를 촉진한다는 가설은 Aust 등(1993)에 상세히 소개되어 있다. 어휘 참조 과정에서 학습자의 과업 몰입도, 또는 인지적 노력이 어휘 파지에 영향이 있다는 가설은 Hulstijn과 Laufer(2001)에서 소개되어 있다. 본 연구에서는 유사 초급과 상급 학습자의 사전 참조 행태를 think-aloud로 관찰하였다. 중급 외국어 학습자의 사전 사용에 대해 동일한 연구 방법을 사용한 문헌으로는 Wingate(2004)[본문 123쪽]가 있다.

Dziemianko (2010)

Dziemianko, A. (2010) 'Paper or Electronic? The Role of Dictionary Form in Language Reception, Production and the Retention of Meaning and Collocations.' *International Journal of Lexicography* 23(3), 257-273.

■ **연구 목적**

내용은 동일하되 매체는 구별되는 두 사전을 사용하여, 두 종류의 사전이 사용자의 이해 활동과 표현 활동 및 단어 기억에 미치는 효과를 비교한다.

■ **연구 참여자**

폴란드 대학의 중상급~상급 대학생 영어 학습자 64명.

■ **연구 방법**

Tests and experiments.

전자 사전과 종이 사전 중 어느 쪽이 사용자에게 더욱 유용한가 하는 논의는 90년대 전자 사전의 도입이 활발해지면서 사전 사용자 연구의 중요한 쟁점이 되어 왔다. 검색 측면에서 볼 때는 전자 사전이 종이 사전에 비해 단어 검색에 시간과 노력이 적게 들고 교차 검색이 용이하기 때문에 전자 사전의 긍정적인 측면이 일반적으로 인정되고 있다. 반면에 단어 학습 효과 측면에서는 어떤 매체가 더욱 긍정적인 효과를 미치는지에 대해 쉽게 답하기 어렵다. 단어 검색에 시간과 노력이 적게 든다는 전자 사전의 장점이 검색한 단어의 학습(기억)에는 오히려 단점으로 작용할 수 있지 않을까 하는 우려가 제기되어 왔다.

이 연구는 두 가지의 목적이 있다. 첫째, 종이 사전과 전자 사전으로 된 영어 단일어 학습자 사전의 이해와 표현 기능에서 유용성을 비교하는 것이고, 둘째는 단어의 의미와 연어를 기억(retention)하는 데 사전의 매체가 영향을 끼치는지를 살펴보는 것이다. 연구 문제는 다음과 같다.

1) 전자 사전이 종이 사전보다 L2 단어의 이해와 표현에 더 도움이 되는가?
2) 종이 사전과 전자 사전 중에서 어느 것이 더욱 유용한 학습 도구인가? 다시 말해, 사용하는 사전(종이 대 전자 사전)에 따라 어휘 학습 효과(의미 기억과 형태 기억)가 달라지는가?

실험은 예비 검사(pre-test), 본 검사(test proper), 그리고 2주 후 사전 예고 없이 이루어진 단어 파지 검사(retention test)인 세 단계로 이루어졌다. 64명의 폴란드인 중상급~상급 대학생 영어 학습자들을 대상으로, 이들을 무작위로 34명의 전자 사전 그룹과 30명의 종이 사전 그룹으로 나누었다. 지필 시험으로 이루어진 본 검사에서, 각 그룹에게 고 난이도의 9개의 명사(상당 어구)와 9개의 전치사 결합 연어를 주고 명사 상당 어구에 대해서는 그 뜻을 폴란드어 또는 영어로 적게 하고(이해 활동), 전치사 결합 연어에 대해서는 전치사를 생략한 뒤 문장 속 빈칸에 적절한 전치사를 넣도록 하였다(표현 활동). 이해 활동에 사용된 명사 또는 어구는 다음과 같다.

backgammon, booby prize, clampdown, collateral damage, down under, dream ticket, flapjack, onus, outcrop.

표현 활동에 사용된 전치사 결합 연어는 다음과 같다(밑줄 친 전치사에 공란).

on the blink, in cahoots with, up the creek, at gunpoint, wreak havoc on, in the offing, in the pipeline, under sedation, on the trot.

종이 사전 그룹은 COBUILD 6 종이 사전을, 그리고 전자 사전 그룹은 COBUILD 6의 온라인 버전을 참조하여 문항에 답했다. 본 검사 바로 직전에 실시한 예비 검사는 참가자들이 문항의 단어들의 의미나 연어를 이미 알고 있는지 확인하기 위해 치러졌다. 사전을 보지 않고 치러진 예비 검사에서 참가자가 어구의 의미나 전치사를 정확히 답한 문항은 추후 분석에서 제외하였다. 또 간단한 설문을 통해 참가자들이 학습자용 단일어 영어 사전을 일상적으로 사용하는지, 또 전자 사전과 종이 사전에 익숙한지 여부를 확인하였다. 2주 후에 예고 없이 실시된 파지 검사에서는, 본 테스트와 문항은 동일하되 문제의 순서를 섞어서 순서 기억에 의해 정답이 발생할 확률을 최소화하였다.

예비 검사 시 실시한 설문에서, 두 실험 집단은 학습자용 영영 사전을 일상적으로 사용했으며, 비슷한 정도로 전자 사전과 종이 사전에 익숙하였다. 즉 참가자의 사전 사용 경험이 실험 결과에 영향을 주지는 않았다. 실험 결과, 전자 사전을 사용한 집단이 종이 사전을 사용한 집단보다 본 검사의 이해 활동과 표현 활동 모두에서 월등히 나았다. 2주 후 파지 검사에서도 전자 사전 집단이 종이 사전 집단보다 단어의 의미(다시 말해 passive recall)와 전치사 연어(즉 active recall)를 훨씬 더 잘 기억하였다. 이들 그룹의 차이는 두 검사 모두에서 통계적으로 크게 유의미한 것으로 분석되었다.

본 연구에서는 내용은 완전히 동일하며 매체만 구별되는 실제 사전이 사용되었다. 본 검사 결과, 전자적 형태의 사전이 종이 사전보다 검색 효율 면에서 우수했으며, 파지 검사에서도 전자 사전이 종이 사전보다 학습 효과 면에서 우수하다는 결과가 나왔다. 전자 사전의 검색 용이성(ease)과 컴퓨터 화면에서 표제어의 두드러진 시각적 위치(saliency)가 결과에 영향을 주었을 것으로 분석된다.

■ **관련 연구**

Sharpe(1995), Taylor와 Chan(1994), Tono(2000) 등은 전자 사전의 교육적 효과에 대해서 논의하고 있다. Hulstijn과 Laufer(2001)는 사전 참조의 어휘 학습 효과에 대한 하나의 가설을 제시하고 있다. Nesi(2000)본문 74쪽는 연구용으로 제작된 어휘집이 아닌 실제 참조 매체를 사용했다는 점에서 본 연구와 유사하다.

Chen (2010)

Chen, Y. (2010) 'Dictionary Use and EFL Learning: A Contrastive Study of Pocket Electronic Dictionaries and Paper Dictionaries.' *International Journal of Lexicography* 23 (3), 275-306.

■ 연구 목적

전자 사전(PED)과 종이 사전의 사용 패턴과 이에 대한 사용자 인식을 조사하고, 두 유형의 사전이 어휘 학습에 미치는 영향을 비교한다.

■ 연구 참여자

중국 대학에서 영어를 전공하는 85명의 상급 영어 학습자.

■ 연구 방법

Questionnaires and surveys.

Texts and experiments.

연구 내용은 PED와 종이 사전에 대한 사용자 인식 및 사용 행태, 그리고 어휘 파지에 미치는 영향 비교이다. 연구 대상으로, 중국 퓨텐 대학(Putian University)에 재학 중인 98명의 영어 전공자에게 실시했으며, 최종 분석 대상자는 85명(설문조사 참여자는 61명)이다.

실험에 사용한 종이 사전은 *Oxford Advanced Learner's English-Chinese Dictionary*(제6판)의 이중언어화 사전이다. 이 사전은 모든 참여자들이 대학 입학 시 단체 구매를 통해 소유하고 있으며, 이들에게 가장 익숙한 사전이었다. OALD 이중언어화 사전은 영영 사전의 영어 뜻풀이를 그대로 제시하고 중국어 대응어를 추가한 구조를 취한다. 용례에는 중국어 해석을 덧붙였다. 실험에 사용한 PED 사전은 학생들이 소유한 PED 중에 가장 많이 내장되어 있는 Longman과 Oxford의 영어-중국어 이중언어화 사전이다(참여자 중 두 명의 PED에는 COBUILD 이중언어화 사전밖에 없었기에 그들은 이 사전을 사용했다). PED에는 Longman이나 Oxford의 이중언어화 사전 콘텐츠 외에도 일반 영중 사전, 중영 사전 및 영어 단일어 사전 등이 내장되어 있기 때문에 실험 참가자들에게는 실험 전에 Longman · Oxford 이중언어화 사전만을 사용하도록 안내하였다.

이 연구에서 비교 대상이 된 종이 사전과 PED 사전의 콘텐츠는 완전히 동일하지 않다. 내용 면에서 완전히 동일하되 매체상으로만 구별되는 실험 재료를 쓴다면 이상적이겠지만, 현실적인 이유로 그러지 못했다. 특히 표제어 수 면에서 OALD 이중언어화 사전(종이 사전)과 Longman · Oxford 이중언어화 사전(PED)은 서로 크게 달랐던 점이 아쉽다. 학생들의 PED에 내장된 이중언어화 사전은 중급자 대상의 것이라, 상급자 대상인 OALD 이중언어화 사전에 비해 표제어가 훨씬 적었다.

실험에 사용한 목표 단어는 10개의 저빈도 단어(absolve, connive, dapper, doss, finicky, goon, matted, venal, homily, snide)이다. Laufer와 Hadar(1997)를 참고하여, 이들 단어에 대해 '이해 평가'와 '표현 평가'를 실시했다. 즉 학생들은 시험지에 제시된 단어들과 그 표제항을 읽고 각 표제어에 대해 1) 가장 알맞은 뜻을 보기에서 고르고(의미 이해 활동), 2) 그 단어를 사용하여 뜻이 통하도록 문장을 작성하는(표현 활동) 과업을 수행했다. 시험지에 사용한 표제항의 내용이OALD 이중언어화 사전 또는 PED의 Longman · Oxford 이중언어화 사전의 내용과 동일해서는 안 되므로, 별개의 사전인 MED2에서 발췌하여 작성하였다. 학생들은 의미 이해 평가와 표현 평가를 수행한 직후에 단기 파지 평가를, 또 일주일 후에 또 한 번 지연 어휘 파지 평가를 치렀다.

의미 이해 활동에서는 종이 사전 사용 집단(평균 18.68)과 전자 사전 사용 집단(평균 18.59) 사이에 유의미한 차이가 나타나지 않았다. 표현 활동에서도 종이 사전 집단(M=16.22)과 전자 사전 집단(M=15.55) 사이에 통계적으로 유의미한 차이가 나지 않았다. 단 두 사전 집단이 어휘 활동을 수행하는 데 소요된 시간은 종이 사전 집단(18.61분)이 전자 사전 집단(16.64분)보다 유의미한 수준에서 더 많이 걸렸다.

파지 평가를 보면, 사전을 찾아보며 수행한 어휘 학습 활동 직후에는 찾아본 단어의 약 1/2을 기억했지만(M=20.32), 일주일 후에는 약 1/4 정도를 기억했다(M=11.78). 두 차례에 걸쳐 실시한 파지 평가에서 역시 두 사전 사용 집단 간에 유의미한 차이가 발견되지 않았다.

설문조사 결과 학생들은 영어로 된 글을 읽을 때는 대부분이 종이 사전(1.7%)보다 전자 사전을 사용하며(57.4%), 어휘, 문법, 연어, 단락 고쳐 쓰기, 빈칸 채우기, 오류 수정 등의 영어 학습 활동을 할 때는 전자 사전(16.4%)보다 종이 사전(65.5%)을 더 자주 쓰는 것으로 나타났다.

단어의 뜻을 찾을 때는 전자 사전과 종이 사전을 같은 빈도(93.4%)로 사용하지만 용례를 볼 때는 전자 사전(32.7%)보다는 종이 사전(68.9%)을 더 선호하는 것으로 나타났다. 사전을 찾아본 후에 주요 정보를 기록하는가에 대한 물음에서 전자 사전은 대부분이 '가끔(sometimes)'(52.5%)이라고 답한 반면에 종이사전 사용의 경우에는 '자주(often)'나 '매우 자주(very often)'라고 답한 사람이 54.2%로 나타났다. 어휘에 미치는 사전의 효용성에 대해 45.6%의 학생들이 종이 사전이 더 유용하다고 답한 반면, 27.9%가 전자 사전이 더 유용하다고 답했다.

본 연구의 결과는 어휘의 이해 활동과 표현 활동에 종이 사전 사용 집단과 전자 사전 사용 집단 간에 차이가 나지 않는다는 것이다. 소요된 시간은 전자 사전 집단이 덜 걸렸다. 이 결과에 따르면 중국의 많은 연구자들이나 학생들의 우려와는 반대로 어휘 학습에 전자 사전이 종이 사전만큼 유용하다고 볼 수 있다.

■ **관련 연구**

PED는 한국 · 일본 · 중국 · 홍콩 등 아시아권 학생들 사이에서 가장 많이 이용되었다. 따라서 PED와 관련한 연구들은 대개 이들 학습자를 대상으로 이뤄졌다. 대표적으로 Kobayashi(2006)는 일본 학습자를 대상으로 한 연구이며, Taylor와 Chan(1994)과 Tang(1997)은 각각 홍콩의 학습자와 캐나다에서 영어를 공부하는 중국인 학습자를 대상으로 연구하였다. Ozawa와 Ronald(2009)본문 49쪽 및 Midlane(2005)은 교사들을 대상으로 PED에 대한 인식을 조사하였다.

Nesi and Tan (2011)

Nesi, H. and Tan, K. H. (2011) 'The Effect of Menus and Signposting on the Speed and Accuracy of Sense Selection.' *International Journal of Lexicography* 24 (1), 79-96.

■ **연구 목적**

사전의 의미 구분 보조 장치가 의미 검색 시간 및 정확성에 미치는 영향을 비교·분석한다.

■ **연구 참여자**

말레이시아 대학에 재학 중인 124명의 영어 학습자.

■ **연구 방법**

Tests and experiments.

주요 영영 학습자 사전들은 학습자가 다의어 표제항을 참조할 때 문맥에 적절한 의미를 더욱 쉽게 찾을 수 있도록 하기 위해 signposts(LDOCE), guidewords(CIDE), shortcuts(OALD), 또는 menu(MED)라고 불리는 짤막한 어구 또는 한 단어로 된 의미 안내 장치를 마련해 놓았다. 의미 안내문은 그것이 표제항 내부에 정의문 바로 앞에 산재하여 위치하는가(entry-internal), 아니면 표제항 서두에 한꺼번에 제시되는가(entry-initial) 하는 제시 위치상의 차이에 따라 구분될 수 있다. 항목의 시작 부분에 위치하는 방식은 MED의 menu가 대표적이며, 나머지 LDOCE, CIDE, OALD는 항목 내에 위치시켜 놓았다. 본 연구는 표제항 내의 signposts 방식과 표제항 앞의 menu 방식 중 어떤 것이 사용자로 하여금 적절한 의미를 정확하고 빨리 찾는 데 효과적인지를 비교하고, 표제항의 길이와 사용자의 능숙도가 이 과정에서 어떤 영향을 미치는지를 검증한다.

연구 참여자는 말레이시아 대학생 2학년과 3학년 124명이다. MED2에서 의미 항목이 5개인 18개의 목표어를 골랐다. 목표어는 품사와 표제항의 길이를 고려하여 다음과 같이 추출하였다.

- 명사 9개: column, estate, machine, magazine, mole, package, plant, pool, resistance
- 형용사 5개: mean, personal, poor, pure, regular
- 동사 4개: occupy, produce, qualify, receive.

이들 단어의 표제항을 MED2에서 발췌한 뒤, 메뉴가 그대로 있는 것(menu 버전), 아무런 의미 안내 장치가 없는 것(no signpost 버전), 메뉴의 정보를 표제항 내에 적절한 위치에 분산시킨 것(shortcut 버전), 이렇게 세 종류의 실험용 미니 사전을 만들었다. 이때 특정한 단어에 특정한 안내 장치의 형식이 치우치지 않도록 미니 사전의 버전에 따라 안내 방식을 골고루 뒤섞었다. 미니 사전의 버전에 따른 안내 장치의 형식을 예시하면 표1과 같다.

표1. 실험용 미니 사전의 종류와 구성

목표어 / 사전 버전	**column**	**estate**	**machine**
V. 1	menu	no signpost	shortcut
V. 2	shortcut	menu	no signpost
V. 3	no signpost	shortcut	menu

미니 사전을 인쇄물로 만들어 참여자에게 나누어주고 목표어 18개가

포함된 18개의 코퍼스 발췌 문장을 차례차례 컴퓨터 스크린에 제시하여 해당 문맥에 가장 적절한 의미 항목을 고르도록 했다. 표제항 내의 목표 의미 위치에 따른 검색 정확도 및 속도를 비교하기 위해 정답의 의미 항목은 의미 항목 1에서 5에 걸쳐 고르게 분산되도록 하였다.

2109회의 사전 찾기 과정이 기록되었으며, 항목당 평균 22.96초가 소요되었다. 124명 중에서 43명은 미니 사전 Version 1, 40명은 Version 2, 41명은 Version 3을 사용했다. 목표 단어 18개 중에서 resistance는 실험 과정을 설명하는 데 사용하고, 나머지 17개만 분석 대상으로 삼았다.

1. 소요 시간: 분석 결과 소요 시간은 항목당 shortcut (19.82)이 menu (22.54)나 no signpost (23.22)보다 약간 짧게 소요되었으나 이들 간의 차이는 유의미하지 않은 것으로 나타났다.

2. 의미 탐색 정확도: 의미 탐색의 정확도(0~1점)는 shortcut(0.82)이 가장 높고, menu(0.79)와 no signpost(0.79)는 동일하게 나왔다. T-검증 결과 menu－no signpost, menu－shortcut 사이에는 유의미한 차이가 없었고, no signpost와 shortcut 사이에만 유의미한 차이가 나타났다

미리 예측한 바이기는 하지만, 참여자들이 첫째 의미가 해당 의미인 경우에 검색의 정확성이 높았다(평균 시간: 23.01초, 정확도: 0.94). 예기치 않았던 점은 마지막 의미인 다섯째 의미가 해당 의미인 경우에 가장 빠르고 가장 정확하게 검색했다(평균 시간 17.04초, 정확도: 0.97). 해당 의미가 중간에 있는 경우에는 가장 큰 어려움을 겪었다.

해당 의미가 마지막에 주어진 경우에 빠르고 정확하게 그 의미를 포착하는 사실에 대해 사전 사용자가 사전에서 어떤 단어를 찾았을 때 첫째 의미가 이미 익숙한 것인 데도 불구하고 주어진 문맥에 적절한 의미가 아닌 경우에는 항목의 마지막 부분에서부터 찾아보는 전략을 갖고 있을 수 있다고 유추해 볼 수 있다.

단어 품사별로 의미 탐색 수행 결과를 살펴보면, 참여자들은 regular, pure, personal 같은 형용사 항목에서 적절한 의미를 찾는 데 가장 큰 어려움을 겪었다(정확도: 68%). 반면 명사 항목에서 가장 쉽게 답을 찾은 것으로 나타났다(87%).

요약하면, 의미 안내 장치가 있는 경우와 없는 경우에 의미 탐색에 걸린 시간에는 유의미한 차이가 없었지만, 표제항 내의 의미 안내 정보가 있는 경우가 없는 경우보다 유의미한 수준에서 정확한 의미 포착을 도왔다. 그리고 놀랍게도 본 과업 맥락에서는 표제항 속에서 맨 마지막에 있는 의미를 파악하는 것이 가장 빠르고 쉬운 것으로 밝혀졌다.

■ 관련 연구

표제항 앞 또는 표제항 내의 의미 구분 장치의 효과에 대한 선행 연구로는 Tono(1992), Bogaards(1998), Lew와 Pajkowska(2007) 및 Lew(2010)이 있다. 이 연구들은 연구 맥락에 따라 서로 조금씩 다른 결과가 도출되었다. 예컨대 Tono(1992)에서는 영어 능숙도가 낮은 학생 집단에서만 표제항 내의 의미 구분 장치가 효과적이었다. Lew와 Pajkowska(2007)에서는 언어 능숙도와 관계없이 표제항 내의 의미 구분 장치는 유용한 것으로 나타났다.

Bowker (2003)

Bowker, L. (2003) 'Corpus-Based Applications for Translator Training: Exploring the Possibilities.' in *Corpus-Based Approaches to Contrastive Linguistics and Translation Studies*. ed. by Granger, S., Lerot, J. and Petch-Tyson, S. New York, NY: Rodopi, 169-183.

■ **연구 목적**

전통적인 사전을 참조한 경우와 코퍼스를 참조한 경우에 번역학 전공자들의 번역 결과물의 정확도와 적절성을 비교한다.

■ **연구 참여자**

캐나다 대학의 프랑스어와 독일어 번역 전공자들(인원수는 명시하지 않음).

■ **연구 방법**

Tests and experiments.

'좋은 번역'이란 단지 문법적으로 하자가 없을 뿐 아니라 번역자가 해당 분야에 대한 적절한 정도의 지식에 의거해서 해당 분야에 적절한 어휘와 스타일(language for specific purpose, LSP)에 따라야 하는 것으로 인식된다. 즉 LSP 능숙도는 정확하고도 자연스러운(appropriate and idiomatic) 번역의 관건이라고 할 수 있다. 이렇게 볼 때 번역자들이 주로 사용하는 특정 분야의 병렬 코퍼스나 단일어 코퍼스는 해당 분야에 대한 기본적인 개념과 전문용어, 스타일상의 특성을 모두 반영하고 있으므로 유용한 참고자료가 될 수 있다. 특히 코퍼스 데이터가 충분히 자세하게 분류되어 있을 경우 콩코던서를 이용해 빠르고 정확하게 분야나 빈도, 문맥 정보를 추출해 낼 수 있기 때문에 번역 전공자들의 교육에도 활용 가능성이 크다고 할 수 있다.

한편 사전 역시 번역 전공자들 및 번역자들이 늘 이용해 온 참고자료 중 하나인데, 물론 그 나름의 고유한 기능이 있지만, 번역 목적으로 사전을 사용할 때는 몇 가지 심각한 한계를 피하기 어렵다. 먼저 사전 표제항의 정보는 탈문맥적이고 일반적인 어휘 정보이기 때문에 특정한 번역 수행 상황에서 특정 용어를 이해하거나 올바르게 사용하기에 충분한 정보를 주지 못할 수 있다. 둘째로 사전의 빈도 정보는 사용 분야와 사용역 면에서 다소 일관적이지 못하게 마련이다. 셋째로 사전은 종종 이미 무용지물이 된 어휘나 용법을 그대로 유지하는 경향이 있다. 이러한 경향은 최근에 출간한 사전들에서도 종종 나타난다. 연구자는 이 같은 사전의 단점이 번역자를 위한 단일어 코퍼스(corpora created for translators, CCFT)를 통해 어느 정도 극복 가능하다고 보고, 다음과 같은 일련의 연구를 진행하였다.

연구들은 공통적으로 다음과 같은 절차에 따랐다. 오타와 대학의 번역 전공자들을 참여자로 하여 한 집단에는 전통적인 사전과 인쇄물 형태의 병렬 문헌을, 다른 집단에는 번역자들을 위해 수집된 분야별 L1 코퍼스(CCFT)를 참조하도록 하였다. 참여자들은 프랑스어 또는 독일어 텍스트를 영어로 번역하는 과업을 수행했다. 텍스트는 요리법, 일기예보, 품질보증서, 제품 사용법, 의학 관련 연구 논문, 기술 제품 사용 평가 등 다양한 분야를 망라하도록 하였다. 번역자들을 위해 수집된 L1 코퍼스는 분야별로 10만~1백만 어절 규모이며, 번역할 텍스트와 분야, 작성 시기, 텍스트 타입 면에서 유사하였다. 전통적 참고자료 사용 집단과 CCFT 사용 집단의 번역 결과물은 정확성과 스타일 측면에서 비교 분석되었으며, 필요한 경우 추후 번역 참여자와의 면담 조사를 통해 그들이 번역 시 사용한 전략과 사용한 참고자료의 유용성에 대한 평가를 들었다.

두 집단의 번역물을 전체적으로 비교 분석한 결과 CCFT 집단의 번역물이 사전 사용 집단에 비해 정확도 면에서나 어휘, 사용역, 통사, 어법 등 모든 영역에서 앞서 있는 것으로 나타났다. 앞서 언급한 사전의 단점들에 비추어 몇 가지 예를 들어보면, 사전 사용 집단은 프랑스어 단어인 numériseur(스캐너)에 대해 digitizer라는 다소 낡은 표현을 사용한 경우가 많았다. 이는 그들이 사용한 사전에서 numériseur에 대한 대응어로 digitizer가 나와 있었기 때문이다(그들이 사용한 사전은 비교적 최신판의 사전이었다). 반면 CCFT 집단은 이에 대해 scanner라는 해당 분야에서 요즘 훨씬 더 자주 쓰이는 단어를 사용하였다.

또 해당 언어의 관용적 특성이 영어 번역시 그대로 반영된 경우도 사전 사용 집단에서 더욱 자주 나타났다. 프랑스어는 명사 뒤에 한정 어구가 붙어, 예를 들어 photodiodes sensible à la lumière와 같이 표현하는데, 사전 사용 집단에서는 이를 어구 그대로 옮겨 'photo sensors that are sensitive to this light'와 같이 번역한 사례가 많았다. 반면 CCFT에서는 한정어가 명사와 합성되는 영어의 사용적 특성이 반영된 'light-sensitive photodiodes'와 같이 적절한 번역이 더욱 많았다.

사전은 유의어 쌍이라고 할 수 있는 warranty와 guarantee의 빈도 정보에 대해 특별히 명시하지 않은 반면, CCFT는 warranty(475회)와 guarantee(35회)의 빈도 정보를 정확하게 제시함으로써 학생들이 좀 더 자주 쓰이는 어휘를 사용하는 데 도움이 되었다. 아울러 CCFT를 사용하면 와일드카드 기능을 활용하여 어구 단위의 검색을 할 수 있기 때문에 학생들이 해당 분야의 전문용어와 개념을 익히는 데에도 유용한 도구로 활용될 수 있는 것으로 나타났다.

■ 관련 연구

본문에 소개된 연구는 Bowker의 일련의 연구를 종합한 것이다. 연구 각각의 과정과 결과에 대한 내용은 Bowker(1998, 1999, 2000)를 참조할 수 있다. 단일어 및 병렬 코퍼스의 교육적 기능에 대한 논의는 Frankenberg-Garcia(2005b)를 참고하라.

제3 장

언어 활동과 사전 사용

Bensoussn, Sim and Weiss (1984)
Tono (1989)
Bogaards (1998)
Wingate (2004)
Harvey and Yuill (1997)
Chon (2009)
Atkins and Varantola (1998b)
Mackintosh (1998)
Varantola (1998)
Frankenberg-Garcia (2005a)

사전이 특정 언어 기능 수행(읽기, 쓰기, 듣기, 말하기)을 '도와주는' 일종의 도구로서, 지금 여기에서 이루어지고 있는 의사소통 상황과 별개의 맥락을 가진 텍스트라는 관점은 어쩌면 너무 오래 되어 당연한 상식처럼 받아들여지는 고정관념일지 모른다. 과연 사전은 사용자의 외국어 의사소통 능력과는 독립적으로 기능하는 도구인가? 다시 말해 사전이 있으면 읽기가 더 잘 되고, 더 정확한 문장을 쓸 수 있으며, 따라서 사전을 지참한다면 누구나 시험 성적을 쉽게 향상시킬 수 있을까?

Bensoussan 등(1984)의 연구는, 최소한 읽기 시험 상황에서는, 이러한 상식적인 가설이 깨어질 수 있음을 보여주는 연구이다. 사전을 사용한 상황과 사용하지 않은 상황에서 EFL 읽기 이해 평가에서 차이가 있는지를 조사한 이 연구에서 사전 사용 여부는 평가 수행 결과에 아무런 영향을 미치지 못하는 것으로 드러났다. 이 같은 실증적 연구를 통해 사전 사용의 '순기능'이 그렇게 단순한 방식으로 구현되지는 않는다는 것을 알 수 있다. Tono(1989)의 유사한 실험 연구는 읽기 활동에서 사전이 긍정적인 영향을 미치는 데에 어떤 변인들이 관계되어 있는지를 보여준다. 이 연구에서 Tono는 Bensoussan 등의 연구가 그 주요 변인들을 고려하지 않았음을 지적하고 있다.

이후에 소개되는 연구들은 사전 사용을 그 자체로 하나의 의사소통 상황으로 상정하여, 특정 언어 수행 시 사전 사용의 행위 패턴을 관찰 · 기술한 사례들이다. 사전 사용은 대단히 복잡한 인지적 · 언어적 · 초인지적 행위 과정을 수반하는 활동이기 때문에, 이러한 사용 관찰 연구에서는 심리학의 내성 관찰 기법의 하나인 think-aloud 프로토콜을 이용한 데이터 수집 방법이 사용된다. Think-aloud 프로토콜과 더불어 사전 사용자가 언어 활동을 수행하면서 자신의 사전 사용 행위를 기록하는 자가 기록지(self-record scheme) 조사법도 개발되어 쓰였다. 최근에는 컴퓨터 사전을 이용한 로그 데이터 수집이 증가하고 자가 기록 조사법은 점점 드물게 사용되는 추세다.

Bogaards(1998)와 Wingate(2004)는 읽기 활동 중에 외국어 학습자들은 어떤 사전 사용 패턴을 보이는지를 분석한 연구이며, Harvey와 Yuill (1997) 및 Chon(2009)은 쓰기 활동 중의 사전 사용 패턴을 분석한 연구이다. 연구의 초점은 조금씩 다르다. Bogaards는 읽기 활동 중 참조되는 어휘의 유형을 분석했고, Wingate는 읽기 활동 중 사용자의 사전 사용 전략에 초점을 맞췄다. Harvey와 Yuill은 표현 활동 시 주로 사용되는 사전 정보의 빈도를 조사한 것이다. Chon은 사용자들이 '사전과의 의사소통'에서 어떤 어려움을 겪으며, 이를 위해 어떤 의사소통 전략을 사용하는지를 알아보았다.

언어 활동에는 읽기, 쓰기, 듣기, 말하기 외에 번역이 있다. 모국어로 번역하는 활동은 분명 이해 활동과 구별되고, 외국어로 번역하는 것 역시 표현 활동과 구별된다. 따라서 번역 상황은 사전 사용 연구에서 중요한 별도의 변인이라고 할 수 있다. Atkins와 Varantola(1998b), Mackintosh(1998)

및 Varantola(1998)는 언어 수행 활동 중에서도 특히 번역 활동 시 사전 사용 패턴을 분석한 연구들이다.

전통적인 일반 사전을 넘어서, 이제는 온라인 사전 포털 및 검색 엔진, 병렬 코퍼스 및 L2 코퍼스, 전문용어 번역 사이트, 범용의 일반 코퍼스 등 어휘 참조 매체가 점점 다양해지는 추세다. 이들에 대해 기존의 논의들이 대개 참조 매체 각각의 개별적 특징과 잠재적인 장점을 나열하고 정리하는 데에 머물렀다면, Frankenberg-Garcia(2005a)의 연구는 이들 어휘 참조 도구들을 사용자들은 실제로 어떻게 사용하고 있는지를 기술하는 데에 초점을 두었다.

Bensoussan, Sim and Weiss (1984)

Bensoussan, M., Sim, D., and Weiss, R. (1984) 'The Effect of Dictionary Usage on EFL Test Performance Compared with Student and Teacher Attitudes and Expectations'. *Reading in a Foreign Language* 2 (2), 262-276.

■ **연구 목적**

사전을 사용하는 것과 사용하지 않는 것이 EFL 읽기 이해 시험 결과에 차이를 가져오는지를 알아본다.

■ **연구 참여자**

이스라엘의 대학생 영어 학습자 약 1,500명(연구 1: 91명, 연구 2: 670명, 연구 3: 740명).

■ **연구 방법**

Tests and experiments.

Questionnaires and surveys.

EFL 읽기 평가에서 사전 사용의 영향은 이스라엘 고등교육에서 상당히 논란이 되는 주제이다. 일각에서는 시험에서 사전을 사용하도록 한다는 것은 평가 자체를 무효로 만드는 조치라고 생각한다. 이들은 사전이 문제의 정답을 '누출할지도' 모르고 더구나 학생들이 사전을 보느라 시험 시간을 전략적으로 활용하지 못할 우려가 있다고 지적한다. 다른 한편에서는 읽기 평가는 특정 단어나 문법 사항의 암기 테스트가 아니며 주어진 읽기 지문의 요지와 함의를 분석하여 추론하는 능력을 평가하는 것이므로, 그 과정에서 문맥만으로 추론하기 곤란한 단어들에 대해서는 사전의 도움을 적절히 받는 것이 실제에 가장 가까운 읽기 능력의 평가 방식이라고 보고 있다.

Bensoussan은 시험 연구에서 900명의 이스라엘 대학생을 대상으로 영영 사전을 사용한 집단과 사전을 전혀 사용하지 않은 집단의 읽기 평가 점수를 비교해 보았는데 이 두 집단에서 유의미한 차이가 보이지 않았다. 예상을 뒤엎는 이 같은 결과는 좀 더 체계적인 연구의 필요성을 부각시켰고, 그 결과 본 연구가 진행되었다. 연구 문제는 다음과 같다.

1) 단일어/이중언어 사전의 사용은 읽기 평가의 수행(점수)에 어느 정도의 영향을 미치는가?
2) 사전의 사용이 평가 수행의 소요 시간에 어느 정도의 영향을 미치는가?

본 연구는 별도의 세 연구로 구성되어 있다. 각각의 연구의 참여자와 연구 절차는 다음과 같다.

연구 1: 벤 구리온(Ben Gurion) 대학 1학년에 재학 중인 91명의 학생으로 대부분은 히브리어 모국어 화자이다. 이들은 모두 7년의 영어 공교육을 받았고 영어 수준은 상급에 속한다. 실험은 500~700단어로 된 3개의 읽기 자료와 각 10개의 선다형 문제로 구성된 3시간짜리 평가로 진행되었으며, 각 읽기 자료를 '사전 없음,' '단일어 사전 사용,' '이중언어 사전 사용' 3가지 조건 하에서 제시하였다. 각 시험은 60분 간 시행했는데, 첫 20분 동안은 읽기 자료를 훑으며 사전에서 찾아보고 싶은 단어에 체크 표시를 하게 하였다. 나머지 40분 동안은 10문항으로 된 문제를 주고, 실제로 사전에서 찾아본 단어에 사각 테두리 표시를 하도록 하였다. 결과 분석은 3가지 읽기 조건별로 학생들이 찾아보고 싶어한 단어와 실제로 찾아본 단어를 분석하였고, 학생들을 평가 결과에 따라 상, 중, 하 집단으로 구분하였다.

연구 2: 하이파(Haifa) 대학 1학년에 재학 중인 670명의 학생이 참여하였다. 이들 대부분이 역시 히브리어 모국어 화자이다. 이들 역시 7년 이상의 영어 공교육을 이수했고 영어 수준은 상급에 속한다. 실험은 600~800단어로 된 5편의 읽기 자료와 각각 20문항의 선다형 문제로 구성된 평가였는데, 연구 1과 다른 점은 참여자는 이중 한 가지 읽기 지문만으로 평가했다는 점이다. 또, 학생들에게 사전 선택 권한을 부여하여 단일어 사전, 이중언어 사전, 사전 미사용 중 자신이 선택한 조건에서 시험을 치르도록 하였다. 5개의 읽기 지문은 추후 학생들의 평가 점수의 중간값을 분석한 결과 모두 엇비슷한 난이도로 분석되었다.

연구 3: 이듬해 하이파 대학의 1학년 재학생 740명을 대상으로 연구 2와 동일한 방식으로 진행하였다. 단 읽기 지문은 종전에서 늘어난 8개였다.

연구 1, 2, 3 모두에서 사전 사용은 종류에 관계없이 평가 점수에 영향을 미치지 않았다. 또 사전 사용은 평가 수행 소요 시간과도 아무런 상관관계가 없었다. 연구 2와 3에서 이중언어 사전을 사용한 학생은 각각 59%와 58%였고, 단일어 사전 사용자는 약 20%, 사전을 사용하지 않은 학생은 약 21%였다(하지만 이중 상당수는 시험 당일에 사전을 가지고 오는 것을 잊어버려 본의 아니게 사전 없이 시험을 치른 학생들이었다). 연구 1에서, 학생들이 찾아보고 싶어한 단어와 실제로 사전에서 찾아본 단어의 차이도 컸다. 학생들이 평가 문항을 받기 전에 사전에서 찾아보고 싶은 단어에 표시를 하게 했던 단어 수는 이중언어 사전 사용 조건에서 평균 62단어, 단일어 사전 사용 조건에서는 평균 55단어였지만, 시험을 치르는 동안에 실제로 사전을 찾아 본 단어 수는 이중언어 사전의 경우 13단어, 단일어 사전의 경우에는 5단어로, 그 비율은 10~20% 정도에 지나지 않았다.

시험과는 별도로 실시한 설문조사에서(대상은 영어 최상급 학생 및 신입생, 영어 교사) 학생들의 사전 사용에 대한 인식과 태도를 좀 더 살펴보았다. 영어 수준이 최상급에 해당하는 대학생들은 대학 신입생들보다 사전을 덜 자주, 꼭 필요하다고 판단될 때만 이용하는 경향이 있었다. 이들의 절반가량은 사전을 사용한다고 해서 시험 점수가 향상되지는 않을 것이라고 생각했다. 반면에 1학년생들은 사전으로 단어의 뜻을 알기만 하면 읽기 지문을 훨씬 더 잘 이해하게 될 것이라는 믿음이 강했다. 학생들은 모든 집단에서 자신의 사전 사용 능력에 만족한다고 대답했다. 한편 교사들은 학생들이 사전을 효과적이고 정확하게 사용하는 능력이 부족하다고 보았다. 하지만 이들도 사전이 주어진다면 학생들의 시험 점수가 높아질 것이라고 예측했다.

연구 결과를 정리해 보면, 시험에 사전 사용을 허용한다면 모든 학생들이 사전을 사용하기를 희망할 것이라는 예상과는 달리, 약 20%의 학생들은 (비록 깜빡 잊고 사전을 가져오지 않은 경우를 감안하더라도) 읽기 시험에서 굳이 사전을 사용하려고 하지 않았다. 무엇보다 사전 사용이 시험 점수에 영향을 끼치지도, 소요 시간을 증가시키지도 않았다. 그 가운데 언어 수준이 높은 학생들은 사전을 덜 사용하며, 이중언어 사전에 덜 의존적이었다. '사전 사용 능력'에 대해서는 학생들과 교사들 간에 인식의 차이가 있었다. 학생들은 스스로의 사전 참조 기술에 만족하는 반면 교사들은 학생들의 사전 사용 능력에 회의적이었다. 교사들은 사전 사용과 관련된 언어 지식과 전략적 지식 측면에서 학생들의 능력 부족에 대해 인지하고 있었다. 그럼에도 그들 역시 (연구자와 마찬가지로) 사전이 주어질 경우 학생들의 시험 점수는 향상될 것이라고 생각했다.

위의 연구 결과는 '읽기 평가'에서 지문의 어휘 난이도라는 맥락을 고려해서 해석해 볼 수 있다. 읽기 평가 자료에서 피평가자의 수준에 맞지 않는 어휘의 비율은 높지 않다. 읽기 평가는 (특정 어휘 지식이 아닌) 읽기에 수반되는 언어적, 인지적 능력을 평가하기 위한 것이기 때문이다. 이 같은 맥락에서 언어 능숙도가 떨어지는 학생은 대개 지문의 맥락을 이해하는 능력이나 사전의 정보를 해석하는 능력도 떨어지기 때문에 사전이 있다 한들 큰 도움을 받지 못할 것이다. 한편 능숙도가 높은 학생이라면 사전 없이도 읽기 지문을 소화하기에 충분한 언어 · 인지 능력을 갖추고 있다고 볼 수 있다. 따라서 사전을 허용한다고 하여도 결국 현상 유지의 결과가 나올 수 있을 것이라 추정해 볼 수 있다.

■ 관련 연구

Nesi와 Meara(1991)는 본 연구를 다시 한 번 되풀이하였는데, 이 연구에서도 사전의 사용은 읽기 평가 점수에 영향을 미치지 않았다. 다만 평가 소요 시간 측면에서 상이한 결과가 나왔다. Tono(2001: 27-28, 1989)본문 115쪽는 본 연구에 대해 방법적 측면에서 몇 가지 제한점을 지적하였다.

Tono (1989)

Tono, Y. (1989) 'Can a Dictionary Help One Read Better?: On the Relationship between EFL Learners' Dictionary Reference Skills and Reading Comprehension.' in *Lexicographers and their Works. Exeter Linguistics Study Vol. 14*. ed. by James, G. Exeter: University of Exeter, 192-200.

■ **연구 목적**

읽기 활동 시 사전을 사용한 경우와 사용하지 않은 경우 읽기 이해에서 차이가 있는지를 확인하고, 지속적인 사전 사용이 전반적인 읽기 능력 향상에 도움이 되는지를 검증한다.

■ **연구 참여자**

방과후에 주 2회의 영어 몰입 수업을 받는 일본의 중학생 32명.

■ **연구 방법**

Tests and experiments.

언어 활동 중 사전 사용의 효과를 분석한 기존의 연구들은 '사전 사용' 대 '비사용' 시의 효과 측정에 주안점을 둔 채 사전을 '얼마나 잘' 사용했는가 하는 변수는 고려하지 않고 그 결과만을 단순 비교하는 경향이 있었다. 이런 식의 단순 비교에 의존해 사전 사용 시와 비사용 시의 결과를 놓고 사전의 효과를 논한다면 사전의 효과에 대한 왜곡된 해석을 초래할 수 있다. 본 연구는 사전 사용 대 비사용 시의 읽기 이해도를 비교하는 데 있어 '사전 사용 기술'이라는 중요한 요인을 고려하고자 한다. 연구 문제는 다음과 같다.

1) 학생들이 사전의 도움을 받았을 때와 받지 않았을 때 읽기 이해도에서 큰 차이가 발생하는가?
2) 학생들의 읽기 이해 활동에서 가장 중요한 사전 사용 기술은 무엇인가?
3) 꾸준한 사전 사용이 학생의 읽기 이해력에 긍정적인 영향을 미치는가?

상급 학교 진학을 위해 방과후에 주 2회의 영어 몰입 수업을 받는 일본의 중학교 1학년생 17명과 2학년생 15명이 연구에 참여하였다. 학생들이 수강하는 영어 몰입 수업은 보통의 정규 교육과 확연히 달랐다. 이 수업에서 학생들은 많은 양의 영어 읽기 활동(또는 읽으면서 번역하기)을 수행하며 그 과정에서 사전의 사용이 적극적으로 권장된다. 이로 미루어, 연구에 참여한 집단은 동급의 여타 학생들에 비해 영어 텍스트를 훨씬 더 많이 접했으며 사전 사용 기술 또한 상당 수준으로 익힌 상태라고 추정할 수 있다(따라서 '사전 사용 기술'이라는 변수가 통제됨). 연구에 사용된 평가 문항은 다음과 같다.

1) 2종의 사전 참조 기술 측정 평가(Dictionary Reference Skills Test Batteries, DRSTB): 하나는 중1, 다른 하나는 중2 참여자들의 사전 참조 기술을 평가하기 위해 개발됨.
2) 2종의 읽기 이해 평가(Reading Comprehension Tests, RC 1과 RC 2).

DRSTB는 총 4개 부문의 사전 사용 기술(알파벳 배열, 표제항 찾기, 다의어에서 의미 선택, 관용구 및 숙어 검색)을 측정하는 총 6개의 문항으로 구성되었다. 학생들은 학교에 입학할 때 지급된 각자의 사전을 가지고 시험을 치렀다. 그런 다음 학생들은 RC 1과 RC 2를 수행했다. 첫 지문(RC 1)은 사전 없이 읽고 지문의 내용을 이해했는지를 확인하는 10개의 사지선다형 문제를 풀었다. RC 2는 사전을 사용하여 지문을 읽고 역시 10개의 사지선다형 문제를 풀었다. 각 평가의 만점은 100점이었다. DRSTB 역시 몇몇 문항에 대해 가중치를 부여하여 100점 만점으로 조정했다.

DRSTB 결과 1학년생 집단의 평균 점수는 73.35점, 2학년생 집단의 평균 점수는 67.07점이었다. 상급 학년생들의 평균 점수가 낮은 것은 아마도 이들 집단을 위해 개발된 DRSTB가 훨씬 어려웠기 때문으로 보인다. 두 집단 모두가 다의어 표제항에서 가장 적절한 의미를 고르는 능력을 측정하는 문항에서 가장 큰 어려움을 겪었다.

RC 점수를 보면, 사전을 사용하여 지문을 읽은 경우(RC 2)에 사용하지 않은 경우(RC 1)보다 학생들은 이해도 측정 평가에서 훨씬 높은 점수를 얻었다(1학년생 집단: RC 1=평균 77.06점, RC 2=평균 96.47점, 2학년생 집단: RC 1=평균 65.29점, RC 2=평균 82.94점). 본 연구의 결과는 Bensoussan 등(1983)의 연구 결과와 크게 대조된다. 무엇보다도 연구 참여 집단의 사전 사용 기술 여부에서 이러한 차이가 비롯된 것으로 보인다. 본 연구의 참여자들은 다량의 영어 텍스트를 해독하면서 상당량의 사전 사용 기술 교육을 받은 집단이었다. 따라서 본 연구 결과는 사전 사용 기술 교육이 적절히 행해지고 또 사전을 적절히 사용할 수 있다면 사전은 읽기 이해에 큰 도움을 줄 수 있다는 가설을 뒷받침해 준다.

그렇다면 사전을 꾸준히 사용하는 것의 장기적인 효과는 어떠할까? 본 연구는 DRSTB 점수와 RC 1 및 RC 2 간의 피어슨 상관계수를 분석하였다. 그 결과 DRSTB는 2학년생 집단에서는 RC 1(사전 비사용)과 더 큰 상관관계를, 1학년생 집단에서는 RC 2(사전 사용)와 더 큰 상관관계를 보였다. 이로써 적절한 사용 기술이 동반된 사전 사용이 즉각적으로는 사전 사용 시의 지문 이해도를 향상시키고 장기적으로는 사전이 없을 때라도 전반적인 읽기 이해력을 증진시켜 준다고 조심스럽게 추정해 볼 수 있다.

■ 관련 연구

본 연구의 결과와 큰 차이를 보이는 Bensoussan 등(1983)[본문 110쪽]을 참조하라. Béjoint과 Moulin(1987)은 사전을 꾸준히 주의 깊게 이용하는 것이 영어 실력 향상에 미치는 긍정적 영향에 대해 역설하고 있다.

Bogaards (1998)

Bogaards, P. (1998) 'What Type of Words Do Language Learners Look Up?' in *Using Dictionaries: Studies of Dictionary Use by Language Learners and Translators* ed. by Atkins, B. T. S., Tübingen: Niemeyer, 151-157.

■ **연구 목적**

외국어로 된 텍스트를 읽을 때 외국어 학습자들을 어떤 종류의 단어를 찾아보는지를 분석한다.

■ **연구 참여자**

네덜란드 대학의 프랑스어 학습자 30명.

■ **연구 방법**

Tests and experiments.

표현 활동이나 이해 활동을 막론하고, 외국어 학습자들은 언어적인 문제가 생길 때 매번 사전을 찾는 것이 아니라 어떤 단어들은 찾아보고 또 어떤 단어들은 찾아보지 않는다. 그들의 이런 행동에 어떤 특정한 패턴이 있는지 아니면 무계획적인 것인지에 대해서는 지금까지 알려진 바가 거의 없다. 기존 연구들을 참조했을 때 최소한 이끌어낼 수 있는 통찰은, 사용자들이 전혀 모르는 단어들에서보다 관용어나 동음이의어, 모국어와 외형은 유사하나 의미가 완전히 다른 어휘들처럼 어느 정도 익숙한 외양을 가진 어휘들에 대해서 사전 참조 상의 착오를 더 많이 일으킨다는 점이다. 한편, 학습자들은 단지 어떤 단어가 낯설다고 해서 모두 무비판적으로 찾아보는 것이 아니라 사전을 찾을지 말지를 결정하기 전에 자신의 읽기 목표와 관련 지어 낯선 단어의 관련성을 판단할 줄 아는 것 같다. 일례로 Hulstijn(1993)은 '읽기 목적,' '단어 관련성,' '단어 추론 가능성'이 읽기 과제 중 사전 참조를 결정하는 데 영향을 주는 변인으로 꼽고 있다. 물론 사전 참조 행위는 개인차가 커서 사람에 따라 사전을 찾는 빈도에서 큰 차이를 보이는 것 또한 사실이다. 간략히 요약해 보면, 학습자가 사전에서 무엇을 찾아보기로 결정하는 데에는 다음과 같은 세 가지 요소가 영향을 미친다는 가설을 세워 볼 수 있다: 1) 개인 차, 2) 단어 유형의 차이, 3) 텍스트 이해에 단어가 갖는 관련성의 차이.

위에 언급한 요소들 중 둘째 요소인 '단어 유형의 차이'를 면밀히 살펴보기 위해 소규모의 연구를 진행했다. 라이덴과 암스테르담 소재 대학들의 프랑스어과 학생들 45명에게 서로 다른 유형의 세 가지 프랑스어 텍스트(a. 잡지 기사, b. 언어학 관련 교과서 발췌문, c. 11개의 개별 문장으로 각 텍스트의 어휘 수는 155개로 동일)를 (순서를 뒤섞어) 제시했다. 각 학생들에게 첫 두 텍스트를 읽고 만일 그것을 모국어(네덜란드어)로 번역해야 한다면 이중언어 사전에서 찾아볼 것 같은 단어들에 밑줄을 치게 했다. 세 번째 텍스트는 실제로 모국어로 번역을 하게 했는데 이번에는 그들이 가지고 온 이중언어 사전을 사용하게 했다. 사전에서 찾아본 단어들에는 밑줄을 긋게 했다.

연구에서 살펴보고자 하는 어휘 유형은 아래 세 가지이다.

1) (대부분의) 피실험자에게 낯설다고 판단되는 저빈도 어휘(infrequent words, IW).
2) 익숙한 단어지만 해당 문맥에서 다른 뜻(숙어적 의미)으로 쓰인 단어들(allosemic words, AW).
3) 모국어에 있는 단어와 형태가 비슷하나 의미는 전혀 다른 단어들(faux amis, FA).

이들 유형의 단어들이 세 텍스트에 각각 15개씩 들어있도록 하였다. 즉 텍스트별 목표어의 유형과 그 수는 표1과 같다.

표1. 실험에 사용된 텍스트의 목표어 어휘 유형

어휘 유형	잡지 기사	언어학 교재	개별 문장 텍스트	유형별 어휘수
Infrequent words	8	7		15
Allosemic words	7		8	15
Faux amis		8	7	15
텍스트별 어휘수	15	15	15	

위 목표어들은 문맥을 통해 의미를 짐작하는 것은 거의 불가능했다. 텍스트 속의 다른 단어들은 모두 피실험자들에게 문제를 일으킬 것으로 예상되지 않았다. 실제 실험 결과, 참여자들이 목표어가 아닌 단어들을 참조한 경우도 많았고 목표어들을 다 모르지도 않았다. 그래서 참여자들의 1/3 이상이 사전을 찾지 않고도 바르게 번역한 단어들은 제외하여 총 29개의 어휘들이 분석 대상이 되었다(IW 11개, AW 10개, FA 8개).

단어 유형에 따른 사전 참조 결정 유무의 차이는 IW와 FA 사이에서 가장 크게 나타났다. IW는 2/3의 경우에서 사전을 찾아본 반면 FA는 1/3이나 그보다 적은 경우에만 찾아보았다. 텍스트를 그냥 읽어보라고 한 경우에는 밑줄 친 숫자가 더 적어서, IW는 절반 정도, FA는 1/3보다 적거나 훨씬 더 적었다. 글을 읽을 때 밑줄 친 단어들의 유형과 번역 때 실제로 사전에서 찾아본 단어들의 유형 사이에는 차이가 없는 것으로 보인다.

단어 유형별 참조 오류 분포를 살펴보면, IW의 경우에는 약 30%에서, AW에서는 약 40% 정도에서, FA에서는 50%에서 성공적이지 못한 사전 찾기가 나타난다. 사전을 사용하지 않는 경우에는 IW의 절반쯤, AW와 FA는 3/4쯤에서 오류가 발견된다. 결론적으로 말해서, 참여자들은 저빈도 어휘(완전히 낯선 단어)를 마주칠 때보다 외형이 비슷하나 의미가 다른 AW나 FA를 마주칠 때 어휘적 문제를 체계적으로 과소평가하는 경향이 있는 것으로 보인다.

개인에 따라 사전에서 찾아본 단어의 개수도 차이를 보였다. 잡지 기사 텍스트와 언어학 텍스트에서는 학생당 평균 11개의 단어를 찾아보았는데 일부는 그 단어만 찾은 데 비해 어떤 학생들은 17번이나 사전을 찾아보았다. 문장 텍스트에 대해서는 평균이 8 단어였는데 최소는 2단어, 최대는 14 단어였다.

■ **관련 연구**

위 연구의 가설과 관련된 선행 연구로는 Scholfield(1982), Müllich (1990), Hulstijn(1993)이 있다. 현대 외국어 교육 연구에서 프랑스어 표현 활동 중 사전 찾기에 대한 심층 연구에는 Bland 등(1990)이 있다.

Wingate (2004)

Wingate, U. (2004) 'Dictionary Use – the Need to Teach Strategies.' *Language Learning Journal* 29, 5-11.

■ 연구 목적

중급의 독일어 학습자들이 읽기 활동을 할 때의 단일어 및 이중언어 사전의 사용 전략을 관찰하여 외국어 학습자들의 사전 사용 행태상의 특징을 밝힌다.

■ 연구 참여자

홍콩 대학의 중급 독일어 학습자 17명.

■ 연구 방법

Think-aloud.

사전 사용자들이 대개 사전 사용 지도를 정식으로 받은 적이 없고, 사전 검색 시 종종 비효율적인 사전 사용 전략에 의지한다는 사실은 기존의 여러 연구에서 밝혀진 바 있다. 본 연구의 목적은 중급의 외국어 학습자들이 읽기 활동을 하면서 사전을 참조할 때에 어떤 사용 전략을 구사하며, 단일어 사전을 이용할 때와 이중언어 사전을 이용할 때 그들이 사용하는 사용상의 전략이 다른지를 구체적으로 관찰하는 데 있다. 연구 문제는 다음과 같다.

1) 중급의 학습자들은 읽기 이해를 위해 사전에서 단어를 찾을 때 어떤 전략들을 사용하는가?
2) 그들이 사용한 전략은 참조한 사전의 유형에 따라 달라지는가?

3) 어떤 사전 사용상의 전략을 가르칠 필요가 있는가?

홍콩 대학에 재학 중인 17명의 중국인 중급 독일어 학습자들을 대상으로 think-aloud protocol에 의해 데이터를 모았다. 이들을 세 개의 집단으로 나눠 제1집단(5명)은 독일어-영어 이중언어 사전을, 제2집단(6명)은 독일어 단일어 사전을, 제3집단(6명)은 독일어 단일어 사전이되 뜻풀이가 Collins COBUILD처럼 문장형으로 구성된 사전을 사용하도록 하였다.

두 편의 독일어 잡지 기사(각각 293단어/246단어)가 읽기 지문으로 활용되었고, 참여자 각 개인이 일 대 일로 연구자와 만나 think-aloud 방식으로 읽기 활동을 진행했다. 이 과정은 녹화(tape-recorded), 기록되어, 총 384건의 사전 찾기 활동이 수집 · 분석되었다(제1집단: 127건, 제2집단: 124건, 제3집단: 133건). 이중 제1집단은 49건(39%), 제2집단은 67건(55%), 제3집단은 37건(21.7%)에서 사전 참조가 성공적이지 못했다.

참여자들의 사전 참조가 성공적이지 못한 데는 한마디로 '사전의 정보를 피상적이고 부분적으로 이해하는 것' 때문이라고 볼 수 있다. 첫째로 사전에서 표제항을 찾는 데 실패하는 경우는 모든 집단에서, 그리고 모든 종류의 사전에서, 고르게 나타났다. 독일어 합성어는 형태적으로 하나의 단어처럼 보이기 때문에 합성어를 검색하려면 우선 그것의 형태소를 나누어서 개별적으로 검색하려는 시도를 해야 할 때가 있는데, 27번의 검색 시도 중 단지 5건의 경우에서만 참여자들은 그런 전략을 시도하였다(성공률 18.5%). 관용어와 파생어 검색에서는 한 건도 검색에 성공하지 못했다(성공률 0%). 특히 관용어는 사전 표제항에 정보가 수록되어 있었음에도 표제항 전체를 보지 않고 처음 한 두 의미만을 읽어 본 뒤 검색을 포기하는 사례가 빈번하였다.

다의어 표제항에서 적절한 의미를 찾는 데 실패하는 경우 역시 사전 종류를 막론하고 빈번히 발생했다. 이중언어 사전 참조 집단에서, 단의어 표제항의 검색 성공률은 71.4%인 반면 목표 대응어가 표제항의 상단에 위치하지 않은 다의어 표제항에서의 검색 성공률은 44.4%에 불과했다. 즉 참여자들에게서 표제항의 부분 참조 경향이 뚜렷이 나타났다. 단일어 사전을 사용한 두 집단에서는 그 양상이 조금 복잡하게 나타났다. 이중언어 사전과는 달리, 단일어 사전은 단어의 의미가 정의문의 서두나 말미에 유의어(상의어)로 제시되거나, 정의문 전체를 읽어야만 의미를 파악할 수 있다. 목표 단어의 유의어나 상의어가 정의문의 서두나 말미에 제시되는 경우에서 두 단일어 사전 사용 집단의 검색 성공률을 각각 76.6%, 67.2%로 비슷한 반면, 정의문 전체를 읽어야 의미를 이해할 수 있는 표제항의 경우 검색 성공률은 제2집단에서는 18.3%에 불과한 반면 정의문이 문장 형태로 주어진 제3집단의 경우 50.8%였다. 이는 문장형 정의 방식이 기존의 사전 정의 방식에 비해 사용자들에게 이해하기 쉬워서라고도 볼 수 있고, 문장형 정의 방식을 채택한 사전을 사용할 때 사용자들을 즉각적인 대응어를 찾는 전략을 덜 구사하기 때문이라고도 유추해 볼 수 있을 것이다. 또 단일어 사전 사용 집단들은 참조 실패의 23%에 해당되는 경우에서 '키드룰(kidrule)' 전략을 사용하였다. 키드룰 사용 전략은 사전의 정의 방식과는 큰 상관이 없었고 참여자별로 편차가 크게 나타났다는 점이 특징이다.

사전 종류에 따른 사전 사용 전략상의 차이를 보면, 이중언어 사전을 사용하는 집단에서 검색을 훨씬 빨리 포기하는 경향이 나타났다. Think-aloud 기록에서 사전 참조 실패 건별로 참여자들의 휴지(말 없이 잠깐 생각하는 시간) 시간을 분석해 보면, 제2집단과 제3집단에서는 약 20초 정도 뒤에 검색을 포기하는 데 반해 제1집단에서는 평균 12.1초 만에 검색을 포기하였다. 이중언어 사전을 사용할 때 사용자들은 좀 더 노력을 투자할 준비가 되어 있는 것과 달리 단일어 사전을 사용할 때는 즉각적인 해답을 기대하는 인식을 반영한다고도 할 수 있다.

본 연구는 사전 사용자들의 비효율적인 사용 전략에 대한 기존의 연구와 그 결과가 호응하고 있다. 특히 사전의 구조나 내용에 대한 지식 및 목표어의 형태통사적 특징을 이해하여 사전 검색에 적용하는 전략, 그리고 사전에 제시된 의미를 정확히 이해하고 문맥에 적용하는 의미 관련 전략을 사용자들에게 지도할 필요가 있음을 제안한다.

■ **관련 연구**

Think-aloud protocol에 관해서 본 연구는 Pressley와 Afflerbach(1988)를 참조하였다. 아울러 Cohen(1987)도 참조해 볼 만하다. 본 연구와 주제와 방법이 유사한 것으로 Thumb(2004)은 이중언어 사전 사용 시 사용자 전략에 대해 think-aloud protocol을 사용하였다. 읽기 활동과 관련한 사전 사용 전략에 대해서는 Scholfield(1982)와 Scholfield(1999)를 읽어 볼 것.

Harvey and Yuill (1997)

Harvey, K. and Yuill, D. (1997) 'A Study of the Use of a Monolingual Pedagogical Dictionary by Learners of English Engaged in Writing'. *Applied Linguistics* 18 (3) 253-278.

■ **연구 목적**

영어 학습자가 표현 활동을 할 때 어떤 목적으로 사전을 참조하며, 영어 단일어 사전(COBUILD 1987)은 이때 얼마나 도움이 되는지를 실제 작문 상황에 최대한 근접하여 살펴본다.

■ **연구 참여자**

영국의 대학 및 사설 학원에서 영어를 공부하는 다양한 배경의 중상급 영어 학습자 211명.

■ **연구 방법**

Self-records.

사전 사용자 연구에서 주로 사용되는 내성적 자료에는 크게 '설문조사'와 '추고 및 내관(retrospection or introspective observation)', 그리고 '생각을 입 밖에 내어서 말하기(think-aloud)'가 있다. 설문조사는 제공된 정보의 신뢰도가 떨어진다는, 그리고 think-aloud는 참여자에게 요구하는 인지적 부담이 지나치게 크며 참여자 수가 한정적이라는 단점을 각각 지니고 있다. 본 연구는 특별히 고안한 표와 절차도라는, 비교적 간단한 보고 양식을 통해 영어 학습자가 영어로 글을 쓰는 상황에서 자신의 사전 사용에 대해 약간의 시차를 둔 내성적 추고(moderately delayed introspective observation)를 하도록 유도함으로써, 사전 사용자의 사전 사용 동기와 사전 사용 행태를 실제와 최대한 언어 활동 수행과 근접한 환경에서 수집하였다.

표현 활동 중 사전 사용의 동기와 특정 영어 단일어 사전(여기서는 COBUILD1, 1987)의 정보 내용과 형식이 표현 활동을 수행하는 데 얼마나 도움이 되는지를 알아보기 위하여 총 211명의 외국인 영어 학습자들에게 특정 주제를 주고 에세이 쓰기 과업을 제시했다. 정해진 분량은 없었으나 과업에 소요되는 시간은 45분~1시간 이내로 설정하였다. 모든 참여자들 각자에게는 과업 수행 중 COBUILD1이 주어졌다. 참여자들은 에세이 쓰기 과업과 함께 연구자가 개발한 내관 보고 양식을 받았다. 보고 양식은 A, B, C 세 부로 나뉘어 있다.

A부는 간단한 표 형식의 보고 양식으로서 주요한 사전 참조 동기를 제시하고 지금 자신이 사전을 찾아보려는 이유가 이중 어디에 해당되는지를 선택하여 표시하도록 하였다. 사전을 찾아본 바로 직후에는, 참여자는 나머지 B와 C의 절차도에서 자신의 사전 참조 행위에 대해 해당되는 항목에 체크 표시를 하였다. B부의 절차도는 1) 사전 검색이 성공적이었는지 여부, 2) 검색 과정상의 어려움의 원인, 3) 원하는 정보를 표제항의 어디에서 찾았는지, 4) 사전 검색이 성공적이지 못했다면 이유가 무엇인지 등의 항목으로 이뤄져 있다. C부의 절차도는 목표 정보를 찾는 과정에서 혹시 그 밖에 유용한 부수적인 정보를 발견하게 되었는지를 묻는 것으로, 부수적으로 얻어낸 정보가 어떤 정보였으며 표제항의 어디에 있었는지를 묻는 항목으로 이뤄져 있다. 문항은 모두 절차도 형식으로 구성하여 작성에 드는 시간과 노력을 최소화하였다. 이러한 과정을 거쳐 모두 582건의 분석 가능한 참조 행위 기록지를 수집하였고, 이 기록 자료로부터 도합 679개의 참조 동기가 분석되었다.

679의 사전 참조 동기의 88.4%에서 검색은 '성공적'이었으며 이중 대부분 '원하는 정보를 쉽게 찾았다'고 보고하였다. 7.2%의 경우에 원하는 정보를 어렵사리 찾았다고 보고했는데, 어려움의 가장 큰 이유는 '표제항이 너무 길어서'였고, 그 뒤를 '사전의 다른 표제항을 찾아보아야 했다'였다. 사전 검색이 실패했다고 보고한 경우에서 가장 큰 이유는 '사전에 제시된 정보가 원하는 정보가 아니'었기 때문이었고, 그 다음으로 '사전에 원하는 정보가 없었기' 때문으로 드러났다. 사전 참조 동기와 그 빈도 및 성공률, 이용한 정보의 종류를 정리하면 다음 표1과 같다.

표1. 표현 활동 시 사전 참조 정보

순위	참조 동기	비율(%)	성공률(%)	참조한 표제항 정보의 종류
1	철자	24.4	92.8	표제항의 표제어 정보
2	의미	18.3	87.1	정의문+용례(34%)* 용례에서만(16.7)**
3	단어의 존재 여부	12.8	77.0	표제항 맨 위, 정의문.
4	유의어	10.6	63.9	별도의 난, 정의문.
5	문법(문형)	10.5	90.2	용례(67.2%) (별도 난의) 문형 코드(9.8%)
6	사용역(적절성)	9.3	92.1	정의(56.9%) 용례(39.7%)
7	연어	8.2	78.6	용례에서만((32%)
8	굴절 및 변화형	5.9	100.0	표제항 맨 위(42%) 용례+정의문(52.5%)

* '정의문+용례'라 함은 사용자가 의미 정보를 찾을 때 사전의 정의문과 용례 모두를 참조하였음을 나타낸다.

** 의미 검색을 위해 사전을 사용한 경우의 약 16.7%에서 사용자들이 사전의 용례 정보만을 참조했음을 나타낸다.

결과에서 알 수 있듯이, 표현 활동 시 가장 중요한 사전 참조 동기는 '철자'와 '의미'였다. 여기서 특기할 만한 것으로, 의미 확인이 표현 활동에서도 참조 동기의 상당한 비율(18.3%)을 차지하고 있다는 점이다. 심지어는 표현 활동 시 주요한 사전 참조 목적으로 꼽히는 '연어'나 '문법' 정보를 훨씬 앞지르는 비율로 의미 정보가 중요한 참조 동기로 나타났다. 표현 활동에서 필요로 하는 의미 정보는 주로 두 언어 간에 형태상 유사하나 의미는 전혀 다른 어휘들(false friends)의 확인이나 혼동되기 쉬운 어휘(confusable words)들과 관련이 있었다.

또 하나, 유의어 정보 검색의 낮은 성공률(63.9%)을 지적할 수 있다. 기록지의 정보와 참여자들이 작성한 쓰기 수행 결과를 교차 대조한 결과, 실제로 사전의 유의어 정보는 문제를 해결하기보다는 더 많은 문제를 만들어 내는 것으로 보인다. 참여자들은 거의 3분의 1 이상의 경우에서 유의어 정보 검색에 성공했음에도 그것을 작문에 쓰지 않았다. 참여자들이 COBUILD 1의 유의어 정보를 소극적으로 사용한 데에는 몇 가지 사전 내적 문제점이 있기 때문으로 보인다. 사전에서 유의어 정보를 제시할 때는 단어의 사용 맥락, 내포적 의미, 연어 정보를 함께 제공하여 유의어들 간의 차이(공통점보다는)를 부각시켜 줄 필요가 있다. 또 이를테면 gag 표제항에 그 유의어로 joke를 제시하는 것이, 역으로 joke의 표제항에 그 유의어로 gag를 제시하는 것보다는, 즉 의미나 활용 범위가 제한된 표제어에 대해 의미나 활용 범위가 보다 넓은 유의어를 제시하는 편이 그 반대보다는 사용자 오류를 줄이는 데에 더욱 도움이 될 것이다.

용례는 표현 활동 시 사용자들이 가장 적극적으로 활용하는 정보였다. 사용자들은 단어의 의미, 사용역, 문법, 연어, 굴절형 등 광범위한 목표 정보를 용례에서 얻어내었다. 특히 동사의 문형과 같은 문법 정보를 문형 코드를 통해서 얻어내는 사용자는 극히 드물었고, 대부분 용례를 통해 문형을 파악하는 것으로 드러났다.

연어 정보는 표현 활동 시 주요한 1차적 참조 동기가 아닌 것으로 분석되었다. 하지만 사용자들이 사전을 참조하는 과정에서 부수적으로 발견한 유용한 어휘 정보로 연어 정보가 가장 빈번하게 보고되었다. 즉, 연어 정보에 대한 1차적 참조 욕구는 매우 적은 대신 사전 참조 과정에서 우연히 발견한 연어 정보에 대해서 그 유용함을 인지했다는 이 같은 결과는 쓰기 활동에서 적절한 연어 사용의 중요성에 대한 영어 학습자들의 인식이 아직 부족하며 이에 대한 적절한 지도가 매우 필요함을 시사한다. 이때 연어에 대한 주의를 높이는 데에 사전이 유용하게 활용될 수 있을 것이다.

■ **관련 연구**

쓰기 과업 수행 중 이중언어 사전 사용에 대해 본 연구와 유사한 내관적 기법을 사용한 연구로 Ard(1982)가 있다. Cohen(1987)은 다양한 내관적 기법들의 공통점과 차이점을 알기 쉽게 분류하여 소개하고 있다.

Chon (2009)

Chon, Y. V. (2009) 'The Electronic Dictionary for Writing: A Solution or a Problem?' *International Journal of Lexicography* 22 (1), 23-54.

■ **연구 목적**

영어 학습자들이 영어 작문을 위해 전자 사전을 사용할 때 어떤 종류의 어려움을 경험하며 이를 해결하기 위해 어떤 의사소통 전략을 사용하는지 분석한다.

■ **연구 참여자**

한국의 대학생 영어 학습자 10명.

■ **연구 방법**

Think-aloud.

본 연구는 영어 학습자가 영어 작문 시 사전을 이용하면서 맞닥뜨리는 어려움에 대해 어떤 전략을 사용하는지를 밝히는 데 초점을 두고 있다. 즉 '사전 참조 상황' 자체를 하나의 의사소통 맥락으로 보고, 사전과의 의사소통 과정에서 사용자가 어떤 언어적 문제에 부딪히며, 그것을 해결하기 위해 어떤 (의식적) 의사소통 전략(communicative strategies)을 사용하는지를 분석한다.

본 연구의 분석 틀은 크게 두 가지다. 그 하나는 사전 참조 과정에서 사용자가 경험하는 언어 문제이며, 다른 하나는 그 문제를 해결하기 위해 사용자가 의식적으로 사용한 전략이다. 이 전략은 우리가 흔히 의사소통 상황에서 사용하는 갖가지 전략, 즉 근사 표현 사용(approximation), 다른 말로 바꾸어 표현하기(paraphrasing), 다른 사전을 찾아보기 등과 유사할 것으로 상정한다. 사전으로 인한 언어 문제(dictionary-based problems, DBPs)는 일차적으로 사전 사용을 유도한 언어적 문제를 풀기 위해 사용자가 사전을 참조했을 때 생기게 된다. 사전에 원하는 정보가 없다거나 사용자의 사용 기술이 부족하다거나 혹은 사전에 제시된 정보가 사용자의 수준에 비해 지나치게 어렵다거나 하는 경우에 DBP가 일어날 수 있다. 다만 이러한 문제를 사용자가 의식했느냐 미처 의식하지 못했느냐에 따라 dictionary-based errors(사용자가 인식하지 못하는 사전으로 인한 오류)와 dictionary-based problems로 나뉘며, 본 연구의 분석 대상은 DBP이다. 연구 문제는 다음과 같다.

1) DBP의 유형과 빈도는 무엇인가?
2) DBP가 일어났을 때 사용자들은 어떤 종류의 의사소통 전략을 얼마나 자주 사용하는가?
3) 작문의 종류 및 학습자의 영어 능숙도에 따라 의사소통 전략의 사용 빈도에 차이가 있는가?

연구 참여자는 영어 교육 기간 및 표현용 어휘 수준, 사전 사용 기술면에서 비슷한 10명의 한국인 대학생 영어 학습자들이었다. 이들은 텍스트 타입에서 상이한 두 가지 주제의 영어 작문을 컴퓨터상으로 수행하며 그 과정에서 자신의 인지 과정을 소리 내어 말하였다. 이들은 작문을 하면서 2종의 온라인 이중언어 사전(야후, 네이버 사전)과 마이크로소프트 워드 프로그램에 내장된 유의어 사전을 사용하였다. 이들이 작성한 총 20편의 영어 작문과 이들의 목소리를 녹음한 음성 파일이 주요 분석 자료로 사용되었다.

분석 자료 전체에서 총 287건의 사전 사용을 유도한 어휘적 문제(lexical problems)가 추출되었다. 여기서 우선 사전 사용을 유도한 어휘적 문제는 다음과 같은 세 가지 유형으로 구별되었다.

1) Unknown word problem: 목표 단어가 떠오르지 않거나 전혀 모를 경우.
2) 1-word problem: 목표어 대응어는 알고 있거나 찾았으나, 그 단어에 대한 전체적인 지식이 부족하여 확인이 필요한 경우.
3) 2+ word problem: 사전에 둘 이상의 단어가 제시되어 있어서 그 중 무엇을 선택해야 할지 혼동한 경우.

위 세 가지의 어휘 문제 유형은, 1)번 유형을 제외하고는 DBP의 유형 분석에도 똑같이 적용된다. 즉 만일 사용자가 대응어가 떠오르지 않아 사전을 찾았다면 이때 어휘 문제는 1) unknown word problem으로 분류된다. 그래서 그가 사전을 참조했는데 사전에서 둘 이상의 단어를 제시하고 있어 혼란스러워했다면 이것은 (사전 참조 중에 생긴 언어 문제이므로) 2+ word DBP로 분류된다. 만일 사용자가 사전을 찾아서 문제를 해결했다면 이 경우는 No-DBP로 분류된다.

287건의 어휘적 문제 가운데 가장 흔한 유형의 문제는 목표어 대응어를 찾는 unknown word problem으로서 총 140건을 차지했다. 이중 114건(39.7%)은 DBP로 분류되었다(나머지 173건은 No-DBPs). 다시 말해 쓰기 활동 중 어휘적 문제를 해결하기 위해 사전을 참조한 경우 세 번에 한 번 이상 꼴로 사전이 또 다른 어휘 문제를 야기한 셈이다.

DBP만을 따로 놓고 분석해 보면 가장 자주 일어난 문제 유형은 2+ word DBP로 총 114건의 DBP 중 무려 99건(86.8%)을 차지했다. 즉 언어 문제를 해결하기 위해 사전을 찾았으나 그 사전에서 제시한 대응어가 둘 이상인 바람에 애초의 언어 문제를 해결하지 못하고 혼란스러운 상황이 영어 작문 시 사전을 사용하면서 사용자가 부딪히는 가장 흔한 문제 유형이라고 할 수 있었다.

1-word DBP 상황에서 학습자가 사용한 전략은 크게 세 가지로 분류되었다.

1) 사전 정보를 무시하고 자신의 언어적 지식에 의지해 비슷한 표현으로 대체하거나 새로운 말을 지어내는 전략.
2) 또 다시 사전을 찾아보는 전략.
3) 사전 정보를 무시하고 문제를 야기했던 원래의 표현(단어)을 고수하는 전략.

빈도로 보면 학습자들은 사전 내적 사용 전략인 2) 유형의 전략보다 1)과 3) 유형의 전략을 더욱 자주 사용했다.

2+ word DBP 상황에서 학습자가 가장 자주 사용한 전략은 '맘에 드는' 단어를 고르기(101건 중 65건) 전략으로 분류할 수 있었다. 학습자가 사전에서 제시된 정보 어느 것에도 만족하지 못한 경우에는 문제 자체를 무시하거나 자신의 언어적 지식을 활용해 비슷한 표현으로 대체하는 비사전적 의사소통 전략을 주로 사용했다. 1-word DBP 상황과 마찬가지로 사전의 다른 정보를 참조하려는 사전적 전략은 상대적으로 덜 자주 사용했다. 마지막으로, 영어 작문의 텍스트 타입별 전략 사용상의 차이는 크게 두드러지지 않았다. 다만 좀 더 분석적인 내용의 작문을 할 때에 '사전적 전략'을 조금 더 자주 사용하는 것으로 드러났다.

본 연구는 사전이 의사소통상의 문제 해결의 도구로 쓰이는 경우 못지않게 그 자체가 하나의 의사소통상의 문제를 유발하는 요인이 될 수 있음을 보여주고 있다. 또한 사전으로 유발된 언어 문제를 해결하기 위해 사용자들은 근사표현 사용이나 무시 등과 같이 비사전적 의사소통 전략을 훨씬 빈번하게 사용하고 있음을 보여주고 있다. 이는 교차 참조와 같은 특정한 사전 사용 기술 및 표현 활동을 위한 다양한 사전의 안내와 같은 부문에서 사용자 교육이 필요함을 시사하고 있다. 또한 전자 사전이 유의어들을 단순히 나열만 할 게 아니라 그들 사이의 차이에 대한 정보를 제공해야 사용자의 표현 활동에 더욱 유용하게 쓰일 수 있을 것이다.

■ **관련 연구**

외국어 작문을 위해 사전을 사용하면서 발생할 수 있는 의사소통상의 문제점에 대해서는 Ard (1982), Uzawa와 Cumming(1989) 및 Victori(1999)를 참고하라. 의사소통 전략에 대한 연구로는 Dörnyei와 Scott(1997)을 참고할 수 있다. 사전 사용자들이 경험하는 사전 사용상의 어려움에 대한 일반적인 논의는 Bogaards(1996) 및 Rundell(1999)에서 다루고 있다.

Atkins and Varantola (1998b)

Atkins, B. T. S. and Varantola, K. (1998b) 'Monitoring Dictionary Use.' in *Using Dictionaries: Studies of Dictionary Use by Language Learners and Translators*, ed. by Atkins, B. T. Sue. Tübingen: Niemeyer, 83-122.

■ **연구 목적**

능숙한 사전 사용자들은 외국어→L1 또는 L1→외국어 번역 시 언어적 문제 해결을 위해 실제로 어떻게 사전을 사용하는지를 관찰한다.

■ **연구 참여자**

사전 사용 경험이 많은(예: 사전 전문가) 외국어 사용자 및 핀란드의 번역 전공자 등 총 103명.

■ **연구 방법**

Paired monitoring.

Non-participant observation.

더 효과적인 사전 사용으로 나아가는 길은 두 갈래다. 한편으로 사전을 혁신적으로 개선하여 사용의 편의를 증대시키는 방법이 있다. 또 한편으로 사용자들에게 기술 교육을 제공하여 그들의 사전 사용 행태를 혁신적으로 향상시키는 방법이 있다. 위 두 길 중 어느 길로 나아가든 필수불가결한 것이 '사람들이 현재 사전을 어떻게 사용하는지'에 대한 상세한 지식이다. 본 연구는 가능한 한 자연스런 상황에서 능숙한 사전 사용자들의 사전 찾기 과정을 모니터하여 다음과 같은 질문들에 대한 답을 구하고자 하였다.

- 사용자들이 어떻게 사전을 찾는가?
- 사용자들이 어떤 종류의 정보를 찾는가?
- 사전 표제항에서 가장 도움이 되는 요소는 무엇이었는가?
- 사용자들은 자기가 찾고자 하던 것을 찾아냈는가?
- 사용자들이 자신이 찾아낸 것에 만족했는가?
- 사용자들이 좌절할 때는 어떻게 했는가?
- 사용자들은 언제 L2 단일어 사전을 사용하기로 선택하는가?

연구 참가자는 '옥스퍼드 집단'과 '탐페레(Tampere) 집단'으로 구성되어 있다. 1991년 옥스퍼드에서 열린 사전 워크숍에서 연구에 참여한 '옥스퍼드 집단'은 총 71명으로서, 이들은 경험 많은 사전 사용자들로 이 중 많은 이들이 사전을 편찬한 경험도 있었다. 이 그룹은 국적 및 모국어가 다양했으며, 영어 모국어 화자들도 다수 있었다. 그들에게 L1→L2 또는 L2→L1 번역을 선택하도록 하되 가능하면 L1→L2 번역을 택하도록 하였다. 번역할 텍스트 역시 세 가지 난이도 중에서 선택할 수 있도록 하였다. 모든 번역어에서 한 개 언어는 영어였다. 그들은 자신들이 자유롭게 사전을 선택하여 과업을 수행할 수 있었는데, 그들이 사용 가능한 사전은 100여 종이었다. 연구 참가자들은 두 명씩 짝을 이뤄, 한 사람이 과업을 수행할 때 다른 한 사람은 그의 사전 사용을 모니터하면서 고안된 양식에 기록을 하였다. 탐페레 집단은 옥스퍼드 집단과는 달리 31명의 참여자들이 모두 핀란드어 모국어 화자로서 번역 전공생이었으며(중급), 이들은 모두 동일한 핀란드어 텍스트를 영어로(L1→L2)로 번역하는 과제를 수행했다. 과업 수행 시 이중언어 사전 및 영어 단일어 사전 6종을 사용하였다. 이들의 사전 참조 행위는 별도의 연구 보조생들이 모니터하여 기록하였다.

본 연구 참가자들은 사전 편찬의 경험이 있거나 번역을 전공하는 능숙한 사전 사용자들에 속하기 때문에 이들에 대한 연구 결과가 일반적인 보통 사전 사용자들의 행위를 대표적으로 보여주는 것은 아니다. 그러나 103명의 1,000회 사전 찾기 행동을 기록한 본 연구의 데이터는, 사용자 개인들의 사전 사용 전략을 보여줌으로써 사전 사용을 지도할 교사 및 사전 편찬자들에게 대단히 흥미로운 문제들을 시사하고 있다.

기록 양식은 커버 용지(cover sheet)와 기록 용지(recording sheets), 2종으로 구성되어 있다. 커버 용지에는 참여자의 참가 고유 번호 및 모국어, 본인의 L2 수준, 번역 작업의 종류(L1→L2 또는 L2→L1), 텍스트 난이도, 번역에 사용한 사전 모두에 대한 서지 정보 등을 기록하도록 하였다. 사전 찾기의 기록 용지는 다시 L1→L2용과 L2→L1용 두 가지로 나누어지며, 이 양식은 번역을 돕는 도구로 사전이 사용될 때 일어나는 일에 대해 자세한 정보를 얻는 데 목적이 있다. 이때 look-up(개별 참조 행위)과 search(문제 해결을 위한 일련의 검색 행위 전체)의 구별을 상기할 필요가 있는데, look-up은 어떤 한 사전에서 한 번 어느 표제항을 찾아보는 것을 나타낸다. 즉 동일한 사전에서든 다른 사전에서든 또 하나의 표제어로 넘어가면 새로운 look-up이 시작되는 것이다. 반면 search는 번역할 글 속에 나오는 특정한 하나의 문제와 관련된 단일한 look-up, 혹은 일련의 look-ups를 가리킨다. 한 건의 search가 여러 사전에서, 또 여러 표제항에 걸쳐 진행될 수 있고, 그 문제가 해결되고 다시 새로운 문제가 생기게 되면 새로운 search가 시작된다. 기록 용지는 단일 look-up의 세부 사항들을 기록하는 것으로, 모든 look-up이 하나씩의 기록 용지에 기록되었다. 기록 용지는 텍스트에서 문제가 될 단어, 사용한 사전, 찾아 본 표제어, 검색 이유, 자신이 원하던 정보를 찾았는지 여부, 찾았을 경우 표제항의 어느 요소에서 찾았는지, 찾지 못했을 때 어떻게 했는지(예: 다른 사전으로 옮겨가기, 번역어를 선택하고 search를 끝내기, 동일 사전의 다른 표제항으로 가기 등), 다른 사전으로 옮겨간 이유, search를 마친 상태에서 검색에 대한 만족도 등을 표시하도록 하였다.

본 연구에 참가한 두 집단 103명의 사전 사용자들은 모두 574건의 search를 위해 정확히 1,000번의 look-up을 수행하였다(574건 중 37회의 search는 정해진 시간이 다 되어 도중에 중단되었기 때문에 분석 대상은 537건의 search임). 각 search당 이뤄진 look-up의 회수를 살펴보면 절반 이상(57%)이 단 한 번의 look-up으로 search가 완료되었다. 사용자들이 찾는 정보는 목표어의 번역어, 번역어가 정확한지 확인하기 위한 정보, 번역어의 연어 정보, 번역어의 문법 정보 순으로 나타났다. 대개 L2 번역에서 search를 할 때, 사전을 찾는 맨 처음 look-up은 목표어의 대응어(번역어)와 같은 '1차 정보'를 알아내기 위한 것이고, 일단 이것을 알아내고 나면 번역어가 정확한지 확인 또는 이에 대한 문법/연어 정보 찾기 등 이른바 '2차 정보'로 넘어갈 것이라는 추측을 해 볼 수 있는데, 연구 데이터만으로는 이 가설을 확인할 수가 없었다. 그러나 데이터에서 검색 목표 정보를 1차/2차 정보로 분류해 보면, 2차 정보를 찾기 위한 활동은 첫 번째 look-up의 47%, 두 번째 look-up의 57%, 세 번째 look-up의 64%에 해당하여, search가 계속될수록 검색 목적이 2차 정보로 기울게 됨을 알 수 있었다.

번역을 위한 사전 사용에서 두드러지는 특징의 하나가 번역자가 L2 단일어 사전보다 이중언어 사전을 뚜렷이 선호한다는 점인데(Atkins and Knowles 1990) 본 연구에서도 이런 경향이 확인되었다. Look-up의 71%의 경우에서 참여자들은 이중언어 사전을 사용하였고, L2 단일어 사전을 사용한 경우는 28%에 불과했다. 단, 참여자를 그들의 외국어 수준으로 나누어 분석해 보면 L2 능숙도가 높을수록 L2 단일어 사전 사용의 비중이 높아지는 것으로 드러났다. 또 1차 정보를 찾을 때는 이중언어 사전에 의존하는 경향이 있는 반면 2차 정보에 대한 필요성이 커질수록 단일어 사전의 역할이 커짐을 알 수 있었다.

총 1,000회의 look-up 중 910회(91%)가 L1→L2 번역 중에 이뤄졌고, 90회(9%)만이 L2→L1 번역 중에 이뤄졌는데(search로 구분하면, 총 537건의 search에서 473건이 L1→L2, 64건이 L2→L1), 1,000 건의 look-up 중 성공하지 못한, 즉 사용자 자신이 찾던 정보를 얻지 못한 경우가 400건으로 나타났다. 완료된 search 537건에 대한 참여자의 만족도를 분석해 보면 59%의 경우에 만족했다고 밝혔다. 번역 과제별로 실패율과 만족도를 나눠 보면, L1→L2에서 실패율이 좀 더 높게 나타났으며(L2→L1 번역 시 실패율 29%, L1→L2 번역 시 실패율 41%), 만족도는 L2→L1 번역 시 더 높게 나타났는데, 이는 L1→L2 번역 시 문제의 범위가 더욱 다양하고 필요한 정보가 더욱 많을 것임을 고려해 보면 충분히 이해할 수 있는 결과이다. 만족도를 참여자의 L2 능숙도별로 분석해 보면 흥미롭게도 상급자일수록 자신이 사전에서 찾은 정보에 만족했다는 대답에 인색했다(상급자 32%, 중급자 49%). 또 번역 전공자 집단(탐페레 집단)들이 다른 집단보다 자신의 search 결과에 대해 좀 더 회의적인 반응을 보였다.

40%에 달하는 검색 실패의 원인 일부는 사전 자체의 결함(정보 부재 등)에 있고, 일부는 사용자의 부적절한 전략이나 비현실적인 기대 등이 그 원인이었을 수 있다. 본 연구에서 특히 아무런 의미 구별 없이 목표어 대응어들만 나열한다든지, 전혀 유의어 관계가 아닌 단어들을 동일한 대응어 위치에 제시하는 것과 같은 이중언어 사전의 문제점이 여실히 드러났다. 한편 L1→L2 번역 활동 시 가장 문제가 되는 것은 번역자들이 한 번도 접해 본 적이 없는 어렵거나 보기 드문 용어들이 아니라 그 번역이 문맥에 대단히 크게 의존하는 일반적인 단어들이거나 익히 아는 기본적인 단어들로 구성된 표현이었다. L2 상급 수준의 사용자들에게 한 권의 사전은 충분치 못하다. 포괄적인 내용을 담은 이중언어 사전에 (전문용어 사전을 포함하는 다른 참고 자료들과 함께) 어휘의 다양한 의미에 따라 구분해 놓은 용례

를 선별해 놓은 L2 말뭉치 자료를 결합시키면 강력한 번역용 도구가 될 것이다.

■ **관련 연구**

본 연구는 Atkins와 Varantola(1998a)[본문 20쪽] 및 Varantola(1998)[본문 149쪽]와 보완적으로 검토할 수 있다.

Mackintosh (1998)

Mackintosh, K. (1998) 'An Empirical Study of Dictionary Use in L2-L1 Translation.' in *Using Dictionaries: Studies of Dictionary Use by Language Learners and Translators.* ed. by Atkins, B. T. S. Tübingen: Niemeyer, 123-149.

■ 연구 목적

번역을 공부하는 학생들이 모국어로 번역을 할 때 사전을 어떻게 사용하는지, 또 사전의 (정의문의) 메타언어가 과업 수행에 어떤 영향을 주는지를 알아본다.

■ 연구 참여자

캐나다에서 번역을 전공하는 프랑스 또는 영어 모국어 화자 15명(연구 1) 및 107명(연구 2).

■ 연구 방법

Think-aloud(연구 1).

Tests and experiments(연구 2).

사전 사용자 연구에서 사용자 집단을 세분화하여 그들의 사용 행태를 연구하는 일은, 과거에는 설사 그런 연구가 행해진다고 해도, 종이 사전이 안고 있는 여러 가지 제약으로 인해 실질적인 변화로 이어지기는 힘들었다. 그러나 전자 사전의 발달과 더불어 특정 사용자층에 맞춘 사전의 개발이 상대적으로 용이해졌으므로 그들 집단에 대한 더욱 세분화된 이해가 현실적인 정당성을 갖게 되었다. 본 연구는 프랑스어-영어 번역 전공자라는 특정한 사용자를 대상으로 진행되었다. 본 연구의 목적은 번역을 공부하는 학생들이 L2-L1 번역을 할 때 사전을 어떻게 사용하는지에 대한 정보를 수집하고 사전의 특정 측면(특히 정의문의 메타언어)이 그들에게 어떤 영향을 주는지 알아보는 것이다.

본 연구는 캐나다 오타와 대학의 통번역대학(STI) 학생들을 대상으로 실시한 두 번의 테스트로 이뤄져 있다. 주 연구인 처음 연구(연구 1)는 L2→L1 번역을 하는 학생들이 사전을 어떻게 사용하는지에 대해 일반적인 정보를 모으기 위해 설계되었다. 두 번째 연구(연구 2)는 연구 1에서 얻은 일부 결과들을 사전 정의문의 메타언어라는 특정한 주제와 관련 지어 더욱 깊이 살펴보기 위해 설계되었다.

1. 연구 1

번역학 석사 과정에 재학 중인 영어 모국어 화자 8명과 프랑스어 모국어 화자 7명을 대상으로, 직접 관찰과 think-aloud protocol을 혼합한 방법으로 자료를 수집하였다. 이들 참여자들은 L2로 쓰인 전문 분야의 문서(다양한 사전 사용을 유도할 수 있도록 고려된 경제 관련 문서)를 1시간 15분 동안 자신에게 자연스러운 속도로 번역하면서 과제 수행 중에 자신의 생각을 큰소리로 말하였다. Think-aloud 자료와 참여자들의 번역 결과물이 자료 분석에 활용되었다. 연구에 사용된 사전은 학생들의 선호도와 전문가의 조언을 기반으로 용어 뱅크인 TERMIUM과 함께 다양한 단일어, 이중언어, 이중언어화한 일반 사전 및 전문 사전들이 제공되었다.

연구 1의 결과를 주요 연구 주제를 중심으로 정리하면 다음과 같다. 우선 번역 작업에서 사전 사용이 개시되는 시점을 보면, 참여자의 22.66%는 번역을 시작하기 전에 모르는 항목 전부를 우선 찾아보았고, 13.33%는 번역을 시작하기 전에 모르는 항목 일부를 찾아보고 나머지는 번역을 하는 중에 찾아보았다. 나머지 60%의 참여자는 번역을 해 나가면서 그때그때 사전을 찾아보았다. 이 가운데서 번역을 하기 전에 모르는 항목을 모두 찾아본 참여자들은 대부분이 전문적인 번역 유경험자들이었다. 사전 사용을 촉발시키는 문제 유형을 빈도별로 살펴보면, 단연 '대응어'였고, 다음으로 '의미 이해' 문제가 가장 빈번했다(대응어 정보 필요 단독: 32.3%; 의미 이해와 대응어 필요 34.7%; 의미 확인과 대응어 필요 7.3%; 의미 이해 필요 단독: 17.5%). 각 문제 유형의 빈도를 어휘 항목의 전문성 정도에 비추어 살펴보니 전문용어가 가장 자주 발생하는 문제 유형으로 나타났다. 번역 과제 수행을 위해 제공된 다양한 종류의 사전들 가운데 가장 자주 사용된 사전은 혼합형(L1+L2) 전문용어 사전으로 총 사용의 57.9%를 차지했다. 그 다음으로 일반 이중언어 사전이 15.1%로 사용되었다. 단일어 사전은, 일반 단일어 사전은 2% 정도밖에 사용되지 않았고, 단일어 전문용어 사전은 12.9% 사용되었다. 전문용어에 대한 L1 대응어와 L2 정의가 동시에 제공되는 혼합형 사전들은 전문적인 번역 경험이 많은 참여자들 사이에서 특히 인기가 있었다.

참여자들이 번역을 하면서 난어의 뜻을 모를 때에는 보통 사전의 정의문에 의존했는데, 이 전략에 대개 만족하였다. 또 단순히 어휘 항목의 뜻을 확인하고 그것의 대응어를 써야 할 경우에는 대응어만 찾아보아도 마찬가지로 만족스러운 것으로 드러났다. 그러나 전문용어와 관련해서 이해 문제가 있을 때에는 종종 정의문과 함께 대응어도 보는 전략을 썼다. 참여자들이 대응어 자체의 의미에 익숙하지 않은 경우에는 대응어를 액면 그대로 받아들이는 데 더 주저했던 듯하다. 이처럼 신중한 전략을 사용할 때 응답자들은 자신의 사전 검색 결과에 더 만족해하는 것으로 나타났다.

참여자들이 원하는 정보를 찾을 수 없었던 203회의 참조 건을 분석해보면, 참조 실패의 주된 이유는 표제항이 없어서(88.2%)였다. 즉 사전의 거시구조상의 불완전성이 사용자 불만의 제1원인이었다. 이 연구의 참여자들은 사전을 너무 철저히 사용하려는 경향을 보였다. 하나의 언어 문제를 풀기 위해 참여자들은 평균 2.46회의 검색(look-up)을 하였다. 1시간 15분의 과제 시간 동안 참여자 당 평균 검색 횟수는 33.1회로 나타났고, 가장 검색을 많이 한 경우 62회에 이르렀다. 이들은 여러 자료를 통해 정보를 확인하지 않으면 만족하지 못하는 것 같은 모습을 자주 보였다. 참여자들이 대응어를 검색한 다음 그것을 재차 확인한 총 회수는 46회에 이르렀다.

2. 연구 2

연구 1을 통해 몇 가지 주제에 대해 흥미로운 데이터가 도출되었는데, 정의문의 메타언어에 대한 데이터가 특히 흥미로웠다. 이 데이터에 의하면 참여자들은 L2로 쓰인 정의문을 회피하는 경향을 보였다. 이 발견에 의거하여 우리는 그들이 L2 메타언어에 L1 메타언어만큼 잘 대처하지 못하고, 따라서 L2 메타언어가 단어들의 의미를 습득하는 데 방해가 되기 때문에 L2 정의문을 회피할 것이라는 가설을 세웠다. 나아가 우리는 의미 습득을 방해하는 것이 단순히 L2 메타언어가 아니라 '복잡한' 메타언어 전반일 것이라는 가설을 세웠다. 연구 2는 바로 이러한 가설들을 탐구하기 위해 설계되었다.

연구 2는 통제된 실험을 사용하였다(참여자는 STI의 학부 및 대학원생인 65명의 프랑스어 사용자와 41명의 영어 사용자 학생). 이 실험에서 학생들에게 8개의 문항으로 이루어진 시험지를 주었다. 시험지에는 8개의 가짜 단어들(실험을 위해 고안해 낸, 실제로는 존재하지 않는 단어들)이 제시되었는데, 각 단어마다 1) 그 단어가 포함된 L2 문장, 2) 그 가짜 단어에 대한 L1 또는 L2 정의문(4개는 L1 정의문, 4개는 L2 정의문), 3) 그 단어의 L1 대응어를 쓰도록 한 빈칸(대응어를 쓸 수 없을 경우에는 L1으로 그 개념을 설명하라고 함)의 문제 구성을 취하였다. 가짜 단어의 개념은 'dandelion' 'wool' 'hèlicoptère(헬리콥터)' 'araignée(거미)'와 같이 참여자에게 친숙한 것들로 선정하였다. 이러한 방식으로 모두 프랑스어 20개, 영어 20개의 정의문을 만들고, 이들을 다양하게 배열하여 10개 편집 구성이 다른 시험지(언어별로 각각 5장)로 편집하였다. 각 참여자는 이들 10개 유형 중 하나 시험지를 받아서 테스트함으로써 모든 참여자들에게 소수의 동일한 정의문들을 제시했을 때보다 좀 더 일반화가 가능한 결과를 얻을 수 있도록 하였다. 참여자들이 정의문의 메타언어(L1이냐 L2냐)에 따라 이를 이해하고 그것에 적절한 대응어(설명)를 써 내는 능력이 달라지는지 그 결과를 살펴보면 다음 표1과 같다.

표1. L1/L2 정의문 제시 방식에 따른 과업 성공률(%)

영어 모국어 화자들	영어(L1) 정의문이 주어졌을 때	59.1
	프랑스어(L2) 정의문이 주어졌을 때	32.3
프랑스어 모국어 화자들	프랑스어(L1) 정의문이 주어졌을 때	52.3
	영어(L2) 정의문이 주어졌을 때	48.1

우리는 참여자가 대응어를 써 내지 못하는 이유가 반드시 정의문을 이해하지 못하기 때문은 아니라는 것을 알았다. 때로는 그 개념을 이해했음에도 적당한 대응어를 생각해 내지 못하기 때문일 수도 있었다. L2 정의문 메타언어가 참여자의 정의문 이해를 방해하는지를 더 정확히 규명하기 위해서 참여자가 L2 정의문에서는 평균 몇 개의 어휘 항목을 이해하지 못했는지(밑줄을 그었는지), 그에 비해 L1 정의문에서는 얼마나 이해하지 못했는지를 알아보았다. 그 결과 정의문에서 모르는 단어의 수는 L2 정의문의 경우 더 많은(영어 모국어 화자 집단에서는 세 배 이상 많은) 것으로 나왔다. 모르는 항목의 성격도 L1 정의문에서는 대개 특정 전문용어들에 국한되는 데 비해서 L2 정의문에서는 일반 어휘들도 상당수 있었다. 위의 결과들을 설명한다면, 정의문의 메타언어의 복잡도가 정의문 이해에 부정

적인 영향을 미치며 이는 다시 대응어를 생각해 내는 데 장애로 작용한다고 볼 수 있다.

연구 1을 보면 참여자들은 번역을 시작하기 전이 아니라 번역을 해 나가는 과정에 사전을 찾아보는 경우가 대단히 흔했다. 참여자들의 번역 결과물을 간략히 조사한 결과, 대체로 번역을 시작하기에 앞서 대부분의 문제 항목을 사전에 찾아본 피실험자들이 더 효과적인 번역을 해냈다. 번역에 앞서 우선 궁금한 어휘 항목들을 사전에서 찾아서 배경 지식의 활성화를 꾀하는 것이 정말 더 효과적인 번역 결과를 낳는지를 향후 연구해 보는 것은 번역을 지도하는 교사들에게 흥미로운 일이 될 것이다. 또한 사전의 디자인과 관련하여, L2→L1 번역을 위한 사전들이 전문용어 등에 대한 배경 정보를 더 빨리 제공할 수 있게 만들 수 있는지를 연구해 보는 것이 유익할 것 같다.

이 연구를 통해 참여자들이, 특히 전문용어 검색을 할 때, 대응어와 정의문의 정보를 동시에 이용하는 경우가 매우 잦음을 알 수 있었다. 이런 결과를 보면 정의문과 대응어를 모두 포함하는 L2→L1 번역용 전문용어 사전의 효과를 연구해 볼 만하다. 두 연구 결과 참여자들이 L2로 된 메타언어를 어려워하는데, 두 언어 사이에서 용어들과 개념들의 대응 관계가 항상 절대적인 것이 아님을 상기하면 L1 정의만 이용할 경우 오류를 피하기 어려울 것이다. 가장 효과적인 해결책은 한 표제항 내에 L1과 L2 정의를 둘 다 제공하는 것일 듯하다.

■ 관련 연구

사전의 정의문의 메타언어적 특성에 대해서는 Neubauer(1989)를 참조하라. 사전 사용자 집단 중 특히 번역자에 초점을 맞춘 연구로는 Varantola(1998),본문 149쪽 Bowker(2003)본문 100쪽 및 Frankenberg-Garcia (2005a)본문 154쪽를 들 수 있다.

Varantola (1998)

Varantola, K. (1998) 'Translators and Their Use of Dictionaries: User Need and User Habits.' in *Using dictionaries: Studies of Dictionary Use by Language Learners and Translators*. ed. by Atkins, B. T. S. Tübingen: Niemeyer, 179-192. [Reprinted in *Lexicography: Critical Concept (Vol. 1)* ed. by Hartmann, R. R. K. (2003) London: Routledge, 336-354].

■ 연구 목적

번역을 전공하는 학생들이 외국어로 번역을 할 때 사전을 어떻게 사용하는지를 심층적으로 분석한다.

■ 연구 참여자

핀란드 대학의 번역 전공자 4명.

■ 연구 방법

Self-records.

본 연구는 소수의 연구 참여자를 대상으로 L1→L2 번역 시 사전이 어떻게 사용되는지 상세하게 밝히고 그 효율성을 논의하며 전통적인 사전을 보완할 수 있는 다른 종류의 참고 자료용 텍스트를 제안한다. 본 연구의 기반이 되는 가설은 다음과 같다.

1) 사전 편찬자들은 일반적 맥락의 어휘 사용을 기술하는 것을 목표로 하지만 사전 사용자들은 특정한 맥락에서의 어휘 문제를 해결하기 위해 사전을 찾는다.
2) 번역자들은 대응어를 필요로 하지만 또한 자신이 알고 있는 바를 확인

하고자 한다. 그래서 그들은 자신이 알지 못하는 대응어를 찾게 되면 좋아하지 않는다.

3) 번역자들은 또한 개별 단어 하나보다는 더 길이가 긴 텍스트 단위에 대한 정보도 필요로 한다.
4) 번역자들은 보통 사전에서 다루지 않는 유형의 정보도 사전에서 찾으려고 애를 쓴다. 그런 정보는 다른 자료에서 쉽게 체계적으로 구할 수가 없기 때문이다.
5) 사용자의 사전 사용 기술이 사전 찾기의 궁극적인 성패를 결정짓는다.

핀란드 대학의 고급 수준의 번역 전공 학생 4명을 대상으로 477 단어로 된 핀란드어 잡지 기사를 영어로 번역하게 하였다. 기사문은 핀란드의 어업 관련 기사로 약간의 전문 분야 어휘를 포함하고는 있으나 전반적으로 일반인들도 이해하기 쉬운 반(半)전문적인 내용이었다. Atkins와 Varantola(1998b)의 사용 연구 조사 양식을 일부 변경한 자가 기록 양식을 사용하여 이들이 번역을 하면서 자신이 참고한 사전류의 사용에 대해 기록하게 하였다.

데이터 수집 결과 총 128건의 개별 참조 행위(look-ups)가 수집되었다. 각각의 look-up에 대해서는 다음의 항목들이 자가 기록(self-recorded)되었다.

1) 원래 텍스트의 어떤 표현/문구 때문에 사전을 찾게 되었는가?
2) 어떤 참고자료를 이용했는가?
3) 어떤 표제항을 선택했는가?
4) 왜 이번 look-up을 하게 되었는가?
5) 원하던 정보를 찾았는가(성공률)?—그렇다/아니다/확신이 없다.
6) 원하는 정보를 찾았다면 정확히 어디에서 그 정보를 찾았는가?
7) 그 다음에는 무엇을 했는가?

8) 찾기 활동을 끝냈다면 어떤 기분이었는가(만족도)?

9) 기타 덧붙일 말은?

사용자들은 총 84번의 search를 위해 128번의 look-up 행위를 했는데, 이용한 참고자료는 이중언어 사전과 영어 단일어 사전들이 압도적인 다수를 차지했다. 그 외에 특수 어업 용어집을 찾아본 4건의 look-up과 모국어(핀란드어) 단일어 사전을 찾아 원문에 나온 단어의 뜻을 확인한 것이 1건, 핀란드어 백과사전 찾기가 1건이 있었다. 사용자별로 최소 22건, 최대 43건의 look-up이 기록되었다. Search당 평균 look-up 횟수는 약 1.5회였는데, 살펴보면, 84회의 search 중 36%(30회)에서 최소 2번 이상의 look-up이 이뤄졌다. 총 128건의 look-up 중에서 59%(75건)는 핀란드어-영어 사전, 37%(47)는 영어 단일어 참고자료를 사용한 것으로 나타났다. 영어 단일어 참고사료 중에서 19건은 영어 모국어 화자를 위한 일반 영영 사전, 16건은 학습자용 영영 사전, 10건은 백과사전, 그리고 2건은 유의어 사전이었다. 기타 5%(6건)는 핀란드어 단일어사전 및 어업 관련 용어집 등을 참조한 경우였다.

맨 첫 look-up 84건 가운데 대다수인 73건(87%)은 핀란드어-영어 이중언어 사전인 반면, 그 다음에 이어지는 44건의 look-up 중에서는 단 두 건만 이중언어 사전을 찾는 것이었고 37건(84%)이 영영 단일어 참고자료를 찾은 것으로 나타났다. look-up의 패턴은 대단히 일관적이었다. 대응어를 모를 경우에는 첫 look-up이 이중언어 사전을 찾는 것이었다. 그러나 이중언어 사전이 자신이 생각하는 바를 확인하거나 추가 정보를 알기 위해 쓰이는 경우도 많아서 이중언어 사전으로 첫 look-up을 하는 경우의 44%(73번 중 32번)가 대응어가 아닌 다른 정보를 얻기 위한 것이었다. 두 번째나 그 뒤에 이어지는 look-up은 거의 전부(44번 중 42번)가 단일어 자료를 찾는 것이었다.

Look-ups의 성공률은 사용 목적별로(모르는 대응어 검색, 대응어 확인, 기타) 60% 전후로 엇비슷했으며, look-ups의 만족도는 전체적으로 76% 정도였다. 즉 사용자는 자신이 시행한 search의 3/4에 대해 원하던 답을 찾았다고 생각했다. 1/4에 대해서는 확신을 갖지 못했다.

그런데 사전 유형별로 look-up의 성공률을 비교한 결과 흥미로운 결과가 나왔다. 앞에서 본 대로 단일어 사전을 찾는 경우는 보통 두 번째나 세 번째 look-up이었으므로 성공 가능성이 높아야 할 것 같다. 그런데 학습자용 영영 학습자 사전을 찾은 경우에 성공률이 매우 낮았다(이중언어 사전의 성공률 63%, 일반 영영 사전의 성공률 84%, 영영 학습자 사전의 성공률 44%).

핀란드어 텍스트에 나오는 어휘들 중 번역자들로 하여금 search를 마치고도 자신이 찾은 정보가 옳은지 확신을 가질 수 없게 한 문제적인 단어들은 주로 대부분 준전문용어(sub-technical vocabulary)에 속하는 것들이었다. 이중언어 사전에 관련된 맥락 중심적 용례가 제시되지 않은 것이 어려움을 겪은 주된 이유인 것으로 보인다. 또 준전문용어와 함께 쓰이는 연어 표현을 알아내는 데에도 어려움을 겪었다.

앞에서 언급한 가설들을 되짚어 가며 본 연구 결과와 연결해 보면, 번역자들은 모르는 대응어 정보뿐 아니라 자신이 생각해 낸 대응어에 대한 확신도 필요로 한다는 가설은 본 연구 결과 입증되는 것 같다. 이때 제시되는 여러 개의 L2 대응어를 구분해 주기 위해서는 용례의 역할이 특히 중요하다. 공간의 제약에 얽매여 용례를 지나치게 단순화하지 말고 가장 전형적인 쓰임을 강조해서 빈도가 높은 용법을 담은 용례를 보여준다면 사용자가 자신의 목적에 맞게 채택해서 쓸 수 있을 것이다. 이제는 코퍼스 자료의 도움으로 이런 용례를 싣는 것이 가능해지고 있다.

또 '사용자 기술이 사전 찾기의 궁극적인 성패를 결정짓는다'는 가설과 관련해서, 사전 사용 기술을 향상시키기 위한 많이 노력이 있어야 할 것으로 보인다. 사전의 여러 종류와 특징에 대한 이해와 필요에 따른 사용 습관도 중요하다. 예컨대 본 연구에 참여한 사용자들이 핀란드어-영어 사전에서 영어 대응어들을 찾고 나면 그것들 사이의 차이를 알기 위해 영영 학습자 사전을 다시 찾아보는데 이런 사전들은 그 성격상 전문 분야와 관련된 어휘를 포함하는 데 제약이 있으므로 그보다 *Collins English Dictionary*나 *Random House Dictionary* 같은 영영 대사전을 찾았어야 할 것이다. 학생들이 각 사전의 장·단점을 이해하고 비판적으로 사용하려는 자세가 부족한 것도 학생들의 필요한 정보를 찾는 데 걸림돌이 된다.

번역자들이 번역 작업을 할 때 비사전적인 유형의 정보를 원하며, 단일 단어보다 더 길이가 긴 텍스트 단위에 대한 정보를 필요로 한다는 점 또한 확인되었다. 본 연구에서 보면 사용자들이 찾는 정보가 다 어휘와 관련된 것만은 아님이 분명하다. 연어나 스타일 등과 관련된 문제는 책으로 된 사전만으로는 해설하기 힘들 것이다. 이런 문제를 해결하기 위해서는 해당 분야의 병렬 코퍼스(parallel corpus)를 이용할 필요가 있다.

■ 관련 연구

Atkins와 Varantola(1998b)[본문 137쪽] 역시 상급 외국어 화자 및 번역 전공자를 대상으로 한 연구로서, self-monitoring 양식을 사용한 본 연구와 달리 짝을 이뤄 상대방의 사전 참조 행위를 모니터링한 paired monitoring을 사용하여 데이터를 수집하였다. Mackintosh(1998)[본문 143쪽]는 L2→L1 번역 활동 맥락에서의 연구이다. Bowker(2003)[본문 100쪽]와 Frankenberg-Garcia(2005a)[본문 154쪽]는 코퍼스 및 전자적 형태의 어휘 정보가 번역자들 사이에서 활발히 보급된 2000년대 이후의 연구이다.

Frankenberg-Garcia (2005a)

Frankenberg-Garcia, A. (2005a) 'A Peek into What Today's Language Learners as Researchers Actually Do.' *International Journal of Lexicography* 18 (3), 335-355.

■ **연구 목적**

번역 전공자들이 번역 과업 수행 시 사전 및 기타 다양한 어휘 정보를 어떻게 활용하고 있는지를 모니터한다.

■ **연구 참여자**

번역을 전공하는 포르투갈 대학생(영어 상급자) 16명.

■ **연구 방법**

Self-records.

전통적인 종이 사전을 넘어서, 이제는 온라인상의 사전 포털 및 검색 엔진, 병렬 코퍼스, 전문용어 번역 사이트, 범용의 일반 코퍼스 등 어휘 참조 매체가 다양해지는 추세다. 이들에 대한 기존의 연구는 대개 참조 매체 각각의 개별적 특징과 잠재적인 장점을 분석하여 정리하는 데에 머물렀다면 이 연구는 이들 어휘 참조 도구들을 사용자들을 실제로 어떻게 사용하고 있는지에 초점을 맞추었다.

번역을 전공하는 16명의 포르투갈 대학생을 대상으로, 200자 분량의 모국어로 된 신문 기사를 영문으로 번역하는 과업을 제시했다. 번역 작업과 동시에 학생들은 어휘 검색을 할 때마다 연구자가 나누어 준 표(grid)에 자신의 참조 활동을 기록하였다. 학생들은 그들이 평소에 사용하는 참조 매체를 자유롭게 사용할 수 있었다.

참조 활동 기록지는 1) 참여자가 검색한 어휘 정보, 2) 사용한 어휘 참조 매체, 3) 찾아본 정보가 과업을 수행하는 데 유용했는지 등을 묻는 문항으로 이루어져 있다. 어휘 매체 사용에 상당히 익숙한 고급 영어 사용자(번역 전공 학생)들의 자가 기록지 분석을 통해 다음과 같은 문제를 조사하였다.

1) 번역 전공자들은 L1→L2 번역 시 어떤 종류의 어휘 정보를 필요로 하는가?
2) 이들은 어떤 참고자료를 가장 자주 사용하는가?
3) 각각의 참고자료에 대한 만족도는 어떠한가?

아울러 참여자들이 기록한 자가 기록지는 이후 그들이 실제로 번역한 텍스트와 대조를 거쳐 검색한 정보가 정확한 번역을 하는 데 실제로 도움을 주었는지를 확인하는 데에도 쓰였다.

모두 146건의 검색 활동이 기록되었다. 검색 동기 측면에서 학생들은 영어 대응어 정보를 가장 많이 찾았다(58%). 그 다음으로 빈번한 것은 자신이 생각해 낸 영어 대응어가 정확한 것인지를 확인하기(18%), 연어 정보 검색(16%)이 뒤를 이었다. 소수이지만 유의어(4%) 찾기와 스펠링 체크(4%)도 보고되었다. 전체적으로 보아 이중어 어휘 정보에 대한 수요가 단일어 어휘 정보의 이용을 크게 넘어섰다.

학생들이 사용한 어휘 참조 매체는 학습자 영영 사전, 단일어 연어 사전, 이중언어 사전 등 전통적인 사전 매체 외에도 전문용어 번역 사이트, 구글 등 검색 엔진, BNC와 같은 일반 범용 코퍼스와 병렬 코퍼스, 기사 검색 서비스 사이트 등으로 다양했다. 그러나 사용 빈도로 볼 때 전문용어 번역 사이트(terminology bank)가 가장 빈번하게 사용되었으며(38%), 이중언어 사전의 사용 빈도가 그 뒤를 이었다(17%). 영영 학습자 사전(11%)과 단일어 연어 사전(Oxford Collocations Dictionary)(10%)도 다소 빈번하게 사용되었으나, 그 밖의 어휘 참조 매체들은 사용 빈도가 상당히 낮았다.

어휘 참조 매체에 대한 신뢰도 측면에서 보면, 사전 또는 전문용어 전문가에 의해 만들어진 전문 어휘 참조 매체에 대한 의존도 및 신뢰도가 구글 검색이나 코퍼스 검색 서비스를 압도적으로 상회하였다. 그러나 참여자의 자가 기록지와 실제 번역물을 대조한 결과, 매체와 번역의 정확성 사이에는 의미 있는 연관성이 발견되지 않았다. 즉 정선된 어휘 참조 매체를 사용한 경우나, 구글이나 코퍼스 같이 사용자의 주의를 더욱 크게 요구하는 매체를 참조한 경우나, 번역의 정확성과 질에 있어서는 차이가 발견되지 않았다. 단, 단일어 연어 사전은 실제 번역 시 효용도가 예외적으로 높아(78%의 성공률), 10건 중 8건에서 연어 사전을 참조하여 정확한 번역이 이루어질 수 있었다.

찾아본 정보가 과업을 수행하는 데 유용했는지를 묻는 문항과 관련하여, 학생들은 자신이 찾은 어휘 정보를 실제보다 더 정확하고 도움이 되는 것으로 믿는 것으로 드러났다. 실제로는 번역상 50~61%의 성공률을 거둔 경우에도 학생들이 느끼는 만족도는 77~85%에 이르렀다. 더욱이 고급 영어 사용자들이자 다양한 어휘 참조 매체를 사용하는 데 익숙한 번역 전공생들임에도 처음 검색에서 원하는 정보를 찾지 못했을 때 다른 참조 매체를 교차 참조하는 경우는 25건 중 9건에 불과했다.

어휘 참조 매체가 더욱 더 다양해지는 상황에 발맞춰, 향후 사전 사용자 교육은 사용자가 각각의 참조 매체의 기능과 상대적인 장단점을 정확하게 이해하고 여러 가지 참조 매체를 통합적으로 사용하며 자신이 찾은 어휘 정보가 실제로 정확한지를 신중하게 판단할 수 있는 능력을 기르는 방향으로 나아가야 할 것이다.

■ **관련 연구**

Bowker(2003)[본문 100쪽]는 교육적 목적의 사전과 그 밖의 어휘 참조 매체의 수행 효과를 비교하고 있다. Nesi와 Haill(2002)[본문 37쪽]은 연구 방법과 절차 상에서 본 연구와 비교할 수 있다.

제 4 장

어휘 학습과 사전 사용

Luppescu and Day (1993)
Knight (1994)
Laufer and Hill (2000)
Lew and Doroszewska (2009)
Mochizuki (2006)
Ronald (2009)
Bruton (2007)
Watanabe, Itagaki, Suzuki and Kubota (2006)

어휘 학습과 사전 사용은 가장 긴밀한 연관을 가지는 주제이다. 사전은 어휘를 다루는 참고자료이며, 어휘는 외국어 학습의 핵심적인 영역이기 때문이다. 그런데 이 연관을 밝혀내는 일은 결코 명쾌하지 않다. 사전 사용이 어휘 학습에 미치는 영향을 분석한 연구에서의 '어휘 학습'은 여타 언어 활동 중에 사전을 사용함으로써 발생하는 '부수적인 어휘 습득'과 관련이 있다. 3장에서 다룬 연구들은 언어 활동과 사전 사용이 비교적 직접적인 상관/인과관계를 가지는 데 반해(예: 이해 활동 중 사전 사용이 이해도에 미치는 영향), 사전 사용과 어휘 학습은 다소 간접적인 상관관계에 놓여 있는 것이다. 따라서 어휘 학습과 사전 사용의 관계를 연구하는 데 있어서 정확히 어느 정도까지 사전 사용으로 인해 어휘 학습이 이루어진 것이며 어디서부터는 어휘-간, 어휘 내재적 차이나 학습자 차이로 인한 것인지 구별해 내야 한다.

Ronald(2009)에서는 외국어 어휘 학습과 사전 사용 간의 관계를 구명하는 일의 어려움, 그리고 기존의 연구들의 방법적 한계를 보완하려는 시도가 엿보인다. 연구 설계 과정과 결과가 다소 복잡하지만, 기존의 연구들을 비판적으로 분석하고자 할 때 이 연구를 참고한다면 많은 성찰을 얻을 수 있을 것이다. Luppescu와 Day(1993)와 Knight(1994)는 연구 결과면에서는 유사하지만 연구 과정과 방법면에서는 질적 차이가 다소 노출된다.

Laufer와 Hill(2001)과 이를 참고하여 발전시킨 Lew와 Doroszewska

(2009)는 사전 사용 유/무가 아니라 사전의 특정 정보와 부수적 어휘 학습 간의 관계를 밝힌 연구이다. 이 두 연구는 CALL 사전을 도구로 활용하여 사용자의 로그 데이터를 분석했다. 이중 이스라엘과 홍콩의 영어 학습자 집단을 대상으로 동일한 조건에서 그 결과를 비교한 Laufer와 Hill(2001)은 어휘 습득 측정에서 학습자 집단의 차이가 결과에 영향을 미치는 중요한 요소일 수 있음을 흥미롭게 드러내고 있다. Lew와 Doroszewska(2009)에서 도출된, 통념이나 상식과 대치되는 연구 결과도 사전 이용과 사전 편찬의 측면에서 흥미로운 함의를 갖는다.

기존의 어휘 학습 전략 연구들을 보면 '모르는 단어를 만났을 때 어떤 전략을 사용하는가?'라는 질문에 대해 '사전에서 찾아본다' 다음으로 중요한 전략으로 '선생님에게 물어본다'가 종종 등장하는 것을 알 수 있다(Park 2001; Schmitt 1997). Bruton(2007)은 학습자들의 이러한 중요한 두 가지 어휘 학습 전략인 '교사와 사전의 피드백'이 어휘 학습에 미치는 영향을 종합적으로 연구하였다. 앞서 사전 사용 연구에서 '어휘 학습'이란 '부수적인 학습'과 관련이 있다고 하였다. 이때 부수적/의도적 어휘 학습과 명시적/비명시적 어휘 학습을 구분할 필요가 있다. 사전을 통한 어휘 학습은 통상 '명시적 학습'의 스펙트럼에 위치하지만, 때로 이것이 비명시적으로 이루어질 때도 있다. 사전에서 목표 정보를 찾는 와중에 은연중 사전에 나온 그 밖의 어휘 정보에 대한 학습이 이루어지는 것이 그런 경우일 것이다. Watanabe 등(2006)은 바로 이 같은 맥락에서 사전 사용상의 두 전략의 어휘 학습 효과를 비교하였다.

외국어 어휘 습득과 관련해서는 단어의 단기 기억이나 의미 파지 같은 측면 외에도 습득 과정의 점진적 성격, 어휘 지식의 폭과 깊이(vocabulary width and depth), 어휘에 대한 부분 지식(partial knowledge) 등 고려해야 할 요소들이 많다. 따라서 외국어 어휘 습득에서는 사전의 단기적 사용 효과보다는 장기적 사용 효과에 대한 연구가 무엇보다 필요한데, 이런 방향의 연구는 거의 시도되지 못하고 있다. 5장에 소개된 연구들 중에도 사전 사용이 장기적으로 외국어 어휘 습득에 미치는 영향을 연구한 문헌이 없어서 아쉽다.

Luppescu and Day (1993)

Luppescu, S. and Day, R. (1993) 'Reading, Dictionaries, and Vocabulary Learning'. *Language Learning* 43 (2), 263-287.

■ 연구 목적

글을 읽으면서 사전을 이용할 때와 이용하지 않을 때 어휘 학습량을 비교하고, 사전 사용을 하면서 읽기 활동을 할 경우와 사용하지 않을 경우 소요 시간에 차이가 있는지를 살펴본다.

■ 연구 참여자

일본의 대학 1~2학년생 영어 학습자 293명.

■ 연구 방법

Tests and experiments.

본 연구의 일차적인 목적은 사전을 사용하는 것이 읽기 활동을 할 때 소요 시간을 증가시키는지를 알아보는 것이다. 둘째로 본 연구는 글을 읽으면서 사전을 이용할 때와 이용하지 않을 때 어휘 학습량을 비교하는 것이다. 첫째 연구 목적에 대한 연구 가설은 '사전을 사용하는 학습자들은 사용하지 않는 학습자들보다 텍스트를 읽는 데 유의미할 정도로 더 긴 시간을 필요로 할 것이다'이며, 둘째 연구 목적에 대한 연구 가설은 '어휘 학습량의 차이가 유의미하지 않을 것이다'이다. 둘째 가설의 기반은 Krashen(1982: 80-81)에서 찾을 수 있는데, 어휘는 암기나 사전 사용을 통해 명시적으로 학습되는 것보다는 자연스럽게 (읽기 활동이나 그밖에 어휘를 중심으로 하지 않은 언어 활동을 통해) 습득되는 것이 더 오래 남고 기억도 잘 된다는 주장이 있어 왔다.

일본 소재 2개 대학에서 영어를 외국어로 배우는 1~2학년생 293명을 대상으로 연구하였다. 참여자들은 모두 중 · 고등학교에서 6년 간, 대단히 문법 중심적인 영어 학습을 하였다. 참여자들을 무작위로 통제 집단 148명, 실험 집단 145명으로 나누었다. 이들에게 Day 등이 쓴 단편 소설을 읽도록 하였다. 텍스트를 읽고 난 뒤 시험을 친다는 말은 미리 하지 않았고, 읽기 활동에 필요한 만큼 충분한 시간을 들여도 된다고 말했다. 학생들의 독서 속도를 알아보기 위해 읽기 시작한 시작과 마친 시간을 기록하게 했다. 사전 사용 집단(실험 집단)의 학생은 각자 이중언어 사전을 갖고 있었는데 사전 선택은 개인이 알아서 하게 했다. 이들 학생에게는 단어의 뜻을 모르거나 필요하면 자유롭게 사전을 찾아보라고 했다. 통제 집단 학생들에게는 물론 읽기 중 사전 사용을 허용하지 않았다.

연구에 사용된 단편 소설 속에는 (선행 연구를 통해) 학생들이 알지 못하거나 어려워할 것이라고 생각되는 17개의 목표 단어가 포함되어 있었다. 이들 단어가 텍스트에서 충분히 자주, 또 충분한 맥락 속에서 나타날 수 있도록 텍스트 원본을 재편집했다. 읽기 활동이 끝난 후 이 두 집단에게 목표 단어에 대한 어휘 테스트를 실시했다. 테스트 시에는 두 집단 모두에게 사전 사용이 허용되지 않았다. 어휘 테스트는 5지선다형으로 보기는 정답 1개, 비정답(distractors) 3개, 모름(I don't know) 1개로 구성되었다. 정답에는 2점, '모름'에는 1점, 비정답은 0점이 매겨졌다. 두 그룹이 학습한 어휘량의 비교는 각 실험 집단의 어휘 테스트의 성적 비교에 의거했다. 본 연구는 사전 사용 집단의 학생들이 실제로 사전을 어떻게 사용하는지 또는 사용하기는 하는지를 고려할 수 없었다. 두 집단이 다른 조건들은 동일한 가운데 테스트를 치렀기 때문에 그 두 집단의 성취도에 차이가 있다면 그것은 사전 사용 때문인 것으로 추정할 수 있다고 진제했다. 뿐만 아니라 목표 단어에 대한 선행 연구 결과에 비추어 이 연구에 참여한 집단들 또한 대체로 목표 단어들을 알아보는 데 어려움을 겪거나 그 단어들을 모르며, 사전 사용이 허용된 경우에는 십중팔구 목표 단어들의 뜻을 찾아봤을 것이라고 추측해야 한다.

결과를 전반적으로 볼 때 사전 사용이 어휘 테스트 성적에 중대한 영향을 미치는 것 같다. 사전 사용 집단의 평균 성적이 사전 비사용 집단의 평균보다 50% 정도 더 높게 나타났다. 이것은 본 논문의 가설, 즉 '두 집단 사이에 어휘 학습량의 차이가 없을 것이다'라는 가설에 강력히 배치되는 결과이다. 따라서 영어 학습자들이 글 읽기 중에 이중언어 사전을 사용하면 그렇지 않을 때보다 간접적이거나 우연적인 어휘 학습을 유의미하게 향상시킨다는 주장에 힘을 실어 준다. 그러나 이러한 연구 결과에 복잡한 측면이 없는 것은 아니다. 개별 테스트 항목을 살펴보면, 특정 문항 몇몇에 대해서는 사전 사용자 집단이 비사용자 집단보다 오답 비율이 높게 나왔는데, 아마 일부 경우에 있어서는, 예컨대 다의어 표제항이 관련된 경우, 사전 사용이 오해나 혼란을 초래하기 때문일지도 모른다.

또한 두 집단이 주어진 텍스트를 읽는 데 걸리는 시간은 놀라울 정도로 차이가 나서 사전 사용 집단 학생들이 사전 비사용 집단 학생들보다 거의 두 배에 해당하는 시간을 들였다. 1,853단어로 된 텍스트를 사전 사용 집단은 평균 분당 88단어의 속도로 읽은 반면 사전 비사용 집단은 평균 분당 156단어의 속도로 읽었다. 이런 결과는 글 읽기 중의 사전 사용이 글 읽기 속도를 늦춘다는 믿음을 뒷받침하는 실증적인 증거가 되어준다. 텍스트를 읽는 데 시간이 더 많이 걸린 것이 사전 사용 집단 학생들의 성적이 더 높았던 배경이 된다는 주장을 할 수도 있을 것이다. 그러나 이런 해석을 뒷받침할 증거는 없었다. 텍스트를 읽는 데 걸린 시간과 테스트 성적 사이의 상관관계는 거의 0이었다.

사전을 사용한 어휘 학습이 효과가 없을 것이라는 가정은 물론 유효한 측면이 있다. 그 가설은 학생들이 사전에서 찾아 본 단어들은 그만큼 빨리 잊어버릴 것이므로 사전 사용이 어휘 학습에는 결과적으로 효과가 없을 것이라는 생각에 근거를 두고 있다. 문제는 '얼마나 빨리 잊는가?' 일 것 같다. 본 연구에 따르면 학습자들이 글을 읽는 때와 시험을 친 사이에 그 단어들을 잊어버린 것은 아닌 것 같지만 그 뒤에 어떻게 되었을지는 알 수 없다. 추후에 시간 간격을 더 길게 둔 비슷한 연구가 행해진다면 이 부분을 밝히는 데 도움이 될 것이다.

■ 관련 연구

사전(또는 특수한 형태의 어휘 목록 및 주석)을 사용한 경우와 사용하지 않은 경우의 어휘 학습량의 차이를 연구한 Fischer(1994)와 Knight(1994), 본문 168쪽 그리고 Hulstijn 등(1996)을 본 연구와 연구 절차와 방법 면에서 비교해 보라.

Knight (1994)

Knight, S. (1994) 'Dictionary Use while Reading: the Effects on Comprehension and Vocabulary Acquisition for Students of Different Verbal Abilities.' *Modern Language Journal* 78 (3) 285-299.

■ **연구 목적**

읽기 활동 중 사전 사용과 문맥을 통한 추측이 읽기 이해 및 어휘 학습에 미치는 영향을 비교한다.

■ **연구 참여자**

스페인어를 공부하는 영어 모국어 화자 대학생 105명.

■ **연구 방법**

Tests and experiments.

본 연구는 읽기와 어휘 학습의 관계, 그리고 그 과정에서 사전을 사용하는 것에 대한 몇 가지 의문에서 출발했다. 과연 학습자들은 읽기 활동 중에 상당한 정도의 어휘를 은연중에 학습하는가? 그들은 문맥에서 어휘의 의미를 추측함으로써 더 많은 어휘를 습득하는가, 아니면 사전을 사용해 의미 확인을 함으로써 더 많은 어휘를 습득하는가? 사전 사용이 읽기 이해에 영향을 미치는가? 사전의 사용이 특정 학습자 집단(예를 들어 중급 이하? 상급자?)에게 더 유용한가? 연구 문제는 다음과 같다.

1) 학습자들이 문맥 속에서 목표 어휘를 접한 경우와 그렇지 않은 경우에 어휘 지식 평가에 유의미한 차이가 있는가?

2) 어휘 학습 측정에서 어휘력이 낮은 학생과 높은 학생 간에 유의미한 차이가 나는가?
3) 사전을 사용한 학생과 사용하지 않은 학생 간에 어휘 지식 평가에 유의미한 차이가 나는가?
4) 사전을 사용한 경우와 그렇지 않은 경우에 읽기 이해에서 유의미한 차이가 나는가?

영어 모국어 화자로서 대학에서 스페인어 과목을 수강하는 105명의 대학생이 연구에 참여하였다. 이들의 미국대학시험(American College Test)의 언어 과목 점수의 중간값을 기준으로 상위 50%와 하위 50%로 구분한 뒤 이들을 다시 '사전 사용 집단'과 '사전 비사용 집단'으로 나누었다. 난이도가 비슷한 250자 분량의 스페인어 텍스트 4개를 골라 이들을 두 편씩 묶어 Text-set 1과 Text-set 2로 만들었다. 각각의 집단은 이중 하나의 세트만 읽게 된다. 각각의 텍스트에는 12개씩의 낯선 단어가 들어 있다(12개*4개 텍스트=총 48개의 목표 단어).

어휘 지식 평가 시험은 두 가지 양식으로 이뤄졌다. 하나는 뜻풀이형(supply-definition) 평가로, 목표 단어에 대한 의미를 영어 또는 스페인어로 설명하는 형식이다. 또 하나는 선택형(select-definition) 평가로, 선다형 보기에서 적절한 뜻을 고르는 형식이다. 모든 목표 단어에 대해 두 가지 양식의 시험 문항을 만들었다.

텍스트 이해를 평가하는 시험은 읽기 활동 직후에 읽은 내용을 가능한 한 최대로 소상히 기억하여 진술하는(immediate recall protocol) 방식을 채택하였다. 참가자들은 컴퓨터 스크린으로 자신에게 할당된 세트의 텍스트를 읽은 직후에 기억 진술 과제를 수행하였다. 연구자와 다른 2명의 스페인어 교사는 실험에 사용된 텍스트를 의미 단위의 구절로 분리한 뒤 각각의 구절에 대해 중요도에 따른 가중치(1점~4점)를 부여하여 체점 기준을 만들었다. 이에 따라 학생이 기억하여 진술한 내용을 채점하였다(Text-set 1의 만점은 298점, Text-set 2의 만점은 295). '사전 사용 집단'은 사전 프로그램이 텍스트에 포함되어 제작된 버전을 읽으면서, 낯선 단어 옆의 아이콘을 클릭하면 해당 단어의 사전 정보에 액세스할 수 있었다. '사전 비사용 집단'은 사전 프로그램 없이 텍스트만 있는 버전의 프로그램으로 읽기 활동을 수행하였다. 학생들이 읽기 활동에 들인 시간과 사전 참조 내역은 모두 컴퓨터에 저장되어 추후 분석에 활용되었다.

실험 절차는 다음과 같다. 읽기 활동 2주 전에 각 집단은 목표 단어 48개에 대해 이미 아는지 여부를 체크하는 간단한 시험을 치렀다. 그런 다음 각 집단에게 할당되지 않은 text-set에 나오는 목표 어휘 24개에 대한 뜻풀이/선택형 어휘 평가를 수행했다(이는 읽기 활동 중 노출된 어휘와 노출되지 않은 어휘에 대한 평가 결과를 비교하여 문맥 추측을 통한 은연중 어휘 학습 정도를 정확히 측정하기 위한 것이다). 2주 후 본 실험에서 참여자는 자신에게 할당된 text-set을 읽었는데, 지문은 시간 제한 없이 참여자가 원하는 만큼 되풀이하여 읽을 수 있으며, 사전 사용 집단의 경우 자신이 원하는 만큼 사전 정보를 참조할 수 있었다. 읽기 활동이 끝난 직후 참여자는 예정대로 기억한 바를 진술하는 과업을 수행하였다. 기억 진술 과업이 끝난 다음, 참여자는 예정에 없던 단어 뜻풀이/선택형 평가를 수행했다. 물론 이것은 방금 전 읽은 지문에 등장하는 목표 어휘 24개에 대한 평가이다. 본 시험이 끝난 2주 후에 이들 단어에 대한 동일한 내용의 지연 평가(delayed test)를 실시했다. 참여자의 사전 사용 유무별로 어휘 학습 정도를 비교한 결과는 표1과 같다.

표1. 읽기 활동 중 문맥을 통한 어휘 학습과 사전 사용 시의 어휘 학습

어휘 학습 / 평가 종류	비노출 어휘	지문 노출 어휘(직후 평가)		지문 노출 어휘(2주 후 평가)	
		사전 사용 (점수 평균)	사전 비사용 (점수 평균)	사전 사용 (점수 평균)	사전 비사용 (점수 평균)
뜻풀이 평가	0.15	4.95	1.72	3.37	2.30
선택형 평가	1.80	14.56	8.75	12.24	8.60

(24점 만점).

위 결과를 보면, 읽기 지문에서 본 단어에 대한 학습이 전혀 단어를 접하지 못한 경우보다는 훨씬 많이 이루어지고 있다. 이 차이는 통계상 매우 유의미한 수준이다. 이를 통해 문맥을 통한 어휘 학습이 일정 정도 이루어진다는 것을 알 수 있다. 그러나 단순히 읽기 지문을 통해 단어를 학습할 때보다(즉, 문맥을 통해 단어를 학습할 때보다) 사전을 이용하여 의미를 확인할 때 어휘 습득이 한층 더 강화되었다. 이 두 결과 또한 통계적으로 매우 유의미한 수준으로 차이가 나타났다. 이런 경향은 참여자의 언어 수준과는 무관하게 일관되게 나타났다.

읽기 이해 평가에서는, 사전을 사용한 집단의 전체 평균은 74.01점(상급 평균 80.33, 중급 이하 평균 67.70)이고, 사전을 사용하지 않은 집단의 전체 평균은 56.65점(상급 평균 67.83, 중급 이하 평균 46.70)으로 이 역시도 매우 유의미한 차이가 났다. 연구자는 본 연구에서는 이중언어 사전을 사용했는데, 만약 단일어 사전을 사용하면 결과는 달라질 수도 있다고 말한다.

■ **관련 연구**

읽기 이해와 관련해서 Tono(1989)[본문 115쪽]와 Luppescu와 Day(1993)[본문 164쪽]는 본 연구와 비슷한 연구 결과가, Bensoussan 등(1984)[본문 110쪽] 및 Nesi와 Meara(1991)는 반대되는 연구 결과가 나왔다. 읽기 활동을 통한

부수적 어휘 학습에 대한 강한 주장은 Krashen(1982, 1989)에서 찾아볼 수 있다. 한편 문맥을 통한 부수적 어휘 학습에서 관건은 정확한 의미 추측으로 밝혀지고 있는데, 문맥에서 어의를 성공적으로 추측하기 위해서는 어떤 조건들이 충족되어야 하는지에 대한 논의는 Liu와 Nation(1985) 및 Hu와 Nation(2000)에서 찾아볼 수 있다.

Laufer and Hill (2001)

Laufer, B. and Hill, M. (2001) 'What Lexical Information Do L2 Learners Select in a CALL Dictionary and How Does It Affect Word Retention?' *Language Learning & Technology 3* (2), 58-76.

■ 연구 목적

사전에서 찾아본 어휘 정보의 종류(대응어, 영어 정의, 음성, 부가 정보)와 어휘 학습 간의 관계를 살펴본다.

■ 연구 참여자

홍콩 및 이스라엘의 대학생 영어 학습자 72명.

■ 연구 방법

Tests and experiments.

본 연구에 사용한 사전은 *Words in Your Ear*라는 CALL-사전 프로그램이다. 이 프로그램은 학생들이 읽을 영어 지문을 제시하면서 그 지문에서 모르는 단어를 선택하면 네 가지의 사전 정보 선택 항목을 제공한다. 이 사전 프로그램에서 학생들이 선택할 수 있는 사전 정보 옵션은 1) 모국어 대응어, 2) 영어 정의, 3) 음성 등의 부가 정보, 4) 어근 정보이다. 사용자는 이들 중 특정 정보만 고르거나 모든 정보를 선택해서 참조할 수 있고, 참조 횟수도 자유롭게 선택할 수 있다. 본 연구는 이 CALL 사전 프로그램을 활용하여, 연구 참여자가 지문을 읽으면서 어떤 사전 정보를 주로 선택하는지를 알아보고, 사용자의 선택 정보 유형이나 참조 횟수가 읽기 활동 후 어휘 학습에 어떤 영향을 미치는지를 조사한다.

연구 참여자는 32명의 이스라엘 대학생 영어 학습자와 40명의 홍콩 대학생 영어 학습자이다. 이들에게 120단어 정도로 이루어진 영어 지문을 컴퓨터 화면으로 읽도록 한 뒤 읽기 활동이 끝난 직후의 어휘의 부수적 학습 정도를 측정하였다. 읽기 지문에서 12개의 목표 단어를 선정하였다. 목표 단어는 다음과 같다.

> assert, endeavour, mania, rampant, burgeoning, insidious, pervasive, scrutiny, congregate, malpractice, profusion, ubiquitous.

이들 단어에 대한 예비 검사(pre-test)에서 응답자가 의미를 정확하게 제시한 데이터는 추후 분석에 반영하였고, 목표 단어 중 두 단어 이상을 알고 있는 참여자의 자료는 결과 분석에서 완전히 제외하였다. 즉 예비 검사에서 목표 단어를 모르는 경우의 데이터만 분석에 사용하였다. 예비 검사 결과 참여자의 대부분은 이들 단어를 모르는 것으로 나타났다.

본 실험에서 참여자는 컴퓨터 스크린으로 영어 지문을 읽으면서 원할 경우 사전 정보를 참조하였다. 목표 단어는 지문에서 모두 하이라이트 처리되어 있었다. 본 검사 직전 참여자들에게 프로그램 사용법에 대한 안내를 할 때, 읽기 활동이 끝난 후 이해 측정 테스트가 있을 것이라고 공지하였다. 이때 단어 시험에 대해서는 언급하지 않았다. 지문 읽기가 끝난 직후 참여자들에게 예고 없이 목표어의 의미를 모국어 또는 영어로 제시하도록 하는 '의미 기억 테스트'를 실시하였다. 의미가 적절히 제시된 응답은 1점, 그렇지 못한 응답은 0점으로 처리하였다(12점 만점). 테스트 결과는 참여자의 어휘 학습 정도를 측정하는 분석 자료로 사용되었다. 읽기 활동 중 참여자들의 모든 사전 참조 행위는 로그 데이터로 저장되었다. 로그 데이터와 의미 기억 테스트 결과를 통합하여 학습자의 사전 정보 이용 패턴과 어휘 학습 간의 관계 및 특정 사전 정보 유형이 어휘 학습에 미치는 영향을 분석하였다.

로그 데이터 분석 결과 모든 참여자가 모든 목표 단어를 찾아본 것으로 나타났다. 로그 데이터 분석을 통해 참여자의 유형을 네 가지로 나눌 수 있었다. 참조 횟수의 75% 이상에서 모국어 대응어만 선택한 참여자는 L1 집단, 영어 정의만 선택한 참여자는 L2 집단, 대응어와 영어 정의를 둘 다 선택하여 참조한 참여자는 L1+L2 집단, 그리고 대응어 및 영어 정의 외에 추가적으로 부가 어휘 정보를 선택한 참여자들은 L1/L2+Other 집단으로 나누었다.

전체적으로 보아 참여자들의 어휘 학습 평균은 이스라엘 학생들의 경우 4점(SD: 2.5), 홍콩 학생들의 경우 7.45점(SD. 2.7)으로 나타났다. 이 두 집단을 모두 합친 평균은 7점이었다. 즉 참여자들은 읽기 활동 중 사전 참조를 통해 12단어 가운데 평균 7단어를 부수적으로 학습했다고 볼 수 있다. 사전 정보 유형이 어휘 학습에 미치는 영향을 살펴보면, 실험 집단별로 약간의 차이를 보인다. 이스라엘 집단에서는 L1+L2 정보 유형이 어휘 학습에 가장 효과적이고 그 다음이 L1 정도 유형이었다. 홍콩 집단에서는 L2 정보 유형이 가장 효과적이고 그 다음이 L1+L2 정보 유형이었다. L1/L2+Others 정보 유형은 이스라엘 집단에서는 가장 효과가 적었고, 홍콩 집단에서는 셋째로 효과가 있었다.

참여자 유형으로 분석해 보면, 이스라엘은 72%가 L1 집단으로 분류되어, 이스라엘 학생의 모국어 대응어 선호 현상이 뚜렷했다. 대조적으로 홍콩은 L1 집단의 분포가 가장 적었다(12.5%). 홍콩 집단은 L1/L2+Others 집단이 38%로 가장 큰 분포를 보였고, 그 다음으로 L2 집단(32.5%)이었다. 히브리 학습자의 경우, L1/L2+Others 집단의 어휘 학습 성취도가 가장 높았고, 홍콩은 L2 집단의 성취도가 가장 높았다. 사전 정보 참조 빈도와 어휘 학습 간의 상관관계를 살펴본 결과 참조 횟수는 어휘 학습과 큰 상관이 없었다.

정리해 보면 참여자의 모국어나 교육 환경에 따라 사전 참조 행동상에 차이가 발견되었다. 전형적인 EFL 학습자 집단이라고 할 수 있는 이스라엘 참여자들은 압도적으로 모국어 대응어 정보를 선호한 반면 영어 수업이 보편화되어 있는 홍콩의 학습자들은 영어 정의를 선호하는 경향을 보였다. 또 홍콩 학생들은 히브리 학생들에 비해 더 '부지런한 사전 사용자'들이라고 할 수 있었다. 참조 정보 유형별 어휘 학습 효과를 보면 대응어 정보와 영어 정의를 함께 참조하는 경우 어휘 학습이 강화되는 것으로 보인다.

■ **관련 연구**

Lew와 Doroszewska(2009)본문 177쪽는 본 연구와 연구 방법이나 측정하는 어휘 수에서도 유사하지만, 목표어의 품사가 혼재해 있는 본 연구와 달리 표정/동작 동사에 한정했다는 점에서 차이가 난다. 두 연구를 연구 방법과 절차, 결과 분석 면에서 서로 비교해 볼 수 있을 것이다.

Lew and Doroszewska (2009)

Lew, R. and Doroszewska, J. (2009) 'Electronic Dictionary Entries with Animated Pictures: Lookup Preferences and Word Retention.' *International Journal of Lexicography* 22 (3), 239-257.

■ **연구 목적**

읽기 활동 중 사전 참조에 따른 부수적 어휘 학습 효과 및 전자적 형태의 사전에서 제공하는 그림 정보(애니메이션)의 어휘 학습 효과를 살펴본다.

■ **연구 참여자**

17~18세의 폴란드 고교 영어 학습자 56명.

■ **연구 방법**

Tests and experiments.

Log file analysis.

사전 사용의 일차적 목표는 어휘 정보의 참조에 있지만, 사전 사용을 통한 어휘 학습 또한 사전의 중요한 부가적 기능으로 인식되고 있다. 특히 인터넷 사전 등 여러 형태의 전자 사전들은 기존의 종이 사전에는 없는 음성, 그림, 동영상 등의 비문자적 정보를 제공하고 있는데, 이들 정보가 전통적인 문자적 정보와 대비하여 어떤 어휘 학습 효과가 있는지를 구명하는 일은 매우 중요한 연구 과제라고 할 수 있다. 본 연구는 Laufer와 Hill(2000)의 연구를 참고하여 특정한 유형의 어휘 정보(애니메이션)가 어휘 학습에 미치는 효과는 어떠한지를 밝히고자 하였다.

연구에서 살펴보고자 한 '사전을 통한 부수적 어휘 학습'이란 '읽기 활동이 끝난 직후에 사전을 통해 새로 알게 된 단어의 의미를 얼마나 기억하고 있느냐'로 정리할 수 있다. 또 애니메이션이라는 매체 형태의 특수성을 고려하여 애니메이션으로 적절하게 의미를 구현할 수 있다고 판단되는 '표정 및 동작 관련 어휘 10개(wink, blink, frown, blush, grin, yawn, sneeze, snore, shiver, sweat)'를 분석 대상으로 삼았다. 고교 재학 중인 폴란드 영어 학습자 56명이 연구에 참여하였다.

실험은 다음과 같이 진행되었다. 목표어에 대한 사전 지식 측정 검사 → 읽기 활동 → 목표어의 의미 기억 테스트 → 읽기 이해 측정 테스트. 읽기 활동이 시작되기 전에 10개 목표어에 대한 참여자의 지식 여부를 예비 테스트로 확인한 다음 참여자들은 컴퓨터 모니터로 277자 분량의 유머 글을 읽었는데, 이때 읽기 활동 후에는 간단한 이해 측정 테스트가 있을 것이라는 사전 예고를 받았다. 참여자들이 텍스트에서 하이라이트 처리된 목표어들을 클릭하면 아래 네 가지 유형의 어휘 정보를 선택하여 참조할 수 있었다. 참여자들은 어휘 정보 유형을 마음대로 선택해서 (중복 선택 가능) 원하는 횟수만큼 읽을 수 있었다. 각 참여자들의 사전 참조 활동은 컴퓨터 로그 데이터로 모두 저장되어 분석에 활용되었다.

1) 영어 정의.
2) 폴란드어 대응어.
3) 애니메이션(흰 바탕에 간단한 캐릭터가 등장해서 표정이나 동작을 보여줌).
4) 예문.

읽기 활동이 끝난 직후 실시된 목표어의 의미 기억 테스트는 참여자들에게 사전 예고 없이 주어진 것이다. 그런 다음에는 예고한 대로 지문 이해 측정 테스트가 있었다. 이해 측정 테스트는 참여자들의 주의를 분산시키기 위한 목적으로 치러진 시험이므로 (연구의 초점은 부수적 어휘 학습이지 이해도가 아님) 그 결과는 분석에 사용되지 않았다. 분석에 활용된 주 데이터는 읽기 활동 중에 저장된 로그 데이터와 목표어의 의미 기억 테스트 결과이다. 목표어 지식 측정 검사에서 참여자들이 이미 알고 있는 단어가 발견된 경우에는 결과 분석 단계에서 개별적으로 조정하였다.

위의 네 가지 어휘 정보 유형 중 하나를 클릭한 경우 그것이 1회의 참조로 계산되었다. 분석 결과 총 1,186회(참여자당 평균 21회 참조)의 참조 횟수가 산출되었다. 이중 폴란드어 대응어 클릭 횟수가 가장 많아서 총 800회에 달했고, 애니메이션(217회), 영어 정의(138회), 예문(33회) 순으로 참조되었다. 읽기 활동 후 학생들이 목표어의 의미를 기억한 비율은 10단어 중 5~6단어였다(56.6%의 파지율). 또 읽기 활동 중 어휘 정보를 자주 찾은 집단과 덜 자주 찾은 집단을 비교한 결과 이들 두 집단에서 어휘 학습상의 차이는 거의 나타나지 않았다. 즉 어휘 정보를 더 자주 클릭해서 본 집단이 목표어 어휘를 더 많이 습득하지는 않았다.

참조한 어휘 정보 유형에 따른 어휘 학습 효과를 살펴보면, 목표어에 대해 '폴란드어 대응어'와 '영어 정의'를 모두 찾아본 경우에 이들 단어에 대한 파지율이 가장 높았으며(76.2%), 뒤이어 '폴란드어 대응어'가 그 다음으로 효과적이었다(61.7%). 이와 대조적으로 '애니메이션' 정보만을 참조한 경우 파지율이 가장 낮았다(31%). 흥미롭게도 '폴란드어 대응어'만 참조한 경우의 파지율이 61.7%인 반면 '대응어'와 더불어 '애니메이션' 정보를 함께 참조한 경우 파지율은 이보다 낮아 51.2%에 불과했다. 다중회귀분석 결과 '애니메이션' 정보는 어휘 습득에 부정적인 변수로 작용하는 것으로 드러났다. 연구 결과의 해석에서 주의할 점으로 애니메이션 정보는 동영상이나 그림 정보와 구별된다는 점, 그리고 본 연구는 사전 정보 활용에 따른 부수적 어휘 학습 측면만을 살펴보았다는 점을 들 수 있겠다.

■ **관련 연구**

본 연구가 참고한 선행 연구는 Laufer와 Hill(2000)본문 173쪽로, 홍콩과 이스라엘 영어 학습자들의 전자적 어휘 정보의 이용 행태를 로그 파일로 저장하여 분석하였다. 사전 참조에 따른 부수적 어휘 학습 효과에 관한 Hulstijn 등(1996)의 연구를 참조하라.

Mochizuki (2006)

Mochizuki, M. (2006) 'Acquisition of Different Senses of Prepositions and its Implications for Lexicography.' in *English lexicography in Japan.* ed. by Ishikawa, S., Minamide, K., Murata, M. and Tono, Y., Tokyo: Taishukan Publishing Company, 262-273.

■ **연구 목적**

전치사 표제항의 의미 빈도순 제시 방식과 전치사 의미 습득 간의 관계를 살펴본다.

■ **연구 참여자**

일본 대학의 영어 전공자 35명.

■ **연구 방법**

Tests and experiments.

학습자들이 전치사의 의미와 쓰임을 이해하도록 하기 위해서 사전 편찬자들은 전치사의 의미를 제시할 때 여러 가지 접근법을 쓴다. 그 중 하나는 원형적 범주화 방식으로, 특정 전치사의 가장 기본적이고 원형적인 의미와 쓰임을 갖는 항목을 먼저 제시하고, 덜 원형적인 의미와 쓰임을 갖는 항목을 뒤로 배치하는 방식이다. 이 접근 방법은 학습자들이 전치사의 원형적인 의미가 어떻게 다른 쓰임들로 확장될 수 있는지 이해하는 데 도움을 준다. 또 다른 방식으로는 특정 전치사의 의미와 쓰임들을 빈도를 기준으로 하여 제시하는 것이다. 대표적인 예로 LDOCE를 들 수 있다. LDOCE에서는 전치사 in의 28개 의미와 쓰임을 다음 순서로 제시하고 있다.

1) 사람이나 사물이 있는 곳을 말하기 위해 용기, 장소, 지역 이름과 함께 쓰일 때: There's some sugar in the cupboard.
2) 용기, 장소 등의 안[속]으로: I never went in the pubs.

……

28) be in one's 20s/30s/40s 등은 나이가 20~29세, 30~39세 사이 등이라는 뜻이다: Mathews was already in his mid 40s.

이런 순서는 사전에서 더 일찍 나오는 의미와 쓰임은 뒤에 나오는 것들보다 더 사용 빈도가 높음을 보여 준다. 이 접근 방법은 학습자가 특정 문맥에 나온 전치사의 의미나 쓰임을 쉽게 찾아낼 수 있도록 해 준다는 점에서 도움이 된다.

원형적 범주화의 관점에서 전치사 in과 on의 의미와 용법을 습득하는 문제에 대해서는 Yamaoka (1994, 1995) 및 Hayashi(2001)의 연구에서 다뤄지고 있다. 그러나 주요 ESL 사전들이 전치사의 의미를 빈도순으로 제시하는 방법을 쓰고 있는데도 불구하고 이것과 전치사 의미 습득과의 연관성에 대해서는 연구된 적이 없다. 본 연구는 영어 전치사 at, in, on의 여러 가지 의미를 습득하는 정도와 빈도와의 관계를 살피는 데 그 목적이 있다. 습득 정도는 기억(recall)과 인식(recognition)의 관점에서 검토되었다.

전치사 습득도를 측정하기 위해 평가 프로그램을 개발하였다. LDOCE에서 at, in, on 표제항에서 각각 가장 자주 쓰이는 의미 10개를 담은 구절을 이용하여 30개의 목표 문장을 만들었다. 10개의 방해(distractor) 문장은 by와 with의 가장 빈도가 높은 의미 다섯 개씩을 이용하여 만들었다. 이들 40개의 문장을 무작위로 나열했다. 1차 평가는 기억 평가로서, 응시자가 전치사 부분이 빈칸으로 대체된 문장과 그것의 일본어 번역이 제시된 컴퓨터 화면을 보고 빈칸을 직접 채우는 형식이다. 2차 평가인 인식 평가에서는 기억 모드에서와 동일한 목표 및 번역 문장과 함께 at, by, in, on, with의 5개 선택지가 제시되었다. 응시자는 이 중에서 빈칸에 들어갈 전치사를 고르게 된다. 영어를 전공하는 대학생 35명(토익 평균 488점, 표준 편차 199)이 연구에 참여하였다. 이중 한 명의 학생은 테스트를 마치지 못해 결과 분석에서 제외하였다.

테스트 기억 모드의 평균은 19.2(SD 4.52)였고, 인식 모드는 평균 24.4(SD 3.71)였다. 인식 모드의 신뢰도 값이 높지 않게 나와서 이 부분은 추후 분석에서 제외했다. 기억 모드에서 '습득' 정도를 나타내는 목표 전치사의 정확도는 at은 81%~ 0%, in은 75%~3%, on은 84%~16% 사이였다. 전치사 의미의 사용 빈도와 그것의 습득 사이에 관계가 있는지 알아보기 위해 Spearman 순위 상관을 계산한 결과 at의 기억에서는 상관관계가 적당히 높고 in의 기억에서는 상관관계가 약하며 on에서는 상관관계가 아무런 유의미한 상관관계가 없었다.

at에서 비교적 높은 상관관계는 빈도가 낮은 의미(6~10번 의미)의 습득률이 낮기 때문으로 볼 수 있다. 7, 9, 10번에서 습득률이 낮은 이유는 단지 학생들이 be mad at, at one's risk, at one's age 같은 연어와 관용구에 익숙하지 못했기 때문일 수도 있다. 반면 6번과 8번의 습득률이 낮은 것은 부분적으로 목표 문장의 디자인이 불완전했기 때문으로 볼 수 있는데, 16명의 학생들이 6번(He threw a stone at the dog.)의 답으로 to를, 11명의 학생이 8번(She got on well at the new job)의 답으로 in을 썼는데, 이 두 가지 다 문법적으로는 옳은 문장이 된다. 이런 점 때문에 이들 항목에 대한 정확도가 떨어져 at에서 상당히 높은 상관관계가 나왔을 수도 있다.

on의 기억에서 상관관계가 발견되지 않은 이유는 7번항(.81)과 9번항(.75)에서의 높은 습득률과 1번 항에서의 낮은 습득률(.34) 때문인지 모른다. 7번항(on your left)의 습득률이 높은 이유는 이 표현이 중고교 교과서에 반복적으로 나오기 때문인 것 같다. 이런 의미는 빈도 면에서 봤을 때는 상당히 낮은 등급을 차지함에도 불구하고 학생들에게 학습이 잘 되어 있는 것이다. 9번항(on Tuesday)에 나온 on도 이 의미가 교실에서 연습되는 대화에서 자주 사용되기 때문에 습득이 잘 된 것으로 보인다. 이런 점들로 미루어 전치사 습득은 코퍼스상의 사용 빈도뿐 아니라 교육 현장에서의 사용 빈도에도 의존한다고 주장할 수 있다. 다시 말해서 교실과 교재에서 더 자주 쓰이는 전치사 의미는 그렇지 않은 의미들보다 습득 가능성이 더 높다. 그러나 이런 습득 순서는 사전에서 고려되지 않고 있다.

본 연구는 몇 가지 한계를 안고 있다. 먼저 한 가지 의미에 대한 하나의 문장만 제시함으로써 그 문장 때문에 습득률의 차이가 발생했을 수도 있다. 습득 순서를 확정하기 위해서는 추후 연구들에서 더 많은 문장들을 통해 살펴볼 필요가 있다. 둘째, 본 연구 대상이 모두 대학의 영어 전공자들이고 그 수가 35명밖에 안 된다는 점이다. 더 다양한 능숙도를 지닌 더 많은 피실험자를 대상으로 한 연구가 이뤄져야 할 것이다. 셋째로 본 연구에서는 각 전치사에 대해 10개의 가장 빈도가 높은 의미들만을 살펴보았다. LDOCE에는 at은 18개, in은 28개, on은 30개의 뜻이 제시되어 있다. 더 많은 의미들에 대한 연구도 이뤄져야 할 것이다.

■ 관련 연구

본 연구에서는 전치사 의미의 습득 순서에 대한 Yamaoka(1994, 1995) 및 Hayashi(2001)를 자세히 소개하고 있다.

Ronald (2009)

Ronald, J. (2009) 'Repeated L2 Reading With and Without a Dictionary'. in *Lexical Processing in Second Language Learners*. ed. by Fitzpatrick, T. and Barfield, A. Bristol: Multilingual Matters, 82-94.

■ **연구 목적**

V_States를 이용하여 사전을 사용했을 때와 사용하지 않았을 때 다독의 어휘 학습 효과를 비교한다.

■ **연구 참여자**

대학에 재학하는 일본인 중급 영어 학습자 1명.

■ **연구 방법**

Tests and experiments.

본 연구는 어휘 지식 평가 척도이자 어휘 지식 증가 예측 모델의 하나인 V_States(Meara 2001)를 활용하여 다독의 어휘 학습 효과를 사전을 사용한 경우와 사용하지 않은 경우로 나누어 비교한다. 본 연구는 다음과 같은 가설을 설정하였다.

1) 반복되는 다독의 결과 참여자의 영어 어휘 지식이 증가할 것이다.
2) 사전 없이 반복 다독을 한 경우보다 사전을 참조하며 반복 다독을 한 경우 어휘 지식 증가가 더 클 것이다.
3) 참여자가 실제로 사전에서 찾아 본 목표 어휘의 지식이 사전에서 찾지 않은 목표 어휘 지식보다 더욱 크게 증가할 것이다.

사전 사용이 어휘 학습에 미치는 영향을 구명하려는 기존의 연구들은 연구 방법에서 몇 가지 큰 한계를 노출하고 있다. 우선 사전 참조에 소요되는 시간 부담 때문에 참여자들로 하여금 많은 양의 어휘를 찾아보도록 요구하는 연구를 설계할 수 없었다. 이는 곧 실험에 사용될 목표 단어의 수(보통 12~24개)를 크게 제한하는 결과를 낳았다. 이렇게 적은 수의 목표 어휘는 연구 결과의 타당성과 신뢰도를 심각하게 위축시킨다. 또 기존 연구에서 사용되는 어휘 지식 평가는 대부분 다지선택형인데, 이러한 측정 방식에서 오는 문제점 또한 지적될 수 있다. 외국어 어휘 지식은 '안다/모른다'와 같이 명쾌히 이분화할 수 없는 부분적(partial) 지식이 많은 경우를 차지하는데, 다지선택형의 평가 방식으로는 외국어 어휘 지식의 이런 측면을 측정할 수 없기 때문이다. 본 연구에 사용된 V_States는 기존의 어휘 지식 측정 방식의 한계를 보완한다. V_States는 어휘 지식을 측정하기 위한 컴퓨터 프로그램으로, 단어가 하나씩 컴퓨터 화면에 제시되면서 수험자에게 아래 네 가지 선택 사항 중 하나에 체크하도록 하는 방식을 취한다.

State 0: I don't know what this word means.
State 1: I'm not sure I know what this word means.
State 2: I think I know what this word means.
State 3: I definitely know what this word means.

이러한 방식은 체크하는 데 드는 시간이 단어당 4~5초에 불과하기 때문에 많은 수의 단어에 대한 지식을 빨리 검사할 수 있다. 예를 들어 본 연구에서 320단어에 대한 지식을 측정하는 데는 약 25분이 소요되었다. 또한 수험자의 부분적인 어휘 지식까지 측정할 수 있다는 점에서 다지선택형에 비해 섬세한 평가 도구라고 할 수 있다. 무엇보다 동일한 검사가 2회 이상 반복하여 실시될 경우 수열에 따른 함수식에 의거해 향후 목표 어휘의 학습 정도를 예측할 수 있다는 점이 가장 큰 강점이라고 할 수 있다.

20세의 일본인 대학생 영어 학습자가 연구에 참여하였다. 참여자의 영어 능숙도는 중급 정도이며, 다독 경험이 극히 적은 편에 속했다. 참여자는 8주간 모두 8회에 걸쳐 매주 C. S. 루이스의 *The Lion, the Witch and the Wardrobe*(1950)를 처음부터 끝까지 반복하여 읽었다. 모두 4만 여 단어로 이루어진 본문을 분석하여 본문에 변화형을 포함하여 단 1회만 등장하는 단어 700개를 뽑아내고, 여기서 학습자가 알 것이라 추정되는 단어 400개를 제외하여 최종적으로 300개의 단어를 목표 단어로 추출하였다. 여기에 본문에 등장하지 않으며 저빈도인 단어 20개를 통제 목적으로 추가하여 모두 320개의 단어로 이루어진 V_States 문항을 개발했다.

다독을 진행하기 일주일 전에 V_States 평가를 한 차례 실시하였다. 그 후 참여자는 매주 일주일 에 걸쳐 한 번씩 본문을 처음부터 끝까지 읽었다. 이때 처음 3회(3주)는 어떠한 사전도 없이, 나머지 5회(5주)는 연구자가 빌려 준 영영 단일어 사전(LDOCE)를 가지고 반복 다독을 하였다. 참여자는 자신이 찾아본 단어에 표시를 하여 어느 단어를 찾았는지 연구자가 알 수 있도록 하였다. 매주 읽기를 완료할 때마다 참여자는 내용은 같지만 단어 제시 순서는 무작위로 바뀐 V_States를 한 번씩 수행했나. 그리고 8회의 읽기가 끝났을 때는 마지막 V_States 평가와 더불어 '의미 제시 평가(Final Meaning Test)'를 추가로 수행했다. 의미 제시 평가는 직전의 검사(T8)에서 참여자가 state 3(확실히 알고 있음)에 표시한 단어에 대해 직접 일본어 의미를 제시하는 평가로서 V_States 응답의 신뢰도를 측정하기 위한 목적으로 만들어졌다. 참여자의 다독 활동과 평가 절차를 정리하면 다음의 표1과 같다.

표1. 연구 절차

세션	활동	사전 사용 여부
Pre-session (T0)	V_States Test 0	—
Session 1 (T1)	Reading 1 V_States Test 1	Without dictionary
Session 2 (T2)	Reading 2 V_States Test 2	Without dictionary
Session 3 (T3)	Reading 3 V_States Test 3	Without dictionary
Session 4 (T4)	Reading 4 V_States Test 4	With dictionary
Session 5 (T5)	Reading 5 V_States Test 5	With dictionary
Session 6 (T6)	Reading 6 V_States Test 6	With dictionary
Session 7 (T7)	Reading 7 V_States Test 7	With dictionary
Session 8 (T8)	Reading 8 V_States Test 8 Final Meaning Test	With dictionary

총 5회에 걸친 '사전을 사용한' 반복 다독 활동에서 참여자는 총 188회의 사전 참조를 하였다. 이중 사전을 참조한 목표 단어 수는 총 84개였다(즉 총 목표 단어 300개 중 216개는 참여자가 사전에서 찾아보지 않았다).

총 8회에 걸친 테스트 세션(3 without+5 with dictionary)에서 참여자의 응답 추이를 보면, T0에서 196개에 달하던 state 0(전혀 모름)은 마지막 세션에서 86개로, 계속적으로 줄었다. 그런데 처음 3주(without dictionary) 동안의 state 0의 감소율은 매우 완만한 반면 이후 5주(with dictionary) 동안은 전혀 모른다고 응답한 단어의 수가 상당한 정도로 꾸준히 감소하는 패턴을 보였다. 한편 사전 사용 상황에서 state 1은 수회에 걸쳐 활발히 증가하는 추세를 보였다. 단어에 대한 '확실한' 지식을 의미하는 state 3의 응답 빈도는 흥미롭게도 사전을 사용하지 않고 다독을 한 기간 동안은 큰 폭으로 감소하는 경향을 보이다가 다시 사전을 사용하며 다독을 하는 기간 동안 다소간 증가했다 다시 감소하는 추세를 보였다.

사전 사용의 두 조건에서 매회 검사에 대한 state 0의 빈도를 V_States의 어휘 지식 증가 예측 함수에 대입한 결과, 사전을 사용하지 않고 다독을 반복한다면 4회 반복을 기점으로 이후 다독 횟수가 더해진다 하더라도 어휘 지식은 추가적으로 증가하지 못할 것으로 예측되었다. 반면 사전을 사용한다면 약 7회의 반복 다독에 걸쳐 지속적인 어휘 지식의 증가가 예측되었다. 이러한 예측결과로 볼 때 연구 가설 2)는 뒷받침된다고 할 수 있다.

사전을 사용하지 않더라도 다독을 통한 어휘 학습 효과는 분명 나타났다. 통제 목적으로 포함된 20개의 본문 비(非)출현 단어는 그 중 16개가 총 8회의 검사에 걸쳐 일관되게 전혀 모르는 단어로 인식된 것과는 달리, 사전 없이 진행된 처음 3회의 검사 결과에서 어휘 지식의 증가가 뚜렷이 관찰되었기 때문이다. 이로써 가설 1) 또한 본 연구 결과에 의해 뒷받침되고 있다.

마지막으로, 사전을 사용하여 반복 다독을 하는 상황에서 실제로 사전을 참조한 목표 단어 84개의 학습 정도와 사전을 참조하지 않은 나머지 목표 단어 216개의 학습 정도를 비교해 봄으로써 가설 3)을 검증할 수 있다. 참여자가 사전에서 찾아본 목표 단어 84개는 대부분이 최초에 state 0의 단어들이었는데, 이들은 검사 종료 시점에서 평균 state가 1~2 포인트 정도 상향되었다. 반면 목표어 중 사전에서 찾아보지 않은 단어들의 최초-최종 검사 간 평균 증가 포인트는 0.5 포인트 미만이었다. 달리 말하면, 사전에서 찾아본 목표 단어는 최종적으로 25%만 참여자에게 여전히 '모르는' 단어로 인식되었던 반면 사전에서 찾지 않았던 목표 단어는 무려 75%나 마지막까지 모르는 단어로 남아 있었다.

사전을 사용하여 반복 다독을 했음에도 state 3의 단어는 크게 늘지 않았는데, 이는 참여자가 사용한 사전이 영영 단일어 사전이었기 때문이 아니었나 생각된다. 피검사자가 어떤 단어를 '확실히' 아노라고 말하는 데에는 자신의 지식에 대한 '자신감'이 큰 변수로 작용하는 것 같다. 이때 모국어 대응어 정보가 자신의 어휘 지식의 정확성에 대한 자신감을 증가시키는 데 도움이 될 것이라는 추정을 해 볼 수 있다. 향후 이중언어 사전으로 연구를 진행할 수 있을 것이다.

■ 관련 연구

어휘 지식 검사의 신뢰도를 향상시키는 방법으로 본 연구에서는 실험에 사용할 총 어휘의 수가 충분히 클 필요가 있음을 강조하고 있다. 이와 관련한 연구로 Krantz(1990)를 참고하라. Paul Meara가 개발한 어휘 지식 평가 모델인 V_States에 대해서는 Meara(2001)에서 구체적으로 확인할 수 있다. V_States를 이용한 어휘 증가 측정 연구의 방법에 대한 좀 더 자세한 기술은 Ronald(2006)를 참고하라.

Bruton (2007)

Bruton, A. (2007) 'Vocabulary Learning from Dictionary Referencing and Language Feedback in EFL Translational Writing'. *Language Teaching Research 11* (4), 413-431.

■ **연구 목적**

모국어로 된 글을 외국어로 번역하는 과정에서 이중언어 사전의 사용과 교사의 피드백이 어휘 학습에 미치는 영향에 대해 알아본다.

■ **연구 참여자**

스페인 고교생 중급 영어 학습자 13명.

■ **연구 방법**

Tests and experiments.

외국어 쓰기 교수에서 큰 쟁점 중 하나는 '학생들이 쓰기 과업을 통해 새 어휘를 얼마나 습득하고 기억할 수 있는가?' 하는 점이다. 또한 이 과정에서 쓰기 교사의 피드백(또는 수정)이 학생의 외국어 학습에 얼마나 도움이 되는가 하는 점 또한 논쟁의 주요한 주제가 되어 왔다. 본 연구는 교실 상황이라는 현실에서 교사들이 어떻게 쓰기를 지도하고 피드백을 주는 것이 가장 경제적일 수 있을지, 즉 시간과 노력 대비 효과를 극대화할 수 있는지를 살펴보기 위한 일환으로 진행되었다. 연구 질문은 다음과 같다.

1) 학생들이 L1→FL 번역 과정에서 이중언어 사전으로 정확하게 찾아본 어휘는 평균적으로 어느 정도 학습할 수 있는가?

2) 학생들의 L1→ FL 번역에서 잘못된 부분을 교사가 제시한 실마리 (teachers' cued feedback)에 따라 수정하는 과정을 통해 학생들은 평균 어느 정도의 새 어휘를 학습할 수 있는가?
3) 이러한 과정을 통해 학생들은 L1→FL 번역 과업을 통해서 평균적으로 어느 정도 어휘를 학습할 수 있는가?

연구의 참여자들은 스페인 중등학교 4년차 학생들로, 대학 준비 과정에 해당하는 학년의 중급 수준 EFL 학생들이다. 학생 수준의 동질성을 위해 모두 중간 평가에서 통과하고 본 연구의 세 가지 과정에 모두 참여한 13명을 대상으로 분석하였다. 번역 과업에 쓰일 텍스트는 각 99단어로 된 스페인어로 된 글 두 단락, 총 198단어로 구성되었다. 참여자들이 사용할 '이중언어 사전-어휘집'은 *Oxford Pocket para estudiantes de inglés*(1995)(옥스퍼드 스페인어-영어 사전)에서 그대로 발췌하여 수록하여 제작하였다.

연구 절차는 3단계로 나누어 진행하였다. 1단계는 학생들이 이중언어 사전에서 발췌한 어휘집을 찾아보며 L1(스페인어) → FL(영어)로 번역하는 과업을 수행하였다. 이때 사전-어휘집에서 찾아본 단어들에는 영어 지문에 밑줄을 치도록 하였다. 이 단계에 25~40분이 소요되었다. 학생들의 초벌 번역은 연구자가 수거하여 수정 표시를 한 뒤, 3일 후에 진행된 2단계 실험에서 다시 나누어 주었다. 피드백은 연구자가 틀린 부분에 표시를 하고 바꿔 쓸 단어의 첫 글자와 나머지 철자의 수만큼 줄표를 쳐서 주었다 (예: 바꿔 쓸 단어가 begin이라면 피드백은 BE_ _ _로 줌). 2단계에서 학생들은 피드백에 따라 초벌 번역을 스스로 고쳐 썼다. 이때 필요하면 사전-어휘집을 다시 볼 수 있었다. 이 단계는 25~30분이 소요되었다. 일주일 후에 3단계가 진행되었다. 3단계 과업은 지연 사후 평가(delayed post-test)로서, 학생들에게 사전 예고 없이 주어졌다. 이때 학생들은 자신들이 이전에 작성한 번역이나 사전-어휘집을 보지 않은 채, 같은 내용을 다시 번역하였다.

이 과업에는 25분이 소요되었다.

학생들의 쓰기 과업을 통한 어휘 학습(파지)을 알아보기 위해 어휘 오류들을 1) 부적절한 어휘 선택, 2) 품사, 3) 철자, 4) 생략 오류의 유형으로 구분하여 분석하였다. 분석 결과, 학생들은 평균 208 (영어) 단어로 번역했으며, 학생들은 처음에 모두 158개 단어를 사전에서 찾아봤는데 이는 학생 1인당 평균 12단어를 찾아본 셈이다. 이 중에서 148개(94%)를 정확하게 찾았다. 사전에서 찾아본 빈도가 높은 단어들은 shawl(13), civic(11), gypsy(11), processions(10), clap(9)에 해당하는 스페인어였다.

초벌 번역에서 학생들이 오류를 범한 단어는 사전에서 잘못 찾은 10단어(158개 중 148개를 제외한 10개)를 포함해서 136단어였는데 학생 1인당 평균으로 환산하면 10.5단어였다. 이들 중에서 93%는 오류 유형 1), 즉 어휘 선택을 잘못한 오류였다.

지연 사후 평가에서는 사전에서 정확하게 찾아본 148단어 중에서 106개(72%)를 정확하게 회상해서 사용했다. 학생 1인당 8.15 단어이다. 그리고 처음에 잘못 쓴 단어들에 대해 피드백을 제공한 136개는 71개(52%)를 바르게 회상해서 학생 1인당 5.46개였다. 다시 결과를 정리해 보면 다음과 같다.

1) L1→ FL 번역 과정에서 이중언어 사전을 정확하게 찾아본 어휘에 대한 학생당 평균 학습 어휘 수는 8.15개였다.
2) 학생들의 L1→ FL 번역에서 잘못된 부분을 교사가 제시한 실마리에 따라 수정하는 과정을 통해 학생당 평균 5.46개의 어휘를 학습했다.
3) 학생들이 L1→ FL 번역을 통해서 평균 13.61개의 어휘를 새로 학습했다.

연구 결과에 의하면 학생들의 작문에 대한 교사의 피드백은, 그것의 제시 방식에 따라, 충분히 효과적일 수 있음을 알 수 있다. 또한 본 연구를 통해 이중언어 사전의 사용이 학생들의 어휘력을 (적어도 단기적으로) 향상시키는 데 큰 영향을 미친다는 것을 알 수 있다. 이는 많은 외국어 교사와 학생들에게는 당연한 일로 생각될 수 있겠지만, 쓰기(특히 외국어 쓰기)와 관련한 이론적 논의에서는 사전의 영향에 대한 연구가 심각하리만큼 부족한 실정이다.

■ **관련 연구**

쓰기 교수에서 교사의 피드백에 대해 그 효과를 긍정적으로 논의한 연구로 Ferris(1999)와 Ferris와 Roberts(2001) 등을 참고할 수 있다. 부정적으로 논의한 연구로는 Truscott(1996)을 들 수 있다. 쓰기 과업에서 사전 사용이 미치는 영향에 대해 분석한 연구로는 Ard(1982)와 Christianson (1997), Lantolf 등(1985)을 본 연구와 관련하여 참고할 수 있다.

Watanabe, Itagaki, Suzuki and Kubota (2006)

Watanabe, T., Itagaki, N., Suzuki, M., and Kubota, Y. (2006) 'Incidental Learning from English-Japanese Dictionaries: Silent Reading Rather than Note Taking Enhances Memory.' in *English Lexicography in Japan.* ed. by S Ishikawa, S., Minamide, K., Murata, M. and Tono, Y. Tokyo: Taishukan Publishing Company, 250-261.

■ **연구 목적 연구의 목적과 의의**

사전 표제항을 읽을 때 묵독과 노트하기라는 두 가지 전략이 사전 표제항에 나온 정보의 부수적인 어휘 학습에 미치는 영향을 비교한다.

■ **연구 참여자 연구 참여자**

영어를 외국어로 공부하는 14세의 일본인 학생 35명과 17세의 일본인 학생 75명.

■ **연구 방법**

Tests and experiments.

영일 사전은 학습자가 특정 단어의 의미나 용법을 찾아보고 싶을 때 전형적으로 사용하는 학습 도구이다. 사전을 이렇게 사용하는 것은 소위 의도적인(intentional) 어휘 학습으로 볼 수 있다. 한편 부수적 어휘 학습이란 학습자가 읽기, 쓰기, 듣기, 말하기 같은 일상적 언어 활동 중에 단어의 의미나 용법을 의도치 않게 습득할 때 전형적으로 일어난다. 그렇다면 사전을 '읽는' 과정에서 사전의 텍스트 읽기로 인한 부수적 어휘 학습 효과를 상정해 볼 수도 있을 것이다. 우리가 사전을 사용할 때는 단순히 단어의 뜻만 찾아보는 것이 아니라 사전에 나오는 단어들에 대한 설명을 읽음으로

써 그 단어들에 대해 다양한 지식도 습득하는데, 이것은 흔히 의도하지 않게 이뤄지기 때문이다.

한편 우리가 사전을 찾아볼 때는 효과적인 학습을 위해 다양한 전략을 사용하는데 밑줄 긋기나 메모하기 등이 그런 전략들이다. 그런데 이런 전략이 어휘 학습에 미치는 영향이 긍정적인지 아닌지는 분명하지 않다. 상식적으로는 밑줄 긋기나 메모하기로 인해 인지적 주의 집중이 유발되어 그 결과 학습/암기가 더 잘 될 것이라고 생각할 수 있다. 그러나 묵독과 밑줄 긋기의 효과에 대한과거 연구 결과에 의하면 밑줄 긋기가 단순한 읽기보다 이점이 없는 것으로 나타났다. 일부 경우에는 밑줄 긋기가 단순한 읽기보다 더 나쁜 결과로 이어지는 사례도 보였다. 이런 결과를 보면 밑줄 긋기로 인한 선택적 주의가 표제어 전반에 대해 관심을 기울이는 것을 방해하여 텍스트를 통한 학습을 제한했다고 해석할 수도 있는 것이다.

본 연구에서는 밑줄 긋기와 유사하지만 학습자의 구성 능력 및 자기 설명하기(self-explanation)를 좀 더 요구하는 '메모하기'를 '묵독'과 비교하여, 그 효과를 살펴보았다. 본 실험에서 '부수적 학습'이란 사후의 기억 평가에 대한 통보를 받지 않고 이뤄지는 학습으로 정의했다. 연구 참여자들은 14세 학생 35명으로 이뤄진 집단과 17세 학생 75명으로 이뤄진 집단으로 구성되었다. 각 집단은 다시 두 개의 실험 집단인 묵독(silent reading, SR) 집단과 메모하기(note-taking, NT) 집단으로 나누었다.

이들에게 *Challenge English-Japanese Dictionary*(4판)에서 발췌 · 수정한 show와 touch의 표제항 정보를 주고 (이 속에는 표제어의 일본어 대응어와 용례가 포함되어 있었다) 5분 간 읽도록 하였다(1단계). 이때 SR 집단은 사전 설명을 그냥 조용히 읽도록 하였고, NT 집단은 메모를 해 가면서 사전 설명을 읽도록 하였다. 그런 다음 2분 간 본 연구와 상관없는 수학 문제를 풀도록 했다(2단계). 마지막으로 이들 집단에 두 종류의 '인지 과제'를 주었다. 하나는 일본어 번역 대응어에 대한 의미 인식 과제이며, 다른 하나는 용례 인식 과제였다. 각 인지 과제는 옳은(즉 사전에 제시된) 항목 4개와 옳지 않은(즉 사전에 제시되지 않은) 항목 4개로 이뤄졌는데, 1단계에서 본 것에는 O표를, 보지 않은 것에는 X를 치게 하였다.

의미 인식 과제의 수행 결과를 분석해 보면, SR 집단과 NT 집단 간에 통계적으로 유의미한 차이가 드러나지 않았다. 그러나 전략(ST 대 NT)과 연령(14세와 17세)이 단어의 대응어 인식 정도에 대해 유의미한 상호작용 효과가 있었다. 다시 말해, 17세 된 학생들에게는 묵독이 더 낫고 14세 된 학생들에게는 메모하기가 더 나은 것을 알 수 있었다. 이런 차이는 두 집단 사이의 영어 학습 경험을 반영하는 것으로 보인다. 영어 학습 경험이 적은 14세 집단은 메모하기 전략을 사용함으로써 단어 뜻의 기억을 도울 수 있었을 것이다. 반면에 5년의 영어 학습 경험을 지닌 17세 학생 집단은 사전에 나온 내용을 더 포괄적으로 이해하려고 할 것이다. 메모하기는 이런 유의 이해에 방해가 될 가능성이 있는데 그 이유는 이것이 학습자의 관심을 메모되는 부분들에만 집중시키고 다른 부분들에는 신경을 쓰지 못하게 만들기 때문이다. 그 결과 이 집단들이 단어 뜻을 인식하는 데는 묵독이 메모하기보다 더 나았을 것이다.

용례 인식 과제의 결과를 분석해 보면, 예문들에 대한 인식 결과는 양 연령 집단 모두에 대해 메모하기보다 묵독이 더 나음을 보여준다. 메모하기가 학습을 향상시키는 전략의 하나라고 우리가 순진하게 믿는다는 점에서 보면 이것은 약간 놀라운 일이다. 이 상당히 놀라운 결과는 '선택적 관심' 이라는 관점에서 해석될 수 있을 것이다.

우리가 영-일 사전을 사용할 때 주목적은 보통 단어 뜻을 찾아보는 것이고 예문은 흔히 학습자가 관심을 덜 기울이는 주변적인 정보를 제공한다. 묵독은 학습자로 하여금 예문을 통한 부수적인 학습을 가능하게 하지만 메모하기는 보통 더 많은 인지적인 자원을 요구하여 관심 범위를 제한하고 결국 (예컨대 예문같이) 관심을 받지 못하는 부분에 대한 부수적인 학습을 방해하는 것이 아닌가 해석된다.

요약하면 English-Japanese 사전을 통한 부수적인 학습에 있어서 메모하기 전략은 아무 도움이 되지 않았다. 특히 예문에 대해서는 메모하기가 양 연령 집단 모두에 대해 부수적인 학습에 방해가 되는 것으로 밝혀졌다. 이런 맥락에서, 메모하기가 의도적 어휘 학습을 위해서는 적절하다고 주장할 수 있을지 몰라도 사전을 통한 부수적인 학습에서는 그 효능이 아주 제한적이라고 볼 수 있을 것이다.

■ 관련 연구

부수적인(incidental) 어휘 학습에 대한 관련 논의는 Hulstijn(2001)과 Hulstijn(2003), Laufer와 Hulstijun(2001)을 참고하라.

제 5 장
사전 사용 교육

Nesi (1999)
Chi (2003)
Lew and Galas (2008)
Bishop (2001)
Poulet (1999)
East (2007)
Beattie (1973)
Campoy Cubillo (2002)
Iwasaki (2006)

5장은 영어/외국어 교실 현장 및 교육과정의 맥락에서 사전 사용의 문제를 논의한 연구들이다. 교수/교육 현장에서 사전 사용의 문제는 외국어 교육 과정에 사전 사용과 관련한 내용을 포함하는 것, (교사를 위한, 그리고 학생을 위한) 교사 대상의 사전 사용 기술 교육, 참조 기술의 하나로서 사전 사용 기술을 대학 교육에 포함시키는 문제, 언어 평가와 사전 사용 간의 관계 구명 및 정책 결정 등의 내용을 포함한다.

5장에서 소개하는 사전 사용 교육 관련 연구들은 그 접근 방향에서 성찰적인 제언과 실증적인 연구 두 가지로 크게 나눌 수 있다. 순전히 성찰적 제언의 성격을 띠는 것으로 이 장에 소개된 Beattie(1973)가 대표적이다. 이 연구에서 Beattie는 현대 외국어 교육 맥락에서 교실 수업에 사전이 언제 어떻게 도입되고 활용되는 것이 가장 바람직한지를 논의하였는데, 주장의 근거는 연구자 자신의 외국어 교육에 대한 전문적 시식과 평소 사전의 기능과 사용에 대한 몇 가지 일화적 예시들이다. 성찰적 제언이 가치가 없는 것은 아니지만 사전 사용 교육은 실증적인 근거가 뒷받침될 때 비로소 교육과정에 포함할 타당성을 확보할 수 있는 것도 사실이다. 사실 사전 사용 기술 교육이라는 연구 문제는 교육 대상과 교육 내용, 교육 방식, 교수/학습 가능성, 교육 평가 및 경제성 등 검증해야 할 요인들이 산재해 있다. Bogaards(1999)가 지적한 것처럼 사용자들이 어떻게 행동하고 그 행동이 어떤 언어 수행 및 학습 결과에 영향을 미치는지에 대한 실증적인 근거 없이 사전 사용 교육의 교수 요목과 교육 방향에 대해 논의하는 것은 과학적인 접근이라고 할 수는 없다.

그러나 교육이라는 실천적 행위를 이론에 입각한 인과율로만 이해하는 것 또한 현실적이지 못하다. 이 지점에서 "외국어 교육 이론은 현장에서 시도된 수많은 교육 자료와 교수 방식을 검증하는 과정에서 형성되었고, 이는 다시 현장 교육에 피드백이 되는 과정을 통해 발전했다[사전 사용 교육 연구의 과정도 마찬가지의 방식으로 발전할 수 있을 것이다]"라는 Chi(2003: 6)의 주장이 설득력을 갖는다. 이 장에서 소개하는 연구들도 대부분 이러한 탐사적(exploratory) 연구의 성격을 띠고 있다.

Nesi(1999)는 대학 과정에서 사전 사용 기술 교육이 어떻게 이루어지고 있는지를 연구한 현황 조사이다. 아울러 Nesi는 사전 기술 교육서나 앞서 말한 성찰적 제안 성격의 문헌 등 기존 문헌을 종합하여 대학생 학습자에게 필요한 사전 참조 기술 요목을 발전시켰다. Chi(2003)와 Lew와 Galas(2008)는 사전 사용 기술의 '교수/학습 가능성'을 조사한 전형적인 통제 연구에 속한다. 그러나 어떤 기술이 '교수/학습 가능하다'는 것이 반드시 어떤 기술이 '교수/학습할 가치가 있음'을 뜻하지는 않을 것이다. 사전 사용 교육의 궁극적인 목적은 사전 사용 그 자체가 아니라 사전을 잘 사용하여 언어 활동을 개선하고 및 언어 학습을 증진시키기 위해서이다. Bishop(2001)의 연구는 이런 점에서 주목할 만하다. 영어 모국어 화자로서 현대 외국어(MFL)를 학습하는 대학 학습자를 대상으로 한 연구에서 Bishop은 사전 사용 기술의 향상이 '실제적으로' 언어 수행 능력(프랑스어 쓰기)의 향상으로 이어진 결과를 보여 줌으로써 사전 사용 기술 교육의 당위성을 입증했다.

Poulet(1999)와 East(2007)는 현대 외국어 교육 맥락에서 언어 평가에 사전 사용을 허용하는 정책적 문제를 다루고 있다. Poulet는 연구 당시 [1999년] 영국의 교육 정책에 대해 간략히 소개하고 그 시기에 이뤄진 교사 대상의 사전 기술 교육과 교사들의 평가 중 사전 사용에 대한 인식을 조사한 연구들을 종합하여 보고한다. Poulet와 East(2007) 사이의 기간 동안(1999~2004) 영국 교육 당국은 외국어 시험에서의 사전 사용 허용 방침을 뒤집어 사전 사용을 전면 금지하는 정책으로 전환한 바 있다. East는 사전 사용이 외국어 표현 능력 평가의 구인 타당도와 관련이 없음을 입증함으로써 사전 사용 정책을 입체적으로 재조망할 것을 촉구한다.

사전 사용 기술 교육의 필요성은 대부분 수긍하지만 실제로 사전 사용 기술 교육이 호응을 얻었다는 보고는 찾아보기 힘들다. 학습자들은 흔히 자신이 사전 사용에 관한 지식을 충분히 갖추었다고 믿으며, 사전 사용 교육을 불필요한 반복이나 지루한 수업으로 여기는 경향이 있다. 따라서 사전 사용 기술 교육을 사용자 욕구와 필요에 맞게 다양화하려는 움직임들이 있었는데, Campoy Cubillo(2002)가 그 한 예라고 할 수 있다. 마지막으로 Iwasaki(2006)는 사전의 통상적인 이용 방식에 근거한 사전 사용 교육이 아니라 사전(영영 사전)을 약간 특별하게 이용하는 방식의 다소 독특한 사전 사용 교육을 제안하고 있다.

Nesi (1999)

Nesi, H. (1999) 'The Specification of Dictionary Reference Skills in Higher Education.' in *Thematic Network Project in the Area of Languages: Recommendations, National Reports and Thematic Reports from the TNP Sub-project 9: Dictionaries.* ed. by Hartmann, R. R. K. Berlin: Freie Universität Berlin, 53-67. [Reprinted in *Lexicography: Critical Concept* (*Vol. 1*). ed. by Hartmann, R. R. K. (2003) London: Routledge, 370-393].

■ 연구 목적

영국 및 외국 대학 기관에서 행해지는 사전 참조 기술 교수 현황을 알아보고, 기존 문헌을 살펴 대학 단계에서 교육 가능한 사전 사용 기술에는 어떤 것이 있는지 포괄적이고 자세히 목록화한다.

■ 연구 참여자

영국 및 외국의 대학 기관에 재직하는 교원 35명.

■ 연구 방법 연구 방법

Questionnaires and surveys.

문헌 조사.

대학 단계에서 교수・학습할 수 있는 사전 참조 기술을 명세화하기 위해, 1차적으로는 다섯 군데 메일링 리스트로 보낸 이메일 조사에 응한 35명의 대학 교원들의 응답을 조사하였다. 2차 데이터로는 기존에 발표된 사전 사용 기술 교수요목을 종합적으로 참고하였다.

설문 및 문헌 조사에 기초하여 끌어낸 표1의 사전 참조 기술 목록은 사전을 효과적으로 사용하기 위해 필요한 기술을 최대한 포괄적으로 포함하고자 한 것이다. 모두 40개 항목으로 모아진 이들 기술은 사전 참조의 시간적 순서에 따라 1단계~5단계로 분류된다. 마지막 6단계에 분류된 항목은 직접적인 사전 참조 맥락과는 독립적인 사전에 '관한' 지식과 관련 있는 기술이다.

표1. 사전 참조 기술 목록

사전 참조 기술 단계	상세 목록
1단계: 학습 전	1. 어떤 종류의 사전들이 있는지 알고, 참조하거나 구입할 사전을 선택하기 2. 사전 및 그 밖의 참조 매체에는 어떤 종류의 정보가 들어 있는지 알기
2단계: 사전 참조 전	3. 사전을 사용할 필요가 있는지 결정하기 4. 무엇을 찾을 것인지 결정하기 5. 찾아볼 항목의 적절한 형태(form)를 결정하기 6. 사전을 찾는 목적에 가장 부합할 것 같은 사전 결정하기 7. 찾아볼 항목의 의미를 문맥에 따라 짐작해 보기(contextual guessing) 8. 찾아볼 항목의 품사 알아내기
3단계: 표제항 정보 찾기	9. 사전의 전체 구조 이해하기 10. 알파벳 이순과 철자 배열(letter distribution) 이해하기 11. 글자-음소 간(grapho-phonemic) 상관관계 (또는 그런 상관관계가 없음을) 이해하기 12. 전자 사전 사용에서 와일드카드(wildcard)를 쓸 줄 알기 13. 동음[동철] 이의어 중에서 선택하기 14. 파생형 찾기 15. 다어로 된 어휘 항목(multi-word units) 찾기 16. 사전의 상호 참조 체계(전자 사전에서는 하이퍼링킹) 이해하기
4단계: 표제항 정보 해석하기	17. 표제항을 구성하는 요소들을 구분하기 18. 관련 있는 정보와 관련 없는 정보 구분하기 19. 단어의 철자 정보 찾기

	20. 사전의 서체, 부호, 어깨번호, 구두점의 기능과 의미 이해하기 21. IPA와 발음 정보 해석하기 22. 어원 정보 해석하기 23. 형태 및 통사 정보 해석하기 24. 정의문 또는 대응어[번역] 해석하기 25. 연어 정보 해석하기 26. 숙어 및 비유적 용법 정보 해석하기 27. 용례들로부터 정보 추출하기 28. 제한 용법 표지들(restrictive labels) 해석하기 29. 사전의 부속물(front matter, 부록, 하이퍼텍스트 링크)의 추가 사전 정보 참고하기 30. 사전에서 찾아낸 정보를 문맥에 적용하고 확인하기
5단계: 표제항 정보 기록하기	31. 표제항 정보에서 기록할 정보를 선별하기 32. 표제항 정보 기록 방법을 정하기 33. 어휘 노트나 단어 카드 만들기 34. 전자 사전의 단어장 기능 이용하기
6단계: 사전과 관련된 사안들을 이해하기	35. 사람들이 사전을 사용하는 목적에 대해 알기 36. 사전 관련 용어 알기 37. 사전 편찬의 원리와 절차 이해하기 38. 여러 가지 정의 또는 대응어[번역] 제시 방식을 인식하기 39. 표제항 비교하기 40. 사전 비평 및 평가하기

설문조사 응답과 기존 문헌의 논의들로 미루어보면 사전 참조 기술 교육과 관련하여 네 가지 현상이 도출된다.

1) 학생들은 사전 참조 기술이 빈약한 채로 대학에 들어온다.
2) 대학 단계에서도 사전 참조 기술 교육은 불충분하다.
3) 사전 참조 기술 교육 활동은 교사들과 학생들에게 인기가 없다.
4) 그러나 전자 사전 사용 및 사전 비판에 대해서는 열광적인 반응이 감지

되었으며, 사전 사용 기술을 가르치는 것은 중요한 것으로 여겨진다.

■ **관련 연구**

중등 단계에서 필요한 사전 사용 기술 및 지도에 대한 안내는 Berwick과 Horsfall(1996)에서, 초등 단계에서 필요한 사전 사용 기술 안내는 영국 고용교육부(DfEE)의 *The National Literacy Strategy: Framework for Teaching*(1998)을 참고할 수 있다. Stark(1998)는 40종의 사전 기술 워크북을 분석하여 사전 사용 기술 교육에서 다뤄지는 내용이 무엇인지 조사하였다. 1단계와 2단계의 사전 참조 기술은 기존의 워크북이나 교재에서 소홀히 취급되는 경향이 있다. 이와 관련해서 Scholfield(1982, 1999)와 Whitcut(1986) 및 Herbst와 Stein(1987)의 논의를 참고할 만하다.

Chi (2003)

Chi, M. L. A. (2003) *An Empirical Study of the Efficacy of Integrating the Teaching of Dictionary Use into a Tertiary English Curriculum in Hong Kong.* Hong Kong: Language Centre, Hong Kong University of Science and Technology.

■ 연구 목적

홍콩 대학생들의 사전 사용 및 인식 실태를 조사하고, 그들을 위한 사전 사용 교육의 효과를 검증한다.

■ 연구 참여자

홍콩의 대학 1학년생 200여 명(1차 설문 연구) 및 186명(2차 연구).

■ 연구 방법

Questionnaires and surveys.

Tests and experiments.

사전은 제2언어나 외국어를 배우는 학생들에게 매우 중요한 교재이고 학생들 역시 그 점을 인식하고 있다. 그럼에도 많은 학생들이 사전을 효과적으로 활용하는 방법에 대해서는 무지한 실정이다. 따라서 학생들에게 수업 시간에 사전 사용 기술에 대해 체계적이고도 명시적으로 가르칠 필요가 있지만, 홍콩의 경우 1995년에야 사전 사용 기술이 교육 과정에서 간략하게나마 다뤄지기 시작했기 때문에 여전히 교실 현장에서 사전 사용 기술 교수는 매우 소극적으로 이뤄지고 있다. 무엇보다 교사들을 위한 사전 사용 기술 교육 자체부터 시급한 실정이라고 할 수 있다.

본 연구는 두 가지 목적을 가지고 있다. 우선 홍콩의 대학 1학년생들이 영어 단일어 학습자 사전이 제공하는 정보에 대해 얼마나 잘 알고 있는지 알아보는 것이다. 또 하나는 명시적인 사전 사용 지도가 학생들의 사전 사용 능력 개선에 도움을 주는지를 알아보는 것이다.

본 연구는 크게 두 단계로 나뉜다(1차 연구와 2차 연구). 1차 연구는 홍콩 과학기술대 1학년 재학생 248명을 대상으로 진행된 설문조사와, 이들 중에서 지원자에 한해 설문조사의 타당성을 확인하기 위한 추후 인터뷰로 이뤄졌다. 1차 연구는 홍콩 대학생들의 사전 사용 행태 및 인식을 살펴보고 2차 연구의 방향을 설정하기 위한 사전(事前) 조사의 목적을 띠었다. 2차 연구의 참여자는 총 186명의 같은 대학 1학년생으로 이들은 세 집단으로 나뉘었다(실험 1군, 실험 2군, 대조군). 2차 연구는 다음 네 단계로 진행되었다: pre-test → treatment (명시적 사전 사용 지도, 두 실험군에 적용) → questionnaire (사전 사용 수업에 대한 반응을 확인하기 위해 두 실험군에 적용) → post-test. 사전 사용 기술 교수 내용은 1) 음성기호, 2) 강세 표시, 3) 표제어의 알파벳순 배열 및 4) 연어 정보, 5) 스타일 표지, 6) 영미 문화 관련 어휘에 관한 것이었으며, 사전 사용 지도는 정규 강의 중에 수업 내용과 연계하여 이뤄졌다. 사전 사용 지도에 사용된 사전은 여러 종류의 영어 단일어 학습자 사전들이었다. Pre-test와 post-test는 위 사전 사용 기술과 관련된 문항들로 구성되어 있으며, 시험 중에 필요한 경우 사전을 참조할 수 있도록 참여자들에게 배본되었다.

1차 연구 설문조사 결과 참여자 전원이 최소한 한 권의 영어 사전은 보유하고 있었으며 이중 75%가 넘는 학생들이 이중어와 단일어 영어 사전을 모두 소지하고 있었다. 또한 학기 중에는 70% 이상의 학생들이 사전을 매일 또는 거의 매일 사용하고 있었다. 영어 사전에 대한 학생들의 인식도 높아서 90% 이상의 학생들이 '영어 사전은 학생들의 영어 공부에 도움을 준다'고 답했다. 그러나 한편으로는 30% 이상의 응답자들이 '사전 사용하는 방법을 잘 모르기 때문에 사전이 별로 소용이 없다'는 진술에 동의했으며, 43%의 응답자들이 '사전을 사용하는 데 시간이 많이 걸려서 안 쓰게 된다'는 진술에 동의했다. 또한 응답자의 63% 이상이 사전 사용 교육을 받아 본 경험이 없다고 답했다. 이들이 주로 참조하는 사전 정보는 '의미'와 '철자'가 압도적으로 많았으며, 스타일 정보와 음성기호는 가장 드물게 참조하였다.

2차 연구의 예비 테스트와 사후 테스트를 비교한 결과 사전 기술 부문에 따라, 또 실험 집단 간에 따라 다소간의 차이는 있으나, 명시적인 사전 사용 기술 교육이 학생들의 사전 사용 능력을 개선시키는 데 효과가 있는 것으로 드러났다. 사전 사용 기술 교육에 대한 학생들의 반응을 살펴보면, 6개 부문의 사전 사용 기술 중에서 특히 음성기호와 연어 정보 활용에 대한 반응이 가장 긍정적이었다. 특히 연어 정보 활용에 대해서는 93.7%의 학생들이 유용했다고 응답했다. '사전 사용 기술 교육 이전에 음성기호를 읽을 줄 알았느냐'는 질문에 대해 63.4%의 학생들이 '전혀 (또는 거의) 몰랐다'고 답했고, 예비 테스트에서 음성 기호 관련 항목에 대한 정답율이 저조한 것으로 미루어 보아, 중등 교육에서 음성 기호에 대한 교수가 거의 이뤄지지 않고 있으며, 이로 인한 지식 부족이 홍콩 학생들이 사전의 음성 정보를 거의 활용하지 않는 결과를 초래했다고 추정할 수 있다. 사전의 연어 정보 활용에 대한 인식 부족과 연어 정보 활용 교육에 대해 압도적으로 긍정적인 반응 역시 학생들의 실제 필요와 현행 영어 교육 간의 불일치를 드러내는 예라고 할 수 있겠다. 응답자의 95%가량이 사전 사용 교육을 다른 학생들에게도 추천하겠다고 응답해 학생들의 사전 사용 기술에 대한 교육 욕구를 확인할 수 있었다. 본 연구는 학생들의 사전 사용 기술 부족과 사전 사용 기술 교육에 대한 그들의 긍정적인 반응을 통해 교사에 의한 명시적인 사전 사용 기술 지도의 필요성을 확인하고 있다.

■ 관련 연구

사전 사용 기술 지도를 직접적으로 다룬 연구로는 Bae(2011), Bishop(2001),본문 216쪽 Carduner (2003), Lew와 Galas(2008)본문 212쪽를 꼽을 수 있다.

Lew and Galas (2008)

Lew, R. and Galas, K. (2008) 'Can Dictionary Skills be Taught?: the Effectiveness of Lexicographic Training for Primary-school-level Polish Learners of English'. in *Proceedings of the XIII EURALEX International Congress*. ed. by Bernal, E. and DeCesaris, J. Barcelona: Universitat Pompeu: Fabra, 1273-1285.

■ **연구 목적**

사전 사용 기술은 가르칠 수 있는가? 폴란드 초등학교 영어 학습자들에 대한 사전 사용 교육의 효율성을 검증한다.

■ **연구 참여자**

폴란드의 초등학생 영어 학습자 57명.

■ **연구 방법 연구 방법**

Tests and experiments

본 연구는 명시적 사전 사용 기술 교육의 타당성을 검토하기 위해 다음과 같은 연구 목적으로 진행되었다.

1) 영어 수업의 일부로 행해지는 명시적인 사전 사용 교육이 폴란드 초등학교 학생들의 사전 사용 기술을 향상시키는지 확인한다.
2) 이 단계의 학생들에게 사전 사용 기술이 정례적으로 지도되는지, 학생들의 본인의 사전 사용 기술은 어떻게 평가하고 있는지, 사전 사용 기술이 어느 정도까지 명시적 지도 없이도 자연스럽게 습득될 수 있는지에 대해 알아본다.

연구는 설문조사 → 예비 평가(pre-test) → 사전 사용 기술 교육(treatment) → 사후 평가(post-test)의 절차로 진행되었다. 동급의 초등학생 집단(폴란드 초등학생으로 12~13세) 57명을 실험 집단(28명)과 통제 집단(29명)으로 나누었다. 참여 집단은 당시 5년째 영어를 배웠으며 주당 세 시간의 영어 수업을 받고 있었다. 이들 모두는 사전 사용 습관, 태도, 기술과 관련된 설문지에 답하였다.

정규 수업 시간에 진행된 예비 평가에서 학생들은 각자 '*Oxford Wordpower* 영어-폴란드어 사전(2000)'을 한 권씩 가지고 예비 평가에 임하였다. 예비 평가와 사후 평가는 각각 14개와 13개 문항으로 구성되었으며, 표1의 사전 사용 기술을 포함하였다.

표1. 예비 평가 및 사후 평가의 사전 사용 기술 내용

부문	세부 항목
사전 찾기	알파벳 순서에 대한 지식 사전에서 대응어, 정의, 철자, 발음 및 문법 정보를 찾는 능력 사전에서 해당 표제어를 찾는 능력
추론 능력	품사를 밝혀내고 해석하는 능력 의미를 올바로 해석하는 능력 맥락에 맞는 의미를 찾아내는 능력 문법 정보에 대한 인식
사전 용어 이해	사전의 특징과 지면 배치에 대한 의식 사전의 음성 부호 사전의 품사 표기 단어 형성에 관한 정보 파생어 정보 과거형 명사의 가산/불가산성 정보 관용어 및 숙어 표현 구동사 정보 사전에서 사용하는 대명사의 의미
기타 정보 습득	어휘에 대한 사회·문화적 정보 이해하기

예비 평가 후 실험 집단에 대해 4주(12회)에 걸쳐 교과 내용에 통합하여 사전 사용 기술을 교육하였다. 교육 내용은 예비 평가에서 다뤄진 것과 유사한 주제로 구성되었고, 12회에 걸쳐 서로 다른 사전 사용 기술을 소개하고 연습할 수 있도록 하였다. 사전 사용 교육이 끝난 후에는 실험 및 통제 집단에 대해 사후 평가를 실시하였다. 이때도 각자 *Oxford Wordpower* 영어-폴란드어 사전을 사용하여 평가에 임하였다.

설문조사 결과 대부분의 학생들이 사전 사용 기술에 대한 교육을 받은 적이 없었고(실험 집단의 75%, 통제 집단의 100%), 사전 앞부분의 일러두기 등을 읽지 않는 것으로 드러났다. 그럼에도 대부분의 학생들이 자신의 사전 사용 기술에 자신감을 가지고 있었고(14.3%의 학생들만이 자신의 사전 사용 능력에 불만을 표함), 그들 모두 그러한 기술을 배울 수 있다고 생각하는 것으로 미루어보아 학생들은 별도의 교육이 없어도 자연스럽게 사전 사용 기술을 익힐 수 있을 것으로 믿는 것으로 보인다.

사전 사용 기술에 대한 집단별 예비 평가와 사후 평가의 평균 점수를 비교하면 다음과 같다.

표1. 집단별 예비 평가와 사후 평가 점수(만점 108점)

	학생 수	예비 평가(평균)	사후 평가(평균)
통제 집단	29	44.17	48.38
실험 집단	28	53.11	86.00

예비 평가에서는 사전 사용 기술면에서 유의미한 차이가 없었던 두 집단이 사전 사용 교육의 유무에 따라 사후 평가에서 매우 큰 차이를 보였고, 이런 결과는 이 단계의 학습자들이 직접적이고 명시적인 사전 사용 기술 훈련을 받으면, 기술 종류별로 향상도 면에서 약간의 차이는 나지만, 사전을 더 효율적으로 사용할 수 있게 된다는 점을 시사한다. 이 분야 추후 연

구의 목표는 사전 사용 기술별, 또 사전 사용자, 수준별 및 유형별로 가장 효과적인 훈련 절차를 구명하는 것이 되어야 할 것이다.

■ **관련 연구**

사전 사용 기술 지도를 직접적으로 다룬 연구로 Bae(2011), Bishop (2001),[본문 216쪽] Chi(2003),[본문 208쪽] Carduner(2003)가 있다.

Bishop (2001)

Bishop, G. (2001) 'Using Quality and Accuracy Ratings to Quantify the Value Added of a Dictionary Skills Training Course'. *Language Learning Journal* 24, 62-69.

■ 연구 목적

외국어 학습자에 대한 사전 사용 교육이 그들의 실제 언어 수행 능력(프랑스어 쓰기)에 미치는 효과를 검증한다.

■ 연구 참여자

영국 대학의 프랑스어 학습자 30명.

[연구 방법]

Tests and experiments.

사전 사용 기술 교육을 받은 외국어 (프랑스어) 성인 학습자들이 실제 프랑스어 작문을 할 때, 사용 교육을 받기 이전에 비해 질적으로 우수하고 정확한 프랑스어 글쓰기를 하는 데 도움이 되는 방식으로 이중언어 사전을 사용하게 되는가? 본 연구는 단순히 사용 교육을 통해 명시적인 사전 사용 기술 요목들을 습득했는지를 확인하는 데 그치는 것이 아니라, 사전 사용 기술이 '실제적으로' 학습자의 언어 수행 능력(여기서는 프랑스어 작문)을 향상시키는 방향으로 사전을 이용할 수 있도록 하는 데 도움을 주는지를 검증하고자 하였다.

영국의 오픈 유니버시티의 온라인 프랑스어 과정에 등록한 성인 (대학생) 학습자를 대상으로 하였다. 이들을 각각 15명의 실험 집단과 통제 집단으로 나눈 뒤(총 30명) 다음과 같은 연구 절차를 수행하였다. 먼저 실험 집단 15명에게 1시간 30분 동안 '한가할 때 무엇을 하며 시간을 보내는지'에 대해 프랑스어로 작문을 하도록 하였다. 작문 중에 사전 1권을 참조할 수 있게 하였다. 예상되는 분량은 200자~400자였으나 분량 제한을 특별히 두지는 않았다. 그런 다음 실험 집단에게 사전 사용 기술 교육(이 경우 프랑스어 학습자를 위한 이중언어 사전의 사용)을 제공했다. 강좌를 온라인으로 수강하는 데 소요된 시간은 학생에 따라 3~6시간 정도였다. 교육을 마친 실험 집단에게 그들이 쓴 작문 과제물을 돌려주고, 이중언어 사전을 참조하여 수정하도록 하였다. 내용상 수정은 최소한도로 하고 사전 사용 기술 과목에서 배운 것을 기억해서 문장의 스타일과 정확도에 유념하여 스스로 수정한 뒤 다시 연구자에게 제출하도록 하였다. 시간은 이전 작문 과제 때처럼 1시간 30분이 주어졌다. 통제 집단은 '사전 사용 기술 교육'을 제외한 나머지 절차에서 실험 집단과 동일했다. 단 이들에게는 1차 작문과 2차 작문 수정 사이에 1주일의 시간 간격을 두었다. 이와 더불어, 사전 사용 기술 교육을 받은 실험 집단 및 이 강좌를 수강한 별도의 참여자들은 수업 내용에 대한 강의 평가를 제출하였다.

결과 분석의 관건은 1) 두 집단의 1차 작문과 2차 작문 간의 향상도, 2) 집단별 향상도 차이, 3) 향상도의 기준이다. 우선 향상도(value added)의 기준으로 작문의 질(quality)과 정확도(accuracy)를 두고, 다시 '작문의 질'을 '문장의 복잡도'와 '질적 요소'로 조작적으로 정의하였다. '문장의 복잡도'는 예를 들어 단문이나 중문에 대해 복문을 사용한 경우 등을 나타내고, '질적 요소'로 7가지의 기준을 설정했다(명사구, 전치사/부사의 사용, 부사를 동반한 동사구 등). 문장의 '정확도'는 Corder(1967)와 James(1998)에 따라 오류(error)와 실수(mistake)로 나눠 분석했다.

이러한 평가 기준에 의거하여 참여자들의 작문을 점수로 환산하였다.

예를 들어 문장의 정확도에서 10.4점을 받고 작문의 질에서 3.6점을 받았다면, 이는 참여자의 작문에서 10.4단어당 한 번 꼴로 오류 또는 실수가 나오고, 3.6단어당 한 번 꼴로 작문의 질적 요소나 복잡성을 보여주는 표현이 등장했다는 뜻이다. 따라서 문장의 정확도는 수치가 높을수록, 작문의 질은 수치가 낮을수록 좋은 작문이라는 것으로 해석된다.

집단 내의 1차-2차 작문 간의 향상도와 집단 간 향상도 차이를 분석하면, 실험 집단 내에서 1차 작문과 2차 작문의 문장 정확도 및 질을 비교한 결과 문장 정확도 면에서는 평균 14.3%, 질적 측면에서는 평균 11.9%의 향상도를 보인 반면 통제 집단 내에서 1차-2차 작문을 비교해 보았을 때는 향상도가 각각 1.5%와 2.2%에 불과했다. 즉 실험 집단과 통제 집단 사이에는 문장 정확도 면에서 13%, 질적 면에서는 10% 정도의 향상도 차이가 있었다.

사전 사용 기술 교육은 총 세 개의 단원으로 구성되어 있다. 1단원은 '참조 매체로서 사전의 구조와 내용 이해하기'로서 여기에는 표제어 찾기, 다의어 표제항에서 의미 고르기, 사전 약어 및 발음/철자/문법 정보 이해 등의 내용으로 이루어져 있고, 2단원은 '프랑스어 학습을 할 때 사전 이용하기'로서, 여기에는 '읽기 활동을 하며 사전을 참조할 때 유의점,' '작문 활동을 하며 사전을 참조할 때 유의점,' '유의어 및 연결 어구 정보 활용법' 등과 같은 내용으로 이루어져 있다. 3단원은 '기타 길잡이'로서 사전의 표제항에 제공된 정보(음성 정보, 사용역 정보, 문법 정보, 교차 검색, 약어 및 품사 정보 등)를 활용하는 법과 '시험에서 사전을 사용할 때 유의할 점'을 다루고 있다. 사전 사용 기술 교육에 대한 학생들의 강의 평가를 분석한 결과, 설문에 참여한 학생들은 2단원의 내용에 대해 가장 긍정적으로 평가했다(88%가 very or fairly useful에 응답).

■ 관련 연구

본 연구는 Bishop의 두 선행 연구인 Bishop(2000a; 2000b)를 바탕으로 진행되었다. 영국의 현대 외국어 교육 맥락에서 쓰기 평가 중 사전 사용 문제에 대한 논의는 Hurman과 Tall(2002), Asher 등(1999), Barnes 등(1999)에서 다뤄지고 있다.

Poulet (1999)

Poulet, G. (1999) 'Instruction in Dictionary Use and Foreign Language Training: the English Scene.' in *Thematic Network Project in the Area of Languages: Recommendations, National Reports and Thematic Reports from the TNP Sub-project 9: Dictionaries.* ed. by Hartmann, R. R. K. Berlin: Freie Universität Berlin, 78-82.

■ 연구 목적

영국의 현대 외국어 과목의 교사 교육에서 사전 사용 교육의 현황을 살펴본다.

■ 연구 대상

—

■ 연구 방법

현황 조사 및 문헌 조사.

외국어 교육에서 사전 사용은 중립적이기보다는 당시 통용되는 방법론적 유행과 언어 교수 목적의 요구에 따라 지지와 비난을 번갈아 받아 온 것이 사실이다. 1980년대까지만 해도 외국어 과목의 교원 양성 과정에서 사전 사용 기술 교육은 대체로 무시되었다. 이는, 일부 교사들은 사전에 대한 긍정적인 태도와 적극적인 사용이 학습자의 자율성 향상에 필요한 요소가 될 것이라고 인식했지만 대다수의 교사들은 초・중급 학생들의 사전 사용은 도움이 되기보다는 방해가 되는 것으로 인식하고 있다는 사실로 쉽게 설명된다.

사전 사용 및 사전 사용 기술에 대한 이 같은 시각은 1995년 영국의 국가 교육과정(National Curriculum) 개정과 더불어 극적인 변화를 맞게 된다. 1995년의 개정 교육과정에서 Key Stage 3과 4 단계의 학생(11-16세)들에게 "사전과 참고자료 사용을 가르쳐야 한다"라고 명시하게 된 것이다(Part 1.3). 이와 더불어 영국 평가위원회는 1998년도 GCSE(중등교육자격검정시험, 16세 된 모든 학생들 응시)와 1997년 A-Level(상급학력고사, GCSE보다 2년 뒤에 전체 학생의 약 35%가 응시)에서 사전 사용을 허용할지를 고려중이라고 밝힌 바 있다. 이에 대해 외국어 교사들의 부정적인 반응도 있고 평가위원회들 별로 차이도 있어서 머지않아 또 다른 정부 방침이 나올지도 모르지만, 현재로서는 읽기와 쓰기 시험에 이중언어 사전 사용이 허용되는 것이 일반적인 패턴이다.

듣기와 말하기 시험에 대해서는 차이가 난다. 일부 평가위원회에서는 구두시험 준비 때 이중언어사전 사용을 허용한다. 듣기 시험과 관련해서는 지문 듣기가 진행되는 동안에는 사전이 허용되지 않는데 이것은 모든 평가위원회에서 다 그렇다. 그 뒤에 사전을 사용하는 것은 일부 위원회에서 허용된다. 이렇게 GCSE시험에서 새롭게 사전이 사용되자, 외국어 교육 및 학습에서 사전을 금하는 것은 더 이상 교사들에게 가능한 선택이 아니게 되었다. 이는 교사 교육 담당자들에게도 새로운 현실이 되었다.

MFL Initial Teacher Education(대학원 과정의 외국어 교사 교육 프로그램)에서는 이런 새 동향에 대해 고심을 해야 했다. 잉글랜드와 웨일스에 현재 MFL ITE 과정을 가르치는 교육 기관은 50여 곳 정도인데, 일부 실태 조사 결과에 의하면 사전 사용 기술과 학생들에 대한 사전 사용 기술 지도 방법이 최소 한 회, 때로는 2~3회에 걸쳐 '방법론' 강좌에 포함되어 다뤄지고 있는 것으로 나타났다. 필자가 근무 중인 Exeter 대학의 경우에는 학생이 약 40명인 프로그램에서 2~3시간의 워크숍 전체를 이중언어 사전의 효율적인 사용 습득 및 개발 전략에 할애하고 있다.

일선 교육 현장의 외국어 교사들이 사전에 대해 갖고 있는 태도를 연구한 Barnes 등(1999)에 따르면 영국 중부지방(Midlands) 소재 중등학교의 교사들 100명 중 86%는 사전이 학생들에게 도움이 된다는 데 동의 또는 강력히 동의하였고, 91%가 사전이 필수적인 학습 도구라는 데 동의 또는 강력히 동의하였다. 또 그들 중 87%가 GCSE에서의 사전 사용이 A레벨 학습 준비에 좋다는 데 동의 또는 강력히 동의하였다.

그러나 연구자들이 강조하듯, 이들 교사들의 상당수가 학생들의 적절한 사전 사용 능력에 의문을 갖고 있었으며, 그들에게 필요한 기술을 시급히 지도할 필요가 있다고 지적하였다. 또 많은 교사들이 사전 사용이란 게 유익하면서도 동시에 혼란을 줄 수도 있다는 것을 의식하고 있었다. 그들은 L2 표현 활동을 위한 사전 사용에 대해서도 우려가 있었으며, 이해를 위한 사전 사용에 우선을 두어야 한다고 생각했다. 사전 사용 기술 개발과 관련해서는 응답자들이 모두 뜻을 모아 사전 사용 기술을 언어 교육 목표에 통합시켜 일관성 있게 지도할 필요가 있다고 밝혔다.

■ **관련 연구**

영국의 외국어 학력고사(GCSE, A-Level)에서 사전 사용을 허용하는 문제를 놓고 논의가 활발하였다. 이와 관련하여서는 Asher 등(1999), Bishop(2000a) 및 Barnes 등(1999)을 참고할 수 있다. East (2007)본문 223쪽에서도 사전 사용 찬반론에 대한 교육적 입장 차이와 논쟁의 배경이 소개되어 있다.

East (2007)

East, M. (2007) 'Bilingual Dictionaries in Tests of L2 Writing Proficiency: Do They Make a Difference?' *Language Testing* 24 (3), 331-353.

■ 연구 목적

외국어 쓰기에서 이중언어 사전의 사용이 쓰기 시험 점수에 미치는 영향을 살펴봄으로써 쓰기 영역의 평가에 사전을 도입하는 것의 타당성을 논의한다.

■ 연구 참여자

뉴질랜드의 고교생 독일어 학습자 47명.

■ 연구 방법

Tests and experiments.

Questionnaires and surveys.

외국어 평가에 사전 사용을 허용하느냐 마느냐는 큰 논란이 되어 온 문제 중 하나이다. 논란의 중심에는 무엇이 공정하고 타당한 평가인가 하는 평가 구인에 대한 관점의 차이가 자리잡고 있다. 더구나 읽기 영역 평가에서는 사전 사용의 영향이 있더라도 매우 적거나 거의 없다는 결과들이 상당히 많은 반면, 쓰기 영역 평가에서는 관련 연구가 양적 · 질적으로 매우 미흡한 실정이다.

이런 가운데 영국 정부는 1998년에 GCSE(중등교육자격검정시험)의 외국어 쓰기 평가에 사전을 사용할 수 있도록 하였다가 4년 만에 이 결정을 뒤집어 2003년도부터는 GCSE와 더불어 1970년대부터 사전 사용이 허용되어 오던 A-Level(상급학력고사)에 이르기까지 모든 외국어 쓰기 평가에 사전 사용을 전면 금지하였다. 방침이 180도 바뀐 데에는 Hurman과 Tall(1998)의 대규모 연구가 큰 영향을 미쳤다. Hurman과 Tall은 영국 중등학교에 다니는 1천여 명의 초・중급 프랑스어 학습자들을 대상으로 모의 GSCE 쓰기 평가에서 사전을 사용했을 때와 사용하지 않았을 때의 결과를 비교했는데, 사전 사용이 2급(Foundation Tier)과 1급(Higher Tier) 모두에서 9%에 이르는 점수 상승에 영향을 미쳤다고 분석하였다. 그러나 이 연구는 신뢰도 면에서 몇 가지 한계를 안고 있다.

본 연구는 '외국어 쓰기 평가에서 사전(이중언어 사전)의 사용이 수험자의 작문의 질(즉 시험 점수)에 변화를 초래하는가?'라는 연구 문제에서 출발하여 다음과 같은 하위 문제들을 살펴보려 한다.

1) 수험자의 외국어 수준과 이전의 사전 사용 경험이 결과에 영향을 미치는가?
2) 시험 중 사전을 얼마나 자주 사용하느냐(사전 사용의 빈도)가 결과에 영향에 미치는가?

참여자 대상은 독일어 상급학력고사(Bursary German: 영국의 A-Level에 준하며, 독일어 수준은 중급임)를 준비하는 17~18세의 뉴질랜드 고등학생 47명이다. 우선 Oxford University Language Centre에서 개발한 독일어 배치고사를 통해 이들의 독일어 수준을 확인한 다음 시간 제한을 둔 두 번의 쓰기 평가가 있었다(각각 50분). 이때 과업 조건의 제시 순서가 교락변수로 작용하지 않도록 참여자의 약 절반은 '사전 사용 → 사전 미사용' 조건순으로, 나머지 반은 그 반대 순서로 하였다. 각각의 쓰기 평가가 끝난 직후에는 평가 시 수험자의 인식과 전략에 대해 묻는 간단한 설문조사가 있었다. 두 번의 쓰기 평가를 완료한 다음에는 본격적인 설문조사를 진행하였다. 이 설문은 사용한 사전의 종류, 이전의 사전 사용 경험, 사전 사용 전략 및 쓰기 평가에서 사전을 사용하는 것의 장단점에 대한 의견을 묻는 항목으로 이뤄져 있다.

수험자들이 제출한 에세이는 독일어 상급학력고사 지도 경험이 풍부한 두 명의 채점자가 Jacobs 등(1981)의 쓰기 평가 규정(글의 전개, 어휘, 문법, 철자, 화용상 적절성 등 5개 영역으로 구성)에 의거해 각 35점 만점(5영역×7점) 기준으로 교차 채점하였다. 영역당 채점자 간에 2점 이상의 점수 차가 나는 시험지에 대해서는 연구자와 함께 토의를 거쳐 최종 점수를 확정하였다.

두 조건하에서의 쓰기 평가 점수의 평균을 기술 통계적으로 비교한 결과, 사전 사용으로 인한 점수 차이는 거의 없었다. 사전 사용 시 평균은 22.7점이고, 미사용 시 평균은 22.6점이었다. 표준편차는 두 조건 모두에서 동일한 6.1점이었다. 수험자의 독일어 수준에 따라 사전 사용－미사용 간 점수차가 다르게 나타나는지를 살펴보기 위해 배치고사 점수에 따라 참여자를 중하급-중급-중상급-상급 집단으로 나누어 평균을 산출해 보니, 중하급 집단에서 사전을 사용할 때 약간의 점수 상승(14.9점에서 16.2점)이, 상급 집단에서는 오히려 약간의 점수 하락(33점에서 32.3점)을 보였을 뿐, 나머지 두 집단에서는 점수 차이가 미미하였다. 이선의 사전 사용 경험의 영향을 살펴보기 위해 다시 참여자 집단을 '사전을 거의 사용하지 않는-자주 사용하지 않는-자주 사용하는-매우 자주 사용하는' 학습자 집단으로 나누어 각 집단의 평균을 분석한 결과에서도 사전 사용 경험에 따른 '사전 사용-미사용' 간 점수 차는 거의 없었다.

두 조건에서 평가 점수에 영향을 미치는 요인이 무엇인지를 살펴보기 위해 이원변량분석을 한 결과 수험자의 독일어 수준이 점수에 크게 영향을 미치는 요인으로 드러났다. 수험자의 평소 사전 사용 경험이나 평가 시 사전 사용 빈도는 중요한 요인이 아니었다. 또한 선형회귀분석 결과에서도 수험자의 독일어 수준이 사전을 사용한 조건에서 쓰기 점수를 예측할 수 있는 중요한 요인으로 분석되었다.

사전 사용의 유무가 쓰기 평가의 점수에 아무런 영향을 미치지 못했다는 결과는, 사전 사용이 그 자체로 쓰기 평가의 타당성을 위협하는 요인이 되거나 쓰기 평가의 구인과는 아무런 상관이 없는 요소를 평가에 끌어들이는 요인이 되지 않는다는 사실을 뜻한다. 또한 이전의 사전 사용 경험이나 시험 중 사전 참조 빈도가 평가 결과에 영향을 미치지 않았으며, 단지 수험자의 평소 독일어 실력만이 사전 사용 시의 평가 결과와 관련이 있다는 분석 결과 역시 사전 사용이 쓰기 평가의 구인 타당성과 연관이 없음을 의미한다.

그렇다면 사전을 쓰기 평가에서 사용하도록 허용할 것인가의 문제를 논의하는 데 있어서 이제는 구인 타당도 외의 다른 맥락들을 고려해야 할 필요가 있다. 본 연구의 설문조사에 의하면 학생들은 쓰기 평가에 사전을 사용하는 것에 대해 장점 못지않게 다양한 단점을 지적했다(대표적인 단점은 '시간을 너무 많이 잡아먹는다'였다). 응답자의 40%가 쓰기 평가에서 사전을 지참하고 싶다고 응답한 반면 21%만이 사전 없이 평가를 수행하기 원했고, 나머지 38%는 사전이 있든 없든 상관없다고 응답했다. 그리고 응답자의 다수(62%)는 사전이 있다면 좀 더 자신 있게 시험을 치를 수 있겠노라고 응답했다. 이 같은 설문 결과는 구인 타당도 외에도 쓰기 평가의 절차와 환경적 요인, 수험자의 인식과 태도가 쓰기 평가에 사전 사용을 허용하는 문제를 결정하는 데 중요한 고려 대상이 될 수 있음을 시사한다.

■ 관련 연구

외국어 교육 부문에서 평가에 사전을 도입하는 문제는 Hurman과 Tall (1998; 2002)에서 논의되고 있다. 특히 Hurman과 Tall(1998)은 본 연구에서 상세히 요약 · 비판되고 있다.

Beattie (1973)

Beattie, N. (1973) 'Teaching Dictionary Use.' *Modern Languages* 54 (4), 161-168. [Reprinted in *Lexicography: Critical Concept (Vol. 1)*. ed. by Hartmann, R. R. K. (2003) London: Routledge, 302-311].

■ 연구 목적

사전을 자율적인 외국어 학습에 유용한 도구로 이용하기 위한 학습자, 교사, 언어 활동(과제), 사전의 위치와 역할을 논하고, 사전의 교육적 효용과 위험을 충분히 고려한 바탕 위에서 사전의 단계적 사용을 제안하고 있다.

■ 연구 참여자

—

■ 연구 방법

—

'사전 사용'은 상당히 진보적인 교사들 사이에서 그리 긍정적으로 인식되지 못하고 있다. 우리는 모국어를 사전을 통해 배우지 않는다. 그렇다면 우리 학생들이 외국어를 능숙하게 구사하기 위해서는 사전 같은 것에 의존하지 말고 모국어를 배우듯이 외국어를 습득할 필요가 있다는 것이다. 사전을 보면서 외국어를 습득하는 것은 살아 있는 외국어가 아니라 죽은 언어인 라틴어에나 적합한 학습 방식이라고 생각하는 것이다. 사전을 자칫 잘못 사용하게 되면 학생들은 글을 읽다가 모르는 단어가 나올 때마다 사전을 들춰 보는 나쁜 습관을 들일 수도 있다. 또 외국어로 글을 쓸 때에도 사전은 학생들로 하여금 자신의 언어 수준을 한참 넘어서는 표현을 쓰도록 유도함으로써 결과적으로 역효과를 낼 수도 있다.

그러나 외국어 습득에서 사전에 대한 이 같은 견해는 현실적으로 가능하지 않은 목표를 전제로 한 것이다. 최근 들어 외국어 교육의 목표는 두 가지 방향에서 크게 바뀌고 있다. 그 하나는 학생들이 외국어를 배워서 '모국어처럼 능숙한' 외국어 화자가 되는 것이 아니라 외국의 문화와 지식을 효과적으로 습득하여 소화하는 것으로 목표가 바뀌고 있다. 또 하나, 외국어 교육은 점차적으로 '자율적인 학습자'의 태도를 함양하는 것으로 초점이 바뀌고 있다. 이 같은 흐름의 변화는 사전의 기능과 역할에 대한 새로운 인식을 요구하게 되었다. 사전은 학습자로 하여금 교사 의존을 줄이고 자율적인 학습자로 성장하는 데 긍정적인 역할을 할 수 있다.

우선 교실 수업 활동에서 사전의 기능에 대해서 고려해 보자. 외국어를 배우기 시작하는 때로부터 (예컨대) 대학에서 전공으로 그것을 공부하게 되는 사이의 어느 시점에 사전이 학습 교재로 소개되어야 한다는 것이 일반적인 상식이다. 문제는 어느 시점에, 어떤 종류의 사전을 사용할 것인가 하는 점이다.

사전의 교육적인 목적은 학습자가 모르는 단어에 대한 정보를 제공하는 것이다. 자율적 학습자를 위한 사전 교육의 '관건'은 학생들이 단지 교사 의존을 사전 의존으로 대체하는 것을 막으면서 어떻게 '사전을 통해 학생들의 교사 의존도를 확실히 줄일까'하는 점이다. 이때 중요한 변수는 학습자, 교사, 언어 활동 및 과제, 그리고 사전이라 볼 수 있다.

1. 학습자

독학을 하는 경우가 아닌 한, 학습을 시작하면서부터 학습자에게 사전을 주면 사전에 전적으로 의존하게 만드는 것과 같다. 사전을 학습 보조 수단으로 쓰기 전에 반드시 익혀야 할 어휘적, 통사적 지식의 층위가 분명히 있다. 사전은 읽기 활동과 관련하여 쓰일 가능성이 가장 큰 듯하다. 특정 텍스트와 관련하여 사전 사용이 성공적이 되기 위해서는 다음 두 가지 전제 조건이 있다. 우선 텍스트에 쓰인 어휘를 대체로 거의 다 알고 있어야 하고(35단어 당 1단어, Beattie 1970: 114), 학습자가 다독(extensive reading)에 충분히 자신감을 갖고 있어서 새 단어와 마주칠 때마다 사전을 참조할 필요를 느끼지 않을 정도여야 한다. 이러한 조건을 고려해 보면 외국어 교육 5년 과정 중 첫 3년은 사전 사용을 지양하는 것이 좋을 것이다.

2. 교사

위의 두 가지 전제 조건에 비춰볼 때 교사는 학생에게 어휘나 그밖에 다른 면에서 지나치게 어렵지 않은 학습 재료를 제시해야 하고, 학습자로 하여금 읽기 이해에 자신감을 형성하도록 해 주어서 사전을 찾아야 할 단어와 조금만 주의를 기울이면 충분히 의미를 추측할 수 있는 단어를 분간하는 능력을 기르도록 해 주어야 한다.

3. 사전

사전과 어휘집은 추측을 해 보아도 단어의 의미가 파악되지 않을 경우에만 써야 한다. 추측도 해 보지 않고 사전을 먼저 찾아보게 되면 학습자는 문맥을 통해 단어의 의미를 추측하는 유용한 전략을 습득할 기회를 잃게 되기 때문이다. 쉽게 쓰인 외국어 단일어 사전을 사용하도록 권장한다면 학생들의 지나친 사전 의존을 예방하면서 동시에 외국어 노출을 강화시켜 줄 것이다.

4. 언어 활동 및 과제

분명히 사전 사용이 적절한 언어 활동이 있고 그렇지 않은 언어 활동이 있다. 교사는 학생들에게 사전이 왜 필요하며 어떻게 하면 가장 효율적으로 사용할 수 있는지를 분명히 알려주어야 한다. 다독과 L2→L1 번역에서는 단일어 사전을 꼭 필요할 때만 사용하도록 장려하고, L1→L2 번역에서는 이중언어 사전을 사용하도록 허용하는 것이 적절할 것이다. 단 특정한 단어가 문맥이나 사용역상 적절한지를 확인할 때는 단일어 사전이 도움이 될 것이다. 교사는 학생들에게 어휘집에 지나치게 의존하는 것의 위험을 부단히 일깨워야 하고 표현 활동, 예컨대 자유 작문, 대화 등에서는 아주 가끔을 제외하고는 사전 없이 할 수 있도록 지도해야 할 것이다.

그러면 좀 더 구체적으로 외국어 교실에서 사전이 어떤 단계로 사용될 수 있는지 살펴보자.

1) 준비 단계(preliminary phase): 준비 단계란 외국어 교육 5년 과정(영국의 경우)에서 첫 2~3년 동안에 해당하며, 이 기간 동안에는 학습자가 사전 없이 일정 수준의 외국어 지식에 도달하는 것을 목표로 한다. 이 시기에 학습자 개개인이 사전(특히 포켓판 사전)을 구입해서 사용하도록 하는 것은 역효과이다. 다만 학생들에게 외국어 실력이 커지면 사전이 유용한 도구가 될 수 있음을 알려 주고 교실에 친절한 내용의 사전을 구비해 둘 수 있을 것이다. 이 단계에서는 카드 인덱스를 활용한 단어장이 단어집이나 사전보다 어휘 학습이나 동기 유발 면에서 효과적이다.
2) 통제를 받으며 사용하는 단계(phase of controlled use): 이 단계에서는 다독 시에 단일어 사전을 사용하는 것을 허용하고, 외국어를 모국

어(영어)로 번역하는 등의 명시적인 학습 활동에서 단일어 사전을 허용한다. '모국어→외국어' 번역시에는 이중언어 사전을 도입할 수 있을 것이다. 이중언어 사전을 사용할 때는 이해용과 표현용 기능을 한 권에 갖춘 사전보다는 '영어-프랑스어' 또는 '영어-독일어' 사전처럼 표현 기능에 한정된 사전이 더욱 유용할 것이다. 16세 전후의 학생들에게 이런 방법이 적절할 것이다.

3) 자유로운 사전 사용 단계(phase of free use): 학습자가 사전을 이용해 가면서 스스로 공부를 해 나갈 수 있는 단계이다. 대입 준비를 하는 16~18세의 학생들에 해당한다. 이 시기에는 학생들에게 특수 분야 전문 사전같이 그들에게 친숙하지 않은 사전도 소개하고 각 사전을 어떤 경우 쓰는 것이 가장 도움이 되는지를 알려줄 필요가 있다.

■ **관련 연구**

외국어 교육 일반에서 사전의 위치와 역할에 대해서는 Cowie(1987)를 연계하여 참조할 수 있다. 특히 Béjoint과 Moulin(1987)과 Herbst와 Stein(1987)을 본 연구와 관련시어 읽어 보자. 어휘 교육에서 사전의 기능과 역할에 대해서는 Nation(2001, 2005)을 참조할 수 있다.

Campoy Cubillo (2002)

Campoy Cubillo, M. C. (2002) 'Dictionary Use and Dictionary Needs of ESP Students: An Experimental Approach.' *International Journal of Lexicography* 13 (3), 206-228.

■ **연구 목적**

사용자들로 하여금 자신만의 사전을 만들도록 하고 그렇게 만들어진 사전의 텍스트를 분석함으로써 사전 사용 기술 교육이 어떻게 이루어질 수 있는지를 논의한다.

■ **연구 참여자**

스페인 대학의 화학 전공 ESL 학습자 85명.

■ **연구 방법**

Self-records.

Group interviews.

사전 사용 기술을 가르치는 가장 손쉬운 방법은 사전에 흔히 딸려 나오는 '워크북'을 활용하는 것일 터이다. 그러나 이러한 워크북들은 대개 특정 사전의 사용법을 알려주는 목적으로 개발되었기에 사전 간(間) 사용 기술을 터득하는 데는 효과적이지 못하며, 학습자 개개인의 사전 사용 기술 및 사전 사용 환경을 고려하지 않기 때문에 어떤 이들에게는 불필요하게 느껴질 수 있다. 이상적으로는 학생 개개인의 수준과 필요에 맞춘 일 대 일 교육이겠지만, 이 방법은 그다지 현실적이지 못하다. 이러한 한계에 대한 대안으로서, 연구자는 자신이 가르치는 (스페인 모국어 화자) 화학 전공 대학 1학년생 85명에게 자기만의 영어 사전을 만드는 과제를 수행하도록 하였다.

단어 선정 및 어휘 정보 기록의 기준은 전공과의 관련성이었다. 즉 출처는 화학 과목과 관련된 영어 텍스트 10편으로 정하였는데, 이들 텍스트에는 화학 관련 전문용어와 준전문용어 및 일반 영어 단어들이 포함되어 있었다. 학생들은 텍스트 한 편당 대략 10개 정도의 단어를 자유롭게 골라서 사전을 만들었다. 수록할 어휘 정보에 대해서도 학기말 영어 시험과의 연관성을 고려해 자신에게 필요하다고 생각되거나 자신의 흥미를 끈 정보들을 기록하도록 하였다(연구자가 특정 정보를 수록하도록 지시하지 않고 학생의 재량에 맡겼다). 연구자는 학생들에게 도서관에서 이용 가능한 사전들의 목록을 제공해 준 것 이외에는 사전 사용 요령이라든가 기술을 가르치지 않았다. '자기만의 사전' 만들기가 끝났을 때 학생들은 이 과제를 통해 배운 점과 어떤 어려움이 있었는지 등을 짤막하게 기술하여 제출했다. 이후 그룹 토론이 있었다.

이러한 일련의 과제들을 통해서 학생들이 사전 만들기 과제를 수행하는 과정에서 각자의 어휘 학습 목적을 분명히 자각하는 한편 자신에게 어떤 사전 사용 기술이 부족한지를 인지하게 될 것이라고 기대했다. 아울러 이들이 작성한 사전 텍스트는 학생 사용자가 가장 필요하다고 느끼는 사전 정보는 무엇인지, 그리고 학습자는 사전에 대해 어떤 기대(이미지)를 갖고 있는지를 분석할 수 있는 연구 자료로 쓰였다.

학생들은 대개 총 80~100단어 정도를 표제어로 선정하였다. 학생들이 만든 사전에 수록된 내용을 분석해 보면, 전문용어나 준전문용어보다 일반 영어 단어의 표제어 등재 비율이 월등히 높았다. 그러나 표제항 내의 어휘 정보 면에서 보면, 전문용어-일반 영어 단어 간에 큰 차이가 없었다. 모든 표제어에 대해 가장 빈번하게 수록한 어휘 정보는 모국어 대응어

(97.65%) – 발음 정보(84.7%) – 용례(81.17%) – 품사(72.94%)순이었다. 가장 드물게 수록한 어휘 정보는 그림 정보(2.35%)인데, 이를 제외하면 스타일 표지 및 분야(3.52%) – 연어(4.7%) – 모국어 정의(5.88%) – 통사 정보(동사의 문형 패턴 등, 9.41%) 등이 소홀하게 다뤄진 어휘 정보였다. 단 두 명의 학생을 제외하고 그들이 만든 사전은 L2(영어)→L1(스페인어)의 이중언어 사전의 형태를 취하고 있었다. 일부 학생들(85명 중 20명)은 용례에 대한 스페인어 번역도 달아 놓았다.

학생들은 용례 정보 선택 및 수록에서 사전 사용 기술상의 미숙함을 드러냈다. 학생들이 수록한 용례들은 대개 the wood trade(wood 표제항에서), this is permanganate.(permanganate 표제항에서)들에서 보이듯이 표제어의 용법, 의미, 연어, 문법, 및 문맥상의 변별성을 드러내는 용례이기보다는 자유 결합이나 간단하고 짧은 문장을 수록하는 경우가 많았다. 여기서 미루어, 학생들에게 사전의 용례 정보의 기능과 그 역할에 대한 교육이 필요한 것으로 보인다. 또 다의어 정보 수록 역시 학생들이 느끼는 가장 큰 어려움 중 하나였다. 학생들은 종종 '정확한 대응어 골라 수록하기'를 사전을 만들면서 느낀 어려움이자 사전 만들기 과제를 통해 배운 내용으로 꼽았다.

85명 가운데 오직 5명만이 연어 정보를 수록했고, 문형 정보도 역시 드물게 수록했는데, 이는 학생들 대부분이 사전의 통사나 문형 정보(SVO, vt 등)의 약어를 이해하지 못하기 때문인 것으로 이후 토론에서 밝혀졌다. 학생들이 모국어 대응어 다음으로 빈번하게 수록한 것은 발음 정보였는데, 이는 학생들이 실제로 발음 정보를 자주 이용하고 음성 기호를 잘 이해해서라기보다는 사전들이 거의 대부분 표제어 바로 옆 맨 첫 줄에 발음 정보를 제시하고 있는 것으로 보아 중요한 정보일 것이라고 지레짐작했기 때문인 경우가 많았다. 그러나 과제 수행 이후 음성 정보에 대한 학생들의 인식이 제고된 사례들로 미루어볼 때(예: "내가 이전에는 몰랐던 음성 기호에 대해 알 수 있게 되었다.") 사전 만들기 과제가 학생들로 하여금 사전이 제시하는 다양한 어휘 정보에 대한 주의(awareness)를 높일 수 있는 유용한 교육 방식이 될 수 있음을 시사하고 있다.

학생들이 사전 만들기를 하면서 어려움을 느낀 또 다른 영역은 구 단위의 어휘들이었다. 구 단위의 정보(용례나 연어 등)에서 학생들은 관용구, 연어, 합성어와 자유 결합 등을 분명히 구분하지 못하는 듯하였다. 따라서 구 단위의 어휘 정보들의 특성과 이들 정보를 사전에서 검색하는 방법에 대한 교육이 필요하다는 것을 알 수 있다.

사전 만들기 과제를 하면서 학생들이 가장 빈번하게 지적한 점으로는 "전공 관련 전문용어를 사전에서 찾을 수 없었다"였다. 이는 부분적으로 이 과제를 수행하면서 학생들이 대개 포켓용 사전 같은 부적절한 사전을 사용한 데 따른 것이기도 했고, 찾는 단어나 그 의미가 사전에 등재되어 있는데도 표제항을 끝까지 훑어보지 않은 데 따른 것이기도 했다(대개 특정 분야에서 사용되는 의미는 표제항 후반에 등재되므로). 물론 sintering이나 desiccator처럼 순전한 전문용어들은 실제 웬만한 사전에는 수록되지 않았을 수 있다. 따라서 특정 전공을 영어로 공부하는 학생들에게는 좀 더 다양한 사전 선택상의 기술에 대한 교육이 필요한 것으로 보인다. 예를 들어 '전문용어 사전'의 종류와 기능에 대한 안내가 필요할 것이다.

학생들로 하여금 자기만의 사전을 직접 만들어 보도록 한 과제는 몇 가지 측면에서 매우 효과적이었다. 우선 자신의 학습에 필요한 어휘를 선택하고 사전 정보를 찾아서 기술하도록 함으로써 단순 주입식 사전 기술 교육에 비해 개인의 필요에 의한 학습 동기 부여가 가능했다. 또 학기 전반에 걸쳐서 사용된 텍스트를 재료로 하였기 때문에 사전을 지속적으로 사용하면서 사전에 대한 인식을 높일 수 있는 계기가 되었다. 마지막으로 학생들은 자기만의 사전 만들기를 통해 어휘력을 향상시킬 수 있다고 느꼈다. 사전을 만드는 과정에서 문맥에 맞는 어의(대응어)를 고르는 법을 연습할 수 있었고, 정의문을 다른 말로 바꿔 보거나 용례를 선택 또는 직접 만들어 써 봄으로써 어휘 사용 능력을 기를 수 있었다.

■ **관련 연구**

본 연구에서처럼 학생들로 하여금 직접 사전을 만들어 보도록 하여 사전에 대한 인식을 제고한 시도로는 이 외에도 Whitefield(1993)가 있다. Yamada (2006)[본문 46쪽] 또한 과제물 형식의 사전 사용 교육을 제안하였다. 영어 교육 또는 외국어 교육 맥락에서 사전 사용 기술을 가르치는 것의 가능성 및 한계에 대해서는 Béjoint(1989)과 Whitcut(1986)에서 집중적으로 논의되고 있다. 외국어 어휘 습득과 영어 사전의 사용 간의 연관에 대해서는 Rossner(1985)와 같은 초창기 문헌과 이후 Rundell(1999), Scholfield(1999) 등을 참조할 수 있다. 사전 기술 교육을 위한 워크북에 대한 분류 및 그 기능과 한계에 대해서는 Stark(1990)가 대표적이다.

Iwasaki (2006)

Iwasaki, H. (2006) 'Guessing Meaning of Unknown Words in Monolingual Definitions: A Case of Japanese EFL Learners.' in *English lexicography in Japan.* ed. by Ishikawa, S., Minamide, K., Murata, M. and Tono, Y. Tokyo: Taishukan Publishing Company, 286-297.

■ **연구 목적**

표제어에 대한 사전 지식(schema)이 있을 때와 없을 때에 정의문 속의 모르는 단어의 의미 추측의 정확도를 비교해 봄으로써 영어 단일어 사전의 대안적인 사용 방법을 제안한다.

■ **연구 참여자**

일본 소재 대학 1년생인 초·중·상급 영어 학습자 121명.

■ **연구 방법**

Tests and experiments.

추측하기와 맥락을 통한 부수적인 어휘 학습에는 텍스트 속의 모르는 단어의 비율과 성공적인 의미 추측이 핵심적인 역할을 한다는 것이 자주 지적되어 왔다. 이는 영어 단일어 사전의 정의문을 통한 영어 어휘 학습에도 해당될 수 있다. 영어 단일어 사전에 나오는 정의문을 정확히 이해하기 위해서는 사전 정의문에 사용된 영어 단어의 90~95%에 이르는 어휘 실력을 쌓은 후라야 한다는 것이다. 이는 영어 단일어 사전이 초보 학습자들에게 높은 장벽으로 다가오는 이유 중 하나다. 예컨대 a person whose job is to put out fires (LDOCE 2) 같은 정의문에서 put out이라는 구동사를 알지 못하면 이 짧은 문맥 속에서 그것의 의미를 추측하기도 어렵고, 따라서 이 정의문 자체가 무엇을 가리키는지를 알아낼 수도 없을 것이다. 그러나 아래에서 제시하는 'schematic(사전 지식에 의거한 하향식)' 접근법을 쓰면 초보자들도 영어 단일어 사전의 정의문에 등장하는 모르는 단어들의 의미를 추측하기가 훨씬 쉬워진다.

영어 단일어 사전의 정의문은 분석적(혹은 상향식) 처리 방식과 사전 지식에 의거한 하향식 처리 방식, 두 가지로 접근할 수 있다. 학습자가 모르는 단어를 이해하기 위해 영어 단일어 사전을 사용할 때, 통상 그는 그 단어들의 의미를 파악해서 그것을 자신의 모국어의 대응어와 결부시키기 위해 정의문을 의미적으로 또 통사적으로 '분석한다'. 이런 분석적인 또는 상향식 처리 방식은 간단해 보이지만, 위 firefighter 정의문에서 본 것처럼 정의문에서 어려운 단어들을 만나게 되면 추측하기를 위한 단서를 거의 찾을 수가 없게 된다. 그러나 사전 지식에 의거한 하향식 처리 방식을 취하면 상황이 완전히 달라질 수 있다. 이것은 학습자가 표제어의 개념에 대해 이미 사전 지식 또는 배경 지식을 가지고 그 단어의 정의문을 보면서 거기서 주어진 정보를 처리하는 방책이다. 한마디로 전자는 firefighter의 개념(또는 모국어 대응어)을 알아보기 위해 영어 단일어 사전을 사용하는 것이라면, 후자는 firefighter의 개념(또는 모국어 대응어)을 이미 알고, 그 단어의 영어 정의문은 어떠할지 기대하면서 영어 단일어 사전을 사용하는 방식을 말한다. 후자의 경우가 되면 단일어 사전 사용자의 상황이 극적으로 바뀌는데, 왜냐하면 그가 사전(事前)에 put out에 대한 지식이 없다 하더라도 '소방관'에 대한 자신의 사전 지식을 통해 이것이 '(불을) 끄다'는 뜻이라는 것을 쉽게 추측할 수 있기 때문이다.

정의문에 대한 이러한 하향식 처리 방식이 추측의 정확도를 실제로 높이는지를 검증하기 위해 연구를 실시했다. 상기한 정의문에 대한 두 가지 정보 처리 방식과 관련지어 아래와 같은 연구 가설을 설정하였다.

1) 학습자들은 단일어 사전 정의문의 표제어에 친숙할 때 정의문 속에 나오는 모르는 단어들의 뜻을 더 잘 추측할 수 있다.
2) 위의 내용은 모든 수준의 학습자들에게 적용된다.

실험 참가자들은 121명의 일본 소재 대학 1년생들로, 이들을 영어 능숙도에 따라 상급(33명), 중급(55명), 초급(33명)으로 나눴다. 영영 사전들에서 표제어+정의문 30개를 발췌하여 수정한 것을 실험 자료로 사용하였다. 비학술적인 일상용어들로 구성된 표제어+정의문에는 정의문당 최소 한 단어씩은 참가자에게 친숙하지 않은 단어가 들어 있도록 하였다. 실험은 두 가지 과제 형식으로 제시되었다. 과제 1에서는 참가자들에게 '표제어 없이' 정의문을 읽고 밑줄 친 단어(들)의 뜻을 추측하게 했다. 또한 그들에게 밑줄 친 단어(들)를 이미 알고 있었는지를 묻고 어떤 단어(들)를 사전 지식 없이 추측했는지 분명히 표시하도록 했다. 과제 2에서는 다른 조건은 과제 1과 동일하되 각 정의문 앞에 영어 표제어와 일본어 대응 어를 제시하여 실험 참가자들이 그 정의문이 무엇에 대한 것인지를 분명히 알 수 있게 했다.

실험 결과 과제 1의 평균(6.603)과 과제 2의 평균(14.273) 사이에는 약 8점의 차이가 있다. 이들 평균 간의 차이는 크게 유의미하였다(p=.000). 이 결과는 표제어(및 대응어)에 대한 지식을 활성화시킬 때 학습자들이 정의문 속에 나오는 모르는 단어들의 의미를 더 쉽게 또 더 정확히 추론한다는 가설을 강력히 뒷받침한다.

둘째, 학생들의 영어 능숙도별로 획득한 점수상에 차이가 있는지를 알아보기 위해 분산에 대해 단일변량분석을 했다. 그 결과 세 등급의 점수 간에는 아무런 차이가 없는 것으로 나타났는데, 이것은 학습자의 능숙도에 상관없이 추측하기가 상당히 성공적으로 이뤄질 수 있음을 시사한다. 따라서 이 결과는 가설 2를 뒷받침한다.

이런 결과를 통해 얻을 수 있는 교육적 함의는, 학습자들이 영어 텍스트를 읽다가 모르는 단어가 나올 때 그 뜻을 알아보기 위해 단일어 사전을 사용할 것이 아니라, 표현 활동을 할 때 자신의 사전 지식에 의거하여 하향식 처리 방식으로 사용하도록 권장해야 한다는 것이다. 예를 들어, 학생들이 영어로 '불을 끄다'를 표현하는 데 어려움을 겪을 때 firefighter나 fire engine의 정의문을 찾아보면 십중팔구 put out fires나 stop fires from burning 같은 표현을 발견하게 될 것이다. nocturnal이라는 말을 할 수 없을 때라면 owl이나 bat 같은 야행성 동물들의 정의문을 찾아보면 be active at night이나 hunt at night 같은 표현을 얻을 수 있을 것이다. 이런 방식의 하향식 접근법은 학습자의 다른 말로 바꾸어 말하기 능력과 영어 표현 능력을 높여 줄 것으로 기대된다.

■ 관련 연구

영어 단일어 사전을 이해 활동이 아닌 표현 목적에서, 특별한 교육적 의도를 가지고 사용하는 방법에 대한 동일한 연구자의 2011년 제안을 함께 참고할 만하다(Iwasaki (2011)). Iwasaki의 영어 단일어 사전 활용 방법은 국내에 단행본으로 번역되어 소개되었다(Iwasaki, H. (2007) 《한국인이 무조건 알아야 할 영영사전 활용법》 박소연 옮김, 두앤비컨텐츠).

제 6 장
사전 사용자 연구 방법론

Atkins (1998)
Hartmann (1989)
Hulstijn and Atkins (1998)
Tono (2001)
Tono (1998)
Bogaards (1999)

6장은 사전 사용자 연구에서 고려해야 할 방법론 관련 쟁점들을 조망하고 검토한다. 이 장에서 요약 · 소개하는 문헌들은 주로 90년대 중후반에 발표된 것들인데, 이 시기는 사전 사용자 연구에서 그 이전의 주요 연구 방법이던 설문 조사나 연구자의 성찰적 제안을 넘어 통제된 실험 및 관찰 연구가 양적 · 질적으로 급격히 증가하던 상황과 맞물려 있다. 또한 이 시기는 기존의 사전 사용자 연구들의 근본적인 방법론 및 접근상의 문제들이 지적되고, 사전 사용자 연구에서 여러 가지 변인에 대한 명확한 합의와 구분이 요구되던 때이기도 하다.

이중 Hartmann(1989)은 Hartmann(1987)과 더불어 당시까지의 사전 사용자 연구의 현황을 명료하게 요약하여 분류한 선구적인 연구로 꼽힌다. Hulstijn과 Atkins(1998)는 문헌 조사를 통해 이전에 행해진 연구들을 7가지 범주로 구분하고, 이를 기반으로 사전 사용/사용자 연구를 더 일관적이고 체계적으로 만들 수 있는 방법을 제안하고 있는데, Hartmann의 분류가 사전 사용의 일반적인 성격에 초점을 맞춰 넓은 사회적 맥락에서 사전 사용의 현상들을 포괄하려는 시도였다면, Hulstijn과 Atkins는 좀더 한정적으로 사전 사용을 언어 기술 관련 범주와 연결하였다. Tono(1998)와 Tono(2001)는 이 둘을 종합하여 사전 사용자 연구에서 포함될 수 있는 연구 주제를 분류하였다. Tono(2001)는 더 나아가 사전 사용자 연구를 둘러싼 두 패러다임인 실증주의적 패러다임과 해석적 패러다임을 소개하면서, 양쪽 패러다임 모두에서 엄밀한 과학적 방식을 도입할 필요와 당위를 주장한다. Bogaards(1999)는 Hulstijn과 Atkins(1998)를 바탕으로 향후 사전 사용자 연구의 방향에 대해 제언하고 있다.

사전 사용자 연구 방법론과 관련해 본 장에서 미처 소개하지 못한 다음의 문헌들을 참고할 수 있다. 방대한 분량의 사전 사용/사용자 연구들을 종합적으로 정리한 문헌으로 Dolezal과 McCreary(1999)가 있으며, 가장 최근 것으로는 Welker(2010)를 참고할 만하다. Béjoint(2010)은 다소 비판적인 시각으로 사전 사용/사용자 연구를 요약하여 소개하였으며, Nesi(in press)는 사전 사용자 연구에 대한 문헌 분석 중 최신의 연구 동향을 포함하고 있다.

Atkins (1998)

Atkins, B. T. S. (1998) 'Introduction.' in *Using dictionaries: Studies of Dictionary Use by Language Learners and Translators*. ed. by Atkins, B. T. Sue. Tübingen: Niemeyer, 1-5.

사전을 만들거나 사전학을 연구하는 사람들 사이에는 사전 사용자들이 사전에서 최선의 것을 얻지 못한다는 것, 또 역으로 사전이 사용자에게 더 유용하게 쓰이도록 개선될 수 있을 것이라는 일반적인 믿음이 존재한다.

문제는 학생들이 사전을 더 잘 사용할 수 있게 하려면 그들에게 어떤 특정한 기술을 가르쳐야 하는가, 또 어떻게 하면 사전이 사용자에게 더 유용하면서 더 도움이 되게 만들 수 있는가 하는 것이다.

이런 질문에 대한 답은 사람들이 사전을 사용할 때 실제로 어떤 일이 일어나는지를 아는 데 달려 있다. 사용자들이 추정하는 것(assumptions)은 무엇인가? 그들이 어떤 종류의 단어를 찾아보는가? 그들이 찾은 것을 어떻게 해석하는가? 그들이 표제항 전부를 읽는가 아니면 로마자체(Roman type)로 된 부분만 읽는가? 정의문이나 번역어[대응어]는 건너뛰고 잠재의식적으로 용례들로부터 정보를 이끌어내려 하는가? 자신들의 이해하지 못하는 모든 단어와 약어는 건너뛰는가? 그들이 모국어를 통해 갖게 된 언어관을 공부[사용]하는 외국어에 그대로 투영시키는가? 그들은 사전을 찾아봐야 할 때와 그렇지 말아야 할 때를 능숙하게 구분할 줄 아는가? '사전 사용 기술'을 배웠다는 것이 성공적인 사전 사용 가능성을 높이는가? 이러한 문제가 사전 사용자 연구에서 다룰 수 있는 주제의 일부라고 할 수 있다.

Hartmann (1989)

Hartmann, R. R. K. (1989) 'Sociology of the Dictionary User: Hypotheses and Empirical Studies'. in *Dictionaries: An International Encyclopedia of Lexicography*. ed. by Hausmann, F. J., Reichmann, O., Wiegand, H. E., and Zgusta, L. Berlin: Walter de Gruyter, 102-111.

본 연구는 사전 사용자 연구와 관련한 연구 가설을 망라하고, 기존의 사용자 연구들을 참고하여 필요한 연구 요건을 상정하는 것에 목적을 두고 있다. 사전 사용자 연구와 관련해서 다음과 같은 연구 가설 및 연구 요건을 상정해 볼 수 있을 것이다.

(H 1) 사전 편찬자는 항상 목표 사용자에 대해 추정을 내려 왔다.

(H 2) 목표 사용자(또는 '사전의 기능 및 (편집) 의도')와 실제 사전의 사용이 정확히 부합하는 경우는 없다.

(H 3) 사전 분류는 사전에 제공되는 정보 범주뿐 아니라 사용자 필요에도 근거를 두어야 한다.

(H 4) 사전 편찬자의 추정과 사전 사용자의 사전 '이미지' 역시 정확히 부합하는 경우는 없다.

(H 5) 사전 사용자 욕구[필요] 분석이 사전 기획에 선행되어야 한다.

(H 6) 사용자 집단에 따라 욕구[필요]가 다르다.

(H 7) 사용자 욕구는 여러 가지 요소에 따라 결정되는데, 이 중 활동 목적이 가장 중요하다.

(H 8) 사용자 욕구는 시간, 공간 등에 따라 달라질 수 있다.

(H 9) 사전 사용 기술에는 복잡한 (심리) 언어학적 과정이 포함된다.

(H 10) 사전 사용 기술은 가르칠 수 있고 또 가르쳐야 한다.

(H 11) 사전 사용 기술 지도는 사용자에게 적합해야 하고 지도자는 모든 사용 가능한 매체를 알고 있어야 한다.

(H 12) 사전 사용에 대한 연구가 더 권장될 필요가 있다.

위에 열거한 각각의 연구 가설은 다음과 같은 연구 주제와 연결될 수 있을 것이다.

1) 사전 사용 역사: H 1
2) 사전의 기능: H 2
3) 사전 유형론:(H 3
4) 사전의 이미지: H 4
5) 사용자 욕구: H 5
6) 사용자 욕구의 변인들: H 6, 7, 8
7) 사전 사용 기술: H 9, 10, 11

위의 연구 가설과 연구 요건들을 종합하여 볼 때 우리는 H 12, 즉 사전 사용자 연구가 좀 더 활성화될 필요가 있다는 결론에 이르게 된다. 사전 사용자 연구는 분명 간-학문적이고 간-문화적인 성격의 연구 분야이므로 언어학, 역사학, 사회학 및 심리학의 여러 가지 개념과 연구 방법론을 적용할 필요가 있다. 사전 사용자 연구에서 최우선적으로 다뤄져야 할 네 가지 연구 범주는 1) 사전 유형 또는 정보 유형, 2) 사용자 유형, 3) 사용자 욕구 분석, 4) 사용자 기술 분석이 될 것이다.

지금까지 발표된 사전 사용/사용자 연구 중 20편을 골라 분석해 보면, 사전 사용자 연구들은 크게 조사, 관찰, 통제 실험이라는 세 가지 연구 방법을 기본으로, 1) 개인적 또는 집단적 의견 조사, 2) 간접 관찰, 3) 경험 있는 사전 사용사 집난의 사선 리뷰, 4) 사회과학적 설문조사, 5) (인터뷰, 프로토콜, 레코딩 등을 이용한) 직접 관찰, 6) 통제된 실험 등으로 분류할 수 있었다. 사전 사용자 연구는 현 시점까지 여전히 연구 설계의 명확한 기준이 부족하며, 변인 통제와 명확한 개념 정의가 부족한 실정이다.

Hulstijn and Atkins (1998)

Hulstijn, J. H. and Atkins, B. T. S. (1998) 'Empirical Research on Dictionary Use in Foreign-language Learning: Survey and Discussion.' in *Using Dictionaries: Studies of Dictionary Use by Language Learners and Translators.* ed. by Atkins, B. T. S. Tübingen: Niemeyer 7-19.

1. 사전 사용자 연구의 주제

지금까지 발표된 사전 사용과 관련된 실증적 연구 50여 편을[1998년 기준] 연구 목적과 분야에 따라 구분해 보면 다음과 같이 7가지로 분류할 수 있다.

1) 사전 사용자의 태도 · 필요 · 습관 · 선호도: 주로 자가 보고를 통해 사전 사용, 인식 및 태도를 알아보는 연구들이다.
2) 텍스트 또는 단어의 이해와 사전 사용: 글을 읽는 사람이 어떻게 텍스트 및 단어를 이해하게 되는지에 초점을 맞추어, 사전 사용과 관련된 변인들(사용 유무, 사용한 사전 종류 등), 텍스트와 관련된 변인들(텍스트에 나온 어휘의 난이도, 빈도, 맥락 등), 사전 내적 변인들(사전의 정보 제시 형식, 정의문 및 용례 제시 방식 등)과의 상관관계를 알아보는 연구들이다.
3) 텍스트 또는 단어의 표현과 사전 사용: 이 유형의 연구에서 주된 질문은 언어 표현이 사전 사용 유무라든가 참조 자료 유형, 찾고자 하는 어휘의 유형에 어떻게 영향을 받는지이다.

4) 어휘 학습과 사전 사용: 이 범주에 속하는 연구는 다른 과제를 하는 중에 부수적으로 어휘 학습이 이뤄지는 경우와 어휘 자체가 목적이 되는 경우, 이 두 경우의 어휘 학습에 대한 것이다. 이런 연구에서는 사전 종류나 매체, 사용자가 참조한 단어에 대한 정보의 내용과 종류 등의 변인과 어휘 학습의 상관관계를 다룬다. 어휘 자체에 명시적인 목적을 둔 경우에는 학습자의 어휘 전략, 어휘 전략을 위한 사전의 사용, 그들의 학습 방식의 차이와 공통점 등을 연구한다.
5) 평가와 사전 사용: 이 범주에 속하는 연구는 L2 읽기나 쓰기 과제에 나타나는 L2 학습자의 성과(performance)와 이들 과제 중에 이뤄지는 사전 사용과의 관계를 살핀다. 여기서 밝히고자 하는 것은 사전 사용의 유무가 언어 테스트의 신뢰성과 타당성에 어느 정도까지 영향을 미치는가이다. 6) 사전 사용 기술 교육: 이 유형의 연구는 사전 사용 기술 교육을 위한 교육 프로그램, 기법, 교재의 효율성과 관련이 있다.
7) 사전 비평: 엄격히 말하면 이 범주는 사전 사용에 관한 실증적 연구라고는 할 수 없을 것이다. 그러나 이 경우에도 두 종 이상의 사전을 비교할 때에는 사전의 표제항을 추출하여 분석하게 되며, 이런 분석은 분석자 자신의 직접적인 사전 사용을 포함하므로 실제 자료에 바탕을 두고 있다고 할 수 있다.

2. 체계적인 연구를 위한 논의

다음으로, 사전 사용 연구를 더 일관적이고 체계적이 되도록 하는 데 필요한 요소들을 소개한다. 사전 사용자 연구의 주된 목적은 '어떻게 하면 사전이 사용자의 요구에 가장 잘 부응할 수 있을 것인가'와 '어떻게 하면 사람들을 더 나은 사전 사용자가 되게 할 수 있을까'로 압축된다고 볼 수 있다. 이 두 가지가 가능하려면 사람들이 실제 사전을 사용하는 방식에 대한 더 많은 정보가 필요하다. 그런데 사전 사용은 많은 요소들이 관련되는 미묘한 문제 해결 활동이다. 예를 들어, 주어진 과제를 하는 데 단일어 사전이 이중언어 사전보다 나을지 더 못할지를 결정하기는 쉽지 않다. 이 두 종류의 사전 중 어느 것이 더 효과적인지는, 여러 가지 사항들 중에서 사전 사용자의 메타언어적 능숙도와 추론 기술뿐 아니라 관련된 어휘 항목의 종류, 그것이 발견되는 맥락, 사용자의 L2 지식에 달려 있다. 그러므로 그러한 변수들을 감안하지 않고 단일어 사전과 이중언어 사전 사용을 전반적으로 비교하는 식의 연구 결과는 신뢰할 수 없다. 어떤 유형의 언어학습자가 어떤 종류의 언어 과업을 수행하는 데 도움이 될 어떤 종류의 언어 항목에 대한 정보를 필요로 하는지를 궁극적으로 결정하려면 상호작용적이고 반복적(iterative)인 접근법이 요구된다.

연구가 타당성을 확보하기 위해서는 연구 결과에 영향을 주는 다양한 요소들이 별개로 구분되어 규명될 수 있도록 충분히 자세하게 또 충분히 체계적으로 분석해야 한다. 그런 다음 연구하고 하는 개개의 요인이 가능하면 그 실행에서 단 하나의 변인이 되는 것을 담보할 수 있도록 조사가 조직적이어야 한다. 그렇다면 외국어 사전 사용에 있어서 고려해야 할 변인들을 살펴보자.

1) 사용자의 문식성 및 교양 정도(일반 교육 정도, 읽기 · 쓰기 · 추론 기술).
2) 사용자의 외국어 능숙도.
3) 사용자의 사전 메타언어 이해도.
4) 과제에 사용되는 사전(들)에 대한 사용자의 친숙도.
5) 주어진 과업에 사용될 (또는 창출될) 텍스트(또는 주제)에 대한 사용자의 지식.
6) 과업의 시간 제약 부과 유무를 포함한 포맷 및 유형(written or spoken,

번역 또는 이해 등).

7) 연구 참가자[대상자]가 수행해야 할 과제의 난이도.
8) 정보를 찾을 때 또는 정보가 제공될 때 쓰이는 언어(L1 또는 L2).
9) 관련된 언어 항목 유형(예컨대 내용어 또는 기능어)과 찾으려는 항목의 언어 정보 종류(의미, 문법, 철자(맞춤법] 관련, 백과사전 관련 등), 그리고 L1과 L2 사이의 언어 및 문화적 거리.
10) 사전 정보가 제시되는 매체(인쇄 또는 전자 매체).
11) 사용되는 사전이나 사전 표제항의 유형(단일어, 이중어, 이중언어화 사전 등).
12) 사용되는 사전(들)에서 정보가 제시되는 방식(분류 방식, 편집 방식, 메타언어, 레이아웃 등).
13) 참여자가 이용 가능한 사전 정보의 원천(source) (실제 사전들인지 아니면 발췌한 것인지? 또는 연구자가 별도로 개발한 것인지? 등).
14) 관련된 실제 과제와 비교해 볼 때 사전이 포괄하고 있는 내용의 적절성(실제로 찾으려는 정보를 사용 중인 사전(들)에서 찾을 수 있는지 없는지).

위 변수들 중 1-5는 사전 사용자와, 6은 과제 자체와, 7-9는 사전 사용자가 및 과제 둘 다와, 10-14는 연구 대상이 되는 사전과 관련되어 있다.

3. 연구 방법론적 권고 사항

연구 대상자 선정과 관련하여 변수 1-5 그리고 7-9를 감안하여 연령, 교육 정도, 메타언어 지식, 추론 기술 등의 측면에서 기준을 분명히 명시한다. 메타언어 지식과 추론 기술은 이런 목적을 위해 고안한 과제를 이용해서 평가하거나, 참여자의 교육 정도(qualifications), 전문 경험 등으로 측정할 수 있다.

참여자의 외국어 능숙도를 분명히 하기 위해 이것을 확인할 수 있는 pre-test를 실시하여 그에 따라 연구 참여자를 선정한다. 참여자의 L2 어휘 정도를 절대적으로 통제하는 것이 가능한 경우는 거의 없다. 만약 이런 측면이 실험에 아주 중요한 경우에는 pseudo-words(실제로 존재하지 않기에 어떤 참여자도 그에 대한 사전 지식이 있을 수가 없는)를 이용하는 방법을 고려할 수 있을 것이다.

연구 참여자들이 수행할 과제를 분명히 명시하라. 참여자들에게는 그들의 읽기 · 쓰기 · 번역 등 활동의 목표 및 그들이 과제를 수행하는 환경(예컨대 시간, 환경의 질(quality)에 대해 명시적으로 알려 주어야 한다.

본 연구를 하기에 앞서 항상 시험 연구(pilot study)를 해 보는 것이 좋다. 설문지 항목을 확정하기 전에 비공식적으로라도 대상자와 유사한 집단에게 질문을 해 볼 필요가 있다. 연구 참여자들에게서 있을지 모르는 모든 가능한 오류와 왜곡, 작성자의 의도와 맞지 않은 주관적인 해석 가능성을 모두 다 알아내기는 어렵다. 또 연구 참여자들의 반응을 코드화할 때에는 각 언어 범주(즉 사전을 찾은 언어 항목의 각 유형)와 찾아본 각 정보 유형(의미, 철자 등)에 대해 별개의 분석을 실시하라.

사전 사용 연구에 전자 사전이 쓰일 수도 있고 종이 사전이 쓰일 수도 있는데, 각 사전이 나름대로 장단점이 있다. 전자 사전은 특정 전자 사전 매체에 친숙한 정도가 동질적인 집단을 이루도록 세심한 주의를 기울이지 않으면 조사 결과에 왜곡을 초래할 수 있다. 그러나 사전 사용을 모니터링할 때에는 전자 사전이 두드러진 강점을 갖는다. 로그 데이터를 만듦으로써 각 조작에 투입된 시간을 포함하여 연구 참여자의 모든 동작을 추적[기록]할 수 있고 이것을 나중에 부호화하여 분석할 수 있다. 따라서 컴퓨터로 통제하는 연구의 주된 장점은 연구 참여자의 사전 사용에 대한 완전한 기록을 만들어 낼 수 있고, 온라인 모니터링을 함으로써 관찰자가 실험에 영향을 미칠 위험을 줄일 수 있다.

종이 사전을 사용하는 경우도 자가 기록지나 과업 직후의 단기 추고, think-aloud 프로토콜 등의자기 기록 방식을 이용하여 사전 이용 시의 기술과 전략을 알아볼 수 있다. 그러나 실험을 위해 표제항 정보에 특별한 조작을 해야 하게 될 경우 전자 사전에 비해 상당히 번거로운 과정이 필요해진다.

4. 결론

지금까지 사전 사용에 대한 실증적 연구는 상당히 무계획적이었다. 필요한 것은 사전 사용자가 복잡한 정보를 담고 있는 사전을 찾아볼 때 여러 가지 변수가 어떻게 상호작용을 하는지에 대한 체계적인 연구이다.

Tono (2001)

Tono, Y. (2001) 'Research on Dictionary Use: Methodological Considerations.' in Tono, Y. *Research on Dictionary Use in the Context of Foreign Language Learning*. Tübingen: Niemeyer, 59-72. [Reprinted in *Lexicography*: *Critical Concept* (*Vol. 1*). ed. by Hartmann, R. R. K. (2003). London: Routledge, 394-412].

사전 사용 연구의 방법론적 고려 사항에 대한 두 편의 주요 논문인 Hartmann(1989)과 Hulstijn과Atkins(1998)를 검토하여 사전 사용자 연구의 연구 분야를 정리해 보면 다음과 같다.

1) 사전 사용 역사
2) 사전의 기능
3) 사전의 유형론
4) 사전의 이미지
5) 사전 사용자의 태도, 욕구, 습관 및 선호도
6) 사전 사용 형태들
   - 이해[표현] 활동 시
   - 표현 활동 시
   - 언어 평가에서
   - 어휘 학습
7) 사전 사용 기술들
   - 이해[표현] 활동 시
   - 언어 평가에서
   - 어휘 학습

8) 사전 사용 기술 지도
9) 사전에 대한 비판적인 비교 및 검토.

사전 사용에 관한 연구 및 그 관련 방법들을 이해하기 위해서는 위 분류에 또 하나의 국면, 즉 과학적 연구 방법론의 틀을 첨가해 보면 흥미롭다. Mouly(1978)는 실증적 연구 과정에 다섯 단계를 명시해 놓고 있다.

1) 경험(experience): 가장 기본적인 단계에서의 과학적 탐구의 출발점
2) 분류(classification): 외부 현상에 대한 형식적 체계화
3) 수량화(quantification): 수학적 방법을 통해 외부 현상이 좀 더 정확히 분석 가능해지는 정교한 단계.
4) 관계의 발견(discovery of relationships): 현상들 간의 기능적 관계의 발견 및 분류.
5) 진리에의 접근(approximation to the truth): 진리에 점진적으로 가까워지는 것이 바로 과학의 발전임.

진리에 점진적으로 근접해 가는 과학의 발전 과정에 대해 Cohen과 Manion(1994: 20)은 다음과 같은 절차적 단계를 제시하였다.

1) 해당 학문의 정의와 그 아래 포함될 현상들의 구명.
2) 관련 요인들, 변인들 또는 항목들(items)을 밝히고 분류표를 붙이는 관찰 단계. 또한 범주와 분류 체계가 개발되는 단계.
3) 변인들과 특질들의 상관관계가 연구되고 이론들이 개발되기 시작함에 따라 정보가 체계적으로 통합되는 단계.
4) 실험이 예상되는 결과들을 낳는지 보기 위해 체계적으로 통제된 변인 조작이 이뤄져서 상관관계에서 인과관계로 이동하는 단계.
5) 이전 단계들의 결과가 축적됨에 따라 확고한 이론이 구축되는 단계.

6) 구축된 이론을 문제 해결이나 추가 가설의 원천으로 사용하는 단계.

1980년대 말까지는 사전 사용 연구가 위 발전의 두 번째 단계에 해당했다. 연구자들은 사실들을 관찰하고 기록하는 데 만족했고 어느 정도의 분류 체계에 이르는 것이 가능하기도 했다. 실태 조사와 사례 연구가 이 단계의 주된 방법이었다. 그러나 1990년대에는 어휘 학습에 대한 관심이 커지면서 사전 사용이 어휘 학습에 미치는 영향에 대한 더 탄탄한 실증적 연구들이 행해져 대부분 3이나 4단계로 이행하였다. 이는 사전 사용에 대한 연구 방법들이 점점 더 과학적이 되고 있음을 보여 준다.

과학적 탐구의 과정이나 단계에 대한 이 같은 해석에는 그 바탕이 되는 전제들이 있는데, 결정주의, 실증주의, 경제성, 그리고 일반화에 대한 전제들이 그것이다. 그 전제들을 사전 사용자 연구에 대입해 보면 다음과 같은 입장으로 설명될 것이다.

1) 결정주의라는 전제: 사전 사용자가 사전을 찾는 행위에는 원인이 있고 이것이 사전 사용 환경에 의해 결정될 수 있으므로 사전 사용은 체계적으로 연구될 수 있는 것으로 상정된다. 그 환경은 언어적 과제의 유형, 사용자의 모국어와 문화적 배경, 사용자의 외국어 능숙도, 사전에서 찾는 정보의 종류, 사용자의 메타언어적 지식 또는 추론 기술이 될 수 있다. 각각의 경우에 있어서 그 요인들 간의 인과관계를 파악하는 것이 가능하며 이것이 규칙적인 방식으로 결정된다고 본다.
2) 실증[경험]주의의 전제: 가설로 세운 이론의 옹호 가능성은 그것을 뒷받침하는 실증적 증거의 성격에 달려 있다는 의미이다. 여기서 "실증적"이란 관찰을 통해 확인할 수 있다는 뜻이고, '증거'는 증거 또는 강력한 확인 요소가 되어 주는 데이터를 의미한다. 그 어느 때보다 더

많은 연구들이 사전 사용과 관련된 질문들을 명확히 하기 위해 실증적 자료들을 모으려고 애쓰고 있다. 이것은 더욱 더 많은 연구가 이 실증주의라는 추정을 받아들이고 있음을 보여준다.

3) 경제성의 원칙이라는 전제: 이 전제의 기본적인 생각은 '현상은 가능한 한 가장 경제적인 방식으로 설명되어야 한다'는 것이다. 단순한 이론이 복잡한 이론보다 선호된다. 사전 사용 연구는 아직 걸음마 단계라서 이 경제성의 원칙에 비추어 평가를 내릴 수 있게 서로 경쟁 가능한 이론들이나 가설들이 있지 못하다. 그러나 이 추정은 사전 사용 모델이나 개인의 사전 찾기 절차 모델을 성립하는 데 적용 가능한 사항이다.

4) 일반화의 전제: 과학자는 특정한 것에 대한 관찰에서 출발하여 자신이 발견한 것을 세상 전반으로 일반화해 나간다. 사전 사용 연구 또한 특정한 현상의 관찰을 통해 사전 사용 전반에 대한 일반화된 법칙을 이끌어 낼 수 있다고 믿는 입장에서 이 전제를 취한다.

과학의 가장 뚜렷한 특징이 실증적 특성이라면 그 다음으로 가장 중요한 특징은 어떻게 연구 결과에 이르게 되었는가를 보여줄 뿐만 아니라 동료 과학자들이 반복할 수 있도록, 즉 동일하거나 다른 재료들을 가지고 그 결과들을 확인할 수 있도록 충분히 명확한 일련의 연구 절차이다.

상기한 실증주의의 전제들은 자연과학을 인문학의 패러다임에 수용하는 데서 나온다. 실증주의자의 믿음은 첫째 자연과학의 방법론적 절차가 사회과학에 바로 적용될 수 있다는 것이다. 둘째 사회과학자의 연구로 나온 최종 산출물이 자연과학에서 쓰이는 용어들과 유사한 용어들로 표현될 수 있다는 것이다. 자연과학 분야에서는 그 성공이 입증되었지만 인문학을 비롯한 인간 현상의 연구하는 분야에서는 이런 실증주의적 입장에 대해서 상당한 비판이 있는 것도 사실이다. 인간 행동 연구에서는 인간 본성의 엄청난 복잡성과 사회 현상의 규정하기 힘든 특질이 자연계의 질서 및 규칙성과 현격한 대조를 보이기 때문이다. 실증주의에 대해 회의적인 입장에서는, 현상에 대한 연구가 인간 경험의 주관적인 세계를 이해하려는 노력을 하는 가운데 이뤄져야 한다고 주장한다. 실증주의에 대치되는 이러한 패러다임은 종종 '규범적' 또는 '해석적' 패러다임으로 일컬어진다.

그런데 '과학'이라는 말 자체는 규범적인 관점과 해석적인 관점도 모두 함축한다는 것이 중요하다. 이것은 단순한 선택의 문제가 아니다. 행동 연구에 대한 규범적이고 해석적인 방법들도 실제로 가능하며 인간 행동의 다른 측면들을 보완적으로 드러내 줄 가능성[잠재력]을 지니고 있음을 우리 모두 유념해야 한다.

사전 사용은 대단히 복잡한 인지 과정이다. 이것은 물론 과학적인 방법으로 연구되어야 한다. 그러나 사전 사용은 특정한 사회・문화적 환경에서 일어나는 대단히 개인적인 지적 체험이 그 특징이라서 해석적인 방법으로 더 잘 이해될 수 있다는 점도 유념해야 한다. Bensoussan 등(1984)[본문 000쪽]과 같은 내규모 연구를 실행하는 것도 중요하지만 그런 연구에서는 사전 찾기 기술 및 습관상의 개인적인 차이들을 살피는 것이 사실상 불가능해서 귀중한 정보가 일반론을 위해 희생될 수도 있음을 잊지 말아야 한다.

그러므로 소규모 연구 계획의 일환으로 행해지는 사전 사용자 개인에 대한 심층 연구도 그것이 특정한 환경에서의 사전 사용과 관련하여 개인적인 관점들, 사적인 생각들, 상황을 정의하는 요소들 같은 미시 개념들을 드러내는 방식으로 실시된다면 특별한 가치를 가질 수 있다는 것이 내 주장이다.

Tono (1998)

Tono, Y. (1998) 'Interacting with the Users: Research Findings in EFL Dictionary User Studies.' in *Lexicography in Asia*. ed. by McArthur, T. and Kernerman, I. Jerusalem: Password Publishers, 97-118.

지난 20년간 사전 사용자 연구가 하나의 중요한 연구 분야로 떠오르며 활발해진 데에는 몇 가지 이유가 있었다. 첫째, 외국어 학습자를 위한 사전들이 등장하면서 사전 사용자에 대한 태도가 크게 변했다. 통상 사전은 일반 목적용 사전과 교육[학습]용 사전이라는 두 가지 범주로 나뉜다. 일반 목적용 사전은 보통 과거로부터 이어져 온 권위를 인정받아 그 내용의 타당성과 품질에 대해 감히 사용자가 뭐라고 함부로 논평을 하기 힘들지만, 교육용 사전은 사용자가 목표 언어에 대해 항상 완벽한 능력을 지니고 있는 게 아니므로 편집자는 사용자의 지식과 기술에 대해 더 많은 의식을 해야 한다. 따라서 EFL 학습자 사전 시장의 확산과 더불어 해당 시장 영역의 사용자들에 대한 사용자 기술 및 욕구 분석(needs analysis)의 필요성이 대두되었다.

한편 과거 10년 동안 계속된 '학습자 사전 전쟁(learner's dictionary war)'으로 말미암아 학습자 사전 '혁신적인', 그러나 (실험을 통해) 검증되지 않은 순전한 '아이디어들'로 그야말로 포화 상태에 이르렀다. 새로운 사전의 형식은 표제항의 일부 정보를 아예 없애거나 대체하고 편집 체제를 혁신하는 등의 시도와 실험으로 이어졌지만, 정작 이러한 변화가 실제로 유익한 것인지에 대한 실증적인 근거를 마련하기는 어려웠다. 더욱이

(적어도 일본에서는) 사전 편찬은 출판사 주도의 사업이었기에 자체 사용자 연구가 이루어져 왔다고 하더라도 그 내용이 널리 공유될 수 없었다. 따라서 사전 사용자라는 주제에 대한 학계의 연구 활동이 절실해지게 된 것이다.

더불어 언어 교육의 최근 동향과 사전의 역할에 대한 관점 변화도 빠뜨릴 수 없는 요인으로 작용했다. 외국어 습득과 교수에서 상대적으로 무시되어 왔던 분야인 어휘 습득이 일반 언어학뿐 아니라 외국어 습득과 언어학습 연구에서 점점 더 주목을 받게 되면서, 부수적 어휘 학습과 사전 사용의 효과에 대해 점점 더 많은 연구가 이뤄지게 된 것이다. 이 같은 상황적 배경에서 사전 사용자 연구의 당위와 필요를 설명할 수 있을 것이다.

사전 사용자 연구의 연구 분야는 크게 5가지 범주로 구분할 수 있다.

1) 사용자 욕구 분석 및 기술 분석(needs analysis and skills analysis)
2) 사전 사용과 언어 4기능(말하기, 듣기, 읽기, 쓰기) 수행
3) 사진 사용 기술 교육
4) 언어 교수 및 학습에서 사전의 역할
5) 사전 사용자 관점에서 하는 사전 비평.

이러한 사전 사용자 연구 주제들은 몇 가지 사회과학의 연구 방법들에 입각하여 수행하는 것이 바람직하다. 연구자는 아래에 크게 4가지로 설명한 연구 방법들의 특징을 이해하고, 자신의 연구 목적에 적합한 방법을 선택해야 할 것이다.

1. 관찰(observation)

관찰 기법은 특별한 연구의 문제점이나 가설이 없을 때 사용자가 사전을 찾으면서 하는 모든 행위를 관찰하고 기술하여 현상에 대한 설명을 시도하는 방법이다. 관찰에는 참여자 관찰, 비참여자 관찰, 그리고 녹화가 있다. 참여자 관찰은 말 그대로 사전을 가지고 하는 언어 행위에 함께 참여하며 현상을 기술하는 방법이고, 비참여자 관찰은 예컨대 교실에서 이해/표현 활동에 사전을 사용하는 학생들의 행위를 기술하는 것이다. 이때 비디오나 오디오 등의 관찰 도구를 사용할 수도 있을 것이다. 관찰의 범위를 한정하거나 좀 더 체계적으로 하기 위해서는 Flint(Moskowitz, 1968)나 COLT(Allen 등, 1984) 등과 같은 관찰 기록 양식을 개발하는 것이 좋을 것이다.

2. 실태 조사(survey)

이 방법으로 얻은 결과도 우리가 실제로 어떤 일이 일어나는지가 아니라 사용자들이 어떤 생각을 하는지 만을 알 수 있다는 점에서 '간접적'이다. 실태 조사에 가장 많이 쓰이는 자료 수집 도구는 인터뷰와 설문지이다.

3. 상관분석 연구(correlational design)

사전 사용 필요(needs)및 기술(skills)과 다른 요인들(학습 환경, 사회-경제적 지위[위치], 언어 능숙도 등) 간의 관계 연구에 사용되는 방식이다. 상관분석 연구는 거칠게 말해 세 가지의 질문을 포함한다. 첫째 질문은 '두 개의 변수 간에 관계가 있는가'이고, 만일 그에 대한 답이 '그렇다'라면 둘째 질문은 '관계의 방향(direction)은 어떠한가'이며, 셋째 질문은 '관계의 정도(magnitude)는 어떠한가'가 된다. 예를 들어 학습자의 '언어 능숙도'와 '사전 사용 기술'을 두 가지의 변수로 보고, 언어 능숙도가 높을수록 사전 사용 기술이 좋다면 이 두 요소가 정적 관계성을 지니고, 그 정도가 0.5 이상이라면 이 두 변수 간의 정적 상관관계가 매우 크다고 볼 수 있을 것이다. 이때 언어 능숙도는 무엇으로 정의할지, 또 사전 사용 기술은 무엇으로 정의할지의 문제가 연구 설계에 있어 중요한 관건이 될 것이다. 사전 사용자 연구에서 상관분석의 주요 변수로는 사용자의 사전 사용 욕구(needs) 및 기술(skills), 성별, 교육 정도, 사회-경제적 위치, 외국어 능숙도, 읽기 능력, 어휘 지식, 쓰기 능력, 학교에서의 사전 사용 교육 경험 등이 있다.

4. 실험 연구(experimental design)

교육학 연구에서는 과학 연구에서처럼 순수한 실험 설계는 현실적으로 어려우므로 일종의 '유사' 실험 연구라고 할 수 있을 것이다. 이런 연구의 예로는 다음을 들 수 있다.

1) 이해/표현 과제 중의 사전 사용 효과 조사: 읽기 이해 과제를 하는 실험 집단(사전 사용)과 통제 집단(사전 사용) 비교.
2) 이해/표현 과제에 사전 편집 체제가 미치는 영향 조사: 사전의 편집 방식을 통제함으로써 그 영향을 비교하는 것이 가능하다.
3) 특정한 사전 정보가 이해/표현 과제에 미치는 영향 조사: 특정 정보 패턴(예문, 문법 정보 코드, 연어 정보 등)을 통제하여 예문 등이 이해/표현 과제에 얼마나 도움을 주는지 등을 조사한다.
4) 사전 교육이 이해/표현 과제에 미치는 영향 조사: 사전 사용 교육을 받은 학급과 받지 않은 학급 간에 이해/표현 과제 수행력을 비교한다.
5) 사전 사용이 외국어 학습에 장기적으로 미치는 영향 조사: 사전을 정기적으로 사용하는 학습자들로 구성된 언어 학습 학급이 있다면 그 학급

을 일반 학급과 비교함으로써 사전 사용의 장기적인 영향을 알아보는 연구가 가능할 것이다.

사전 사용자에 대한 실증적인 연구들이 증가하고 있음에도 불구하고 아직까지 사전 사용 연구에서는 이런 유형의 연구는 상대적으로 적은 편이다. 사전 사용자들의 행동을 과학적으로 이해하려면 더욱 실험적인 연구 디자인을 이용해야 한다고 나는 주장해 왔다. 내가 진행한 한 가지 간단한 조사가 이러한 주장을 뒷받침할 수 있을 것이다. 나는 피실험자들에게 사전에 나오는 기호(symbol)들을 보고 그것을 알겠는지 아니면 모르겠는지를 설문으로 조사하고, 그들이 실제로 아는지 모르는지를 테스트하여 그 두 결과를 비교하였다. 예컨대 가산명사의 경우, 설문조사에서는 기호 [C]가 무엇을 뜻하는지를 묻고, 알겠으면 YES에 표시하게 했고 테스트에서는 가산명사의 예를 무엇이든 써 보게 했다. 이 두 결과는 상반되게 나와서 설문조사에서 56%가 해당 기호를 안다고 답했는데 실제 테스트에서는 55%가 옳게 답을 쓰지 못했다. 자동사의 경우에는 결과가 더 심각해서, 설문조사에서는 거의 85%가 [I]가 무엇을 나타내는지를 안다고 답했는데 실제 테스트에서는 53%만이 올바른 예를 적었다. 이것은 설문조사가 가끔 현상을 직접적이고 정확히 파악하는 데는 한계가 있다는 사실을 극명하게 보여준다. 바로 이런 이유 때문에 사용자 행위를 더 직접적으로 살펴보려면 적절한 실험 방법을 고안해 내는 것이 중요한 것이다.

Bogaards (1999)

Bogaards, P. (1999) 'Research on Dictionary Use: An overview.' in *Thematic Network Project in the Area of Languages: Recommendations, National Reports and Thematic Reports from the TNP Sub-project 9: Dictionaries.* ed. by Hartmann, R. R. K. Berlin: Freie Universität Berlin, 32-35.

Hulstijn과 Atkins(1998)는 외국어 교육에서의 사전 사용에 관한 실증적 연구 실태 조사에서 60여 편의 논문을 살피면서 사전 사용자 연구를 다음과 같은 7가지 주제에 따라 분류했다.

1) 사전 사용자의 태도, 요구, 습관, 선호도
2) 사전과 텍스트 이해
3) 사전과 텍스트 생산[표현]
4) 사전과 어휘 학습
5) 사전과 언어 평가(testing)
6) 사전 사용 기술 교육
7) 비판적 사전 비교.

1)과 관련해서는 사용 빈도(구어보다는 문어에서 더 자주 사용됨), 찾는 정보 종류(문법과 발음보다는 의미와 대응어를 더 많이 찾음), 만족도(사람들이 가장 불만족스러워하는 것이 찾는 단어가 없는 것)와 같은 여러 측면들이 연구되었다. 그러나 이런 유형의 연구는 흔히 (사람들이 실제 행하는 것보다 생각하는 바를 알려주는) 설문지를 통해 수집된 간접 증거를 기반으로 하고 또 데이터가 결정적이지도 못하다는 점에 주의해야 한다.

2)와 관련해서는, 단일어 사전, 이중언어 사전, 이중언어화 사전, 전자사전 중 어떤 종류의 사전이 어떤 유형(중급 학습자, 상급 학습자, 번역가…)의 사용자에게 도움이 될 수 있는지, 또 사전 표제항 내의 어떤 정보(정의문, 인용례 또는 작성례, 문법 정보, 대응어, 혹은 이 모두의 조합 등)가 글을 읽는 이들의 사전 찾기 욕구에 가장 도움이 되는지에 대한 문제들에 대해 우리는 이제 몇 가지 답을 얻기 시작하고 있는 중이다.

3)과 관련해서는 문제들은 비슷하지만 적절한 연구 디자인을 해 내기가 더 어렵다. 중점은 번역과 자유 작문에서 사전 용례 활용에 두어져 왔었는데, 예를 들면 Atkins 등(1987)이 유럽의 언어 학습자들을 대상으로 한 최초의 국제적인 비교 연구가 있다.

4)와 관련해서는 사전이 사용자를 어휘 학습으로 인도하는 것으로 밝혀져 왔다. 비록 사전의 1차적인 기능은 학습 기능이 아니라 참조 기능이지만, 텍스트 번역 시 사전을 전혀 사용하지 않은 피실험자들은 사전을 사용한 이들보다 더 적은 수의 단어를 습득했다(Bogaards, 1991). 그러나 이것이 함의하는 바는 분명하지 않다. 사전이 정확히 어떻게 해서 사용자를 돕는 것인가? 단일어 사전이 이중언어 사전보다 더 나은 것인가? 사전과 더불어 반드시 단어장이나 특수 어휘 목록과 같은 교사의 안내가 제시되어야 하는 것인가? 등에 대해서는 아직 확실히 밝혀진 바가 없다.

5)와 관련해서, 즉 사전 사용이 시험 점수에는 어떤 영향을 미치는가에 대해서는 두 가지 서로 상당히 상반되는 연구로 Benoussan 등(1984)과 Nesi와 Meara(1991)가 있다. 6)과 관련해서는 우리가 어디에 문제가 있고 사용자들이 어떻게 그 문제들을 해결하는지를 알기까지는 의도적인 교육이 실제로 영향을 미치는지를 확신할 수가 없다. 7)과 관련해서는 사전 평가에 필요한 객관적인 기준에 대한 합의가 중요하다. 그런데 누가 이 기준을 제공할 것인가? 사전학자(academic reviewers), 사전 편찬자, 아니면 사

전이 실제로 어떻게 사용되는지를 알고 있는 다른 집단의 사람들인가? 즉 비평의 주체가 누가 될 것인가 하는 문제가 남아 있다.

Hulstijn과 Atkins의 분류에서 다소 미흡한 것은, 비록 2)~5)의 연구 주제에 간접적으로 포함되어 있긴 하지만, 사전 참조 행위 과정(look-up process) 자체를 하나의 독립된 연구 주제로 포함시키지 않았다는 점이다. 사전 참조 행위에 대한 과학적인 분석과, 이에 기초한 '사전 사용의 이론'이 성립되어야 6)과 같은 분야의 연구가 비로소 가능해질 것이다. 현재 부분적으로 사전 사용 행위의 분석이 이뤄지고 있긴 하지만, 이해 활동 맥락에서의 연구가 대부분이며, 표현 활동 시 사전 사용이 실제로 어떻게 이뤄지는지에 대한 상세한 분석은 부족한 실정이다.

전자 사전의 출현으로 모든 문제가 해결되지는 않을 것이다. 전자 사전으로 인해 표제어에 대한 제약이나 표제항에 대한 공간적인 제약은 없어질 것이고, 말뭉치를 이용한 사전 편찬 기법의 발달 덕분에 더 많은 자료들을 이용할 수 있겠지만, 전자 사전 특유의 제약(예: 컴퓨터 화면의 제약 등)이 새로운 제한점으로 작용할 수도 있을 것이다.

앞으로 사전 사용자 연구에서는 어휘 유형이라든가, 사전의 유형, 연구 참여자의 모국어 교육 수준 및 외국어 능숙도 등의 변인(독립변수)이 더욱 심층적으로 고려되어야 할 것이다. 또한 다음과 같은 사용 환경이 관찰되어야 할 것이다.

- 사전을 사용하지 않을 때(no dictionary)
- 전통적인 단일어 사전 사용
- 학습자용 단일어 사전 사용
- 이중 언어화 사전 사용
- 전통적인 이중 언어 사전 사용
- 전자 사전 사용

연구 참여자들은 위 환경들 중 적어도 두 가지 이상에 무작위로 걸쳐져 있어야 하고(between-subject design: 독립적 요인설계), 그들은 최소한 이들 환경 중 두 가지 내에서 과제를 수행해야 한다(within-subject design: 반복측정 요인 설계). 연구 참여자들은 특정 범위의 언어 교육을 받는 사람들일 수 있으며, 특정 외국어 능숙도(표준 테스트 등을 통해 측정된) 내에 있는 고등학생이거나 대학 1, 2학년생(평균 연령 16~20세)일 수 있다. 종속변수는 사전에서 찾아본 단어들의 수와 종류, 옳게 번역한 단어들의 수와 종류, 학습한 단어들의 수와 종류와 같이 크게 세 가지로 분류할 수 있을 것이다.

■ 요약 문헌 분류표

문헌	연구 주제	연구 참여자	연구 방법
Atkins (1998)	사전 사용자 연구 방법론		
Atkins and Varantola (1998a)	사전 사용 행태	유럽의 영어 학습자 1,140명	Q/S2) 3) T/E
Atkins and Varantola (1998b)	언어 활동과 사전 사용	사전 사용 경험이 많은 외국어 사용자 및 핀란드의 번역 전공자 등 103명	Paired Monitoring Observation
Baxter (1980)	사전 사용 행태	일본의 대학생 영어 학습자 342명	Q/S
Beattie (1973)	사전 사용 교육		
Bensoussn et al. (1984)	언어 활동과 사전 사용1) 사전 사용 교육	이스라엘 대학의 영어 학습자 1,500명	T/E Q/S
Bishop (2001)	사전 사용 교육 언어 활동과 사전 사용	영국 대학의 프랑스어 학습자 30명	T/E
Bogaards (1998)	언어 활동과 사전 사용	네덜란드의 대학생 프랑스어 학습자 45명	Self-records
Bogaards (1999)	사전 사용자 연구 방법론		문헌 조사
Bowker (2003)	사전 유형별 효과 비교	캐나다 대학의 번역 전공자(인원수 불명)	T/E
Bruton (2007)	어휘 학습과 사전 사용 언어 활동과 사전 사용	스페인 고교생 영어 학습자 13명	T/E
Campoy Cubillo (2002)	사전 사용 교육 사전 사용 행태	스페인의 대학생 ESL 학습자 85명	Self-records Group interviews
Chen (2010)	사전 유형별 효과 비교	중국 대학의 영어 전공자 85명	Q/S T/E
Chi (2003)	사전 사용 교육	홍콩의 대학생 영어 학습자 200명(1차 연구) 및 186명(2차 연구)	Q/S T/E
Chon (2009)	언어 활동과 사전 사용	한국의 대학생 영어 학습자 10명	Think-aloud
Diab (1989)	사전 사용 행태	요르단의 대학생 ESP 학습자 405명	Q/S Interviews Self-records
Dziemianko (2010)	사전 유형별 효과 비교	폴란드 대학의 중상급~상급 영어 학습자 64명	T/E
East (2007)	사전 사용 교육	뉴질랜드의 고교생 독일어 학습자 47명	T/E Q/S

문헌	연구 주제	연구 참여자	연구 방법
Frankenberg-Garcia (2005)	언어 활동과 사전 사용	번역을 전공하는 포르투갈 대학생 16명	Self-records
Frankenberg-Garcia (2011)	사전 사용 행태	포르투갈의 대학생 ESP 학습자 211명	T/E
Hartmann (1989)	사전 사용자 연구 방법론		문헌 조사
Harvey and Yuill (1997)	언어 활동과 사전 사용	영국의 외국인 ESL 학습자 211명	Self-records
Hulstijn and Atkins (1998)	사전 사용자 연구 방법론		문헌 조사
Iwasaki (2006)	사전 사용 교육	일본 대학의 영어 학습자 121명	T/E
Knight (1994)	어휘 학습과 사전 사용 언어 활동과 사전 사용	스페인어를 공부하는 영어 모국어 화자 대학생 105명	T/E
Koyama (2006)	사전 유형별 효과 비교	일본 대학의 영어 학습자 18명 및 34명	T/E Think-aloud
Laufer and Hadar (1997)	사전 유형별 효과 비교	이스라엘의 중상급 고교 학습자(76명) 및 상급 대학 영어 학습자(46명)	T/E
Laufer and Hill (2000)	어휘 학습과 사전 사용 사전 사용 행태 사전 유형별 효과 비교	홍콩 및 이스라엘 대학생 영어 학습자 총 72명	T/E
Law and Li (2011)	사전 사용 행태	홍콩의 통・번역 전문대학생 342명	Q/S
Lew and Doroszewska (2009)	어휘 학습과 사전 사용 사전 사용 행태 사전 유형별 효과 비교	폴란드의 고교생 영어 학습자 56명	T/E Log file analysis
Lew and Galas (2008)	사전 사용 교육	폴란드의 초등학생 영어 학습자 57명	T/E
Li (1998)	사전 사용 행태	중국 대학의 ESP 학습자 및 교원 801명	Q/S T/E
Luppescu and Day (1993)	어휘 학습과 사전 사용 언어 활동과 사전 사용	일본의 대학생 영어 학습자 293명	T/E
MacFarquhar and Richards (1983)	사전 유형별 효과 비교	하와이에 거주하는 ESL 학습자 180명	Q/S 참여자 평가
Mackintosh (1998)	언어 활동과 사전 사용	캐나다 대학의 번역 전공자 15명(연구 1) 및 107명(연구 2)	Think-aloud T/E
McCreary (2002)	사전 유형별 효과 비교	미국 대학의 영어 모국어 화자 207명	T/E

문헌	연구 주제	연구 참여자	연구 방법
Mochizuki (2006)	어휘 학습과 사전 사용 사전 유형별 효과 비교	일본 대학의 영어 전공자 35명	T/E
Nakayama and Osaki (2006)	사전 유형별 효과 비교	일본의 대학생 영어 학습자 137명	T/E
Nesi (1999)	사전 사용 교육	영국 및 외국의 대학 기관에 재직하는 교원 35명	Q/S 문헌 조사
Nesi (2000)	사전 유형별 효과 비교	영국 대학의 EAP 학습자 29명	
Nesi and Haill (2002)	사전 사용 행태	영국 대학의 EAP 학습자 89명	Self-records
Nesi and Meara (1994)	사전 사용 행태	영국 대학의 EAP 학습자 52명	T/E
Nesi and Tan (2011)	사전 유형별 효과 비교	말레이시아 대학의 영어 학습자 124명	
Ozawa and Ronald (2009)	사전 사용 행태 사전 사용 교육	일본의 원어민/비원어민 영어 교사 43명	Q/S
Poulet (1999)	사전 사용 교육		현황 조사 문헌 조사
Quirk (1973)	사전 사용 행태	영국의 모국어 화자 대학생 220명	Q/S
Ronald (2009)	어휘 학습과 사전 사용	일본인 대학생 영어 학습자 1명	T/E
Tomaszczyk (1979)	사전 사용 행태	유럽의 외국어 학습[사용]자 449명	Q/S
Tono (1989)	언어 활동과 사전 사용	영어 몰입 수업을 받는 일본 중학생 32명	T/E
Tono (1998)	사전 사용자 연구 방법론		문헌 조사
Tono (2001)	사전 사용자 연구 방법론		
Varantola (1998)	언어 활동과 사전 사용	핀란드 대학의 번역 전공자 4명	Self-records
Watanabe et al. (2006)	어휘 학습과 사전 사용	14세와 17세의 일본인 영어 학습자 총 110명	T/E
Wingate (2004)	언어 활동과 사전 사용	홍콩 소재 대학의 중급 독일어 학습자 17명	Think- aloud
Yamada (2006)	사전 사용 행태 사전 사용 교육	일본의 대학생 영어 학습자 28명(추정)	Q/S

1) 연구 주제가 둘 이상인 경우 1차 주제를 상단에 두었다.
2) 연구 방법이 둘 이상인 경우 1차 연구 방법을 상단에 두었다.
3) 연구 방법 약어는 다음과 같다: Q/S(Questionnaires and Surveys), T/E(Tests and Experiments).

▪참고 문헌

Allen, P., Frohlich, M. and Spada, N. (1984) 'The Communicative Orientation of Language Teaching: An Observation Scheme'. in *On TESOL '83: The Question of Control*. ed. by Handscombe, J.et al. Washington, D.C.: Washington.

Ard, J. (1982) 'The Use of Bilingual Dictionaries by ESL Students while Writing.' *International Review of Applied Linguistics* 58, 1-27.

Asher, C., Chambers, G. and Hall, K. (1999) 'Dictionary Use in MFL Examinations in the GCSE: How Schools are Meeting the Challenge.' *Language Learning Journal* 19, 28-32.

Atkins, B. T. S. (1998) 'Introduction.' in *Using dictionaries: Studies of Dictionary Use by Language Learners and Translators*. ed. by Atkins, B. T. Sue. Tübingen: Niemeyer, 1-5.

Atkins, B. T. S. and Knowles, F. E. (1990) 'Interim Report on the EURALEX/AILA Research Project into Dictionary Use'. in *BudaLEX 88 Proceedings*. ed. by Magay, I. and Zigany, J. Budapest: Akademiai Kiado, 381-392.

Atkins, B. T. S. and Varantola, K. (1998a) 'Language Learners Using Dictionaries: The Final Report on the EURALEX/AILA Research Project on Dictionary Use'. in *Using Dictionaries: Studies of Dictionary Use by Language Learners and Translators*. ed. by Atkins, B. T. S. Tübingen: Niemeyer, 21-81.

Atkins, B. T. S. and Varantola, K. (1998b) 'Monitoring Dictionary Use.' in *Using Dictionaries: Studies of Dictionary Use by Language Learners and Translators*, ed. by Atkins, B. T. Sue. Tübingen: Niemeyer, 83-122.

Aust, R., Kelley, M. J. and Roby, W. B. (1993) 'The Use of Hyper-reference and Conventional Dictionaries.' *Educational Technology Research & Development* 41, 63-73.

Bae, S. (2011) 'Teacher-training in Dictionary Use: Voices from Korean Teachers of English.' in *Lexicography: Theoretical and Practical Perspectives. Papers submitted to the Seventh ASIALEX Biennial*

International Conference, Kyoto, August 22-24 2011. ed. by Akasu, A. and Uchida, S. Kyoto, Japan: The Asian Association for Lexicography, 46-55.

Barnes, A., Bunt, M. and Powell, B. (1999) 'Dictionary Use in the Teaching and Examining of MFLs at GCSE.' *Language Learning Journal* 19, 19-27.

Barnhart, C. L. (1962) 'Problems in Editing Commercial Monolingual Dictionaries'. in *Problems in Lexicography: Publications of Indiana Research Center in Anthropology, Folklore and Linguistics, 21*. ed. by Householder, F. W. and Saporta, S. Bloomington: Indiana University Press, 161-181 [Reprinted in *Lexicography: Critical Concept (Vol. 1)*. ed. by Hartmann, R. R. K. (2003) London: Routledge, 285-301].

Baxter, J. (1980) 'The Dictionary and Vocabulary Behavior: A Single Word or a Handful?' *TESOL Quarterly* 14 (3), 325-336.

Beattie, N. (1970) 'What Constitutes a 'Good Reader'?' *Modern Languages* 51 (3), 108-115.

Beattie, N. (1973) 'Teaching Dictionary Use.' *Modern Languages* 54 (4), 161-168. [Reprinted in *Lexicography: Critical Concept (Vol. 1)*. ed. by Hartmann, R. R. K. (2003) London: Routledge, 302-311].

Béjoint, H. (1989) 'The Teaching of Dictionary Use: Present State and Future Tasks'. in *Dictionaries: An International Encyclopedia of Lexicography*. ed. by Hausmann, F. J., Reichmann, O., Wiegand, H. E., and Zgusta, L. Berlin: Walter de Gruyter, 208-215.

Béjoint, H. (2010) *The Lexicography of English*. Oxford: Oxford University Press.

Béjoint, H. and Moulin A. (1987) 'The Place of the Dictionary in an EFL Programme.' in *The Dictionary and the Language Learner*. ed. by Cowie, A. Tübingen: Niemeyer, 97-114.

Bensoussan, M., Sim, D., and Weiss, R. (1984) 'The Effect of Dictionary Usage on EFL Test Performance Compared with Student and Teacher Attitudes and Expectations'. *Reading in a Foreign Language* 2 (2),

262-276.
Berwick, G. and Horsfall, P. (1996) *Making Effective Use of the Dictionary*. London: Centre for Information on Language Teaching and Research.
Bishop, G. (2000a) 'Dictionaries, Examinations and Stress.' *Language Learning Journal* 21, 57-65.
Bishop, G. (2000b) 'Developing Learner Strategies in the Use of Dictionaries as a Productive Language Learning Tool.' *Language Learning Journal* 22, 58-62.
Bishop, G. (2001) 'Using Quality and Accuracy Ratings to Quantify the Value Added of a Dictionary Skills Training Course'. *Language Learning Journal* 24, 62-69.
Bland, S. K., Noblitt, J. S., Armington, S., and Gay, G. (1990) 'The Naïve Lexical Hypothesis: Evidence from Computer-Assisted Language Learning.' *Modern Language Journal* 74, 440-450.
Bogaards, P. (1996) 'Dictionaries for Learners of English'. *International Journal of Lexicography* 9 (4), 277-320.
Bogaards, P. (1998) 'Scanning Long Entries in Learner's Dictionaries.' in *EURALEX '98 Actes/Proceedings*. ed. by Fontenelle, T. Liege: Départements d'Anglais et de Néerlandais, 555-563.
Bogaards, P. (1998) 'What Type of Words Do Language Learners Look Up?' in *Using dictionaries: Studies of Dictionary Use by Language Learners and Translators* ed. by Atkins, B. T. S., Tübingen: Niemeyer, 151-157.
Bogaards, P. (1999) 'Research on Dictionary Use: An overview.' in *Thematic Network Project in the Area of Languages: Recommendations, National Reports and Thematic Reports from the TNP Sub-project 9: Dictionaries*. ed. by Hartmann, R. R. K. Berlin: Freie Universität Berlin, 32-35.
Bowker, L. (1998) 'Using Specialized Monolingual Native-language Corpora as a Translation Resource: A Pilot Study'. Meta 43 (4), 631-651.
Bowker, L. (1999) Exploring the Potential of Corpora for Raising Language

Awareness in Student Translators'. *Language Awareness* 8 (3/4), 160-173.

Bowker, L. (2000) 'The Translator as LSP Learner: Using an Electronic LSP Corpus as a Translation Resource'. in *Integrating Theory and Practice in LSP and LAP*. ed. by Ruane, M., Dónalll, P. Ó. B. Dublin: IRAAL, 85-91.

Bowker, L. (2003) 'Corpus-Based Applications for Translator Training: Exploring the Possibilities.' in *Corpus-Based Approaches to Contrastive Linguistics and Translation Studies*. ed. by Granger, S., Lerot, J. and Petch-Tyson, S. New York, NY: Rodopi, 169-183.

Boyd, J. (2011) 'The Role of Digital Devices in Vocabulary Acquisition.' *Cambridge Esol: Research Notes* 44 (May 2011), 27-34.

Bruton, A. (2007) 'Vocabulary Learning from Dictionary Referencing and Language Feedback in EFL Translational Writing'. *Language Teaching Research 11* (4), 413-431.

Campoy Cubillo, M. C. (2002) 'Dictionary Use and Dictionary Needs of ESP Students: An Experimental Approach.' *International Journal of Lexicography* 13 (3), 206-228.

Carduner, J. (2003) 'Productive Dictionary Skills Training: What do Language Learners Find Useful?'. *Language Learning Journal* 28, 70-76.

Chen, Y. (2010) 'Dictionary Use and EFL Learning: A Contrastive Study of Pocket Electronic Dictionaries and Paper Dictionaries.' *International Journal of Lexicography* 23 (3), 275-306.

Chi, M. L. A. (2003) *An Empirical Study of the Efficacy of Integrating the Teaching of Dictionary Use into a Tertiary English Curriculum in Hong Kong*. Hong Kong: Language Centre, Hong Kong University of Science and Technology.

Chon, Y. V. (2009) 'The Electronic Dictionary for Writing: A Solution or a Problem?' *International Journal of Lexicography* 22 (1), 23-54.

Christianson, K. (1997) 'Dictionary Use by EFL Writers: What Really Happens?' *Journal of Second Language Writing* 6, 23-43.

Chun, D. and Plass, J. L. (1996) 'Facilitating Reading Comprehension with Multimedia.' *System* 24 (4) 503-519.

Cohen, A. D. (1987) 'Using Verbal Reports in Research on Language Learning'. in *Introspection in Second Language Research*. ed. by Faerch, C. and Kasper, G. Clevedon, Avon: Multilingual Matters.

Cohen, L. and Manion, L. (1994) *Research Methods in Education*. London: Routledge.

Corder, S. P. (1967) 'The Significance of Learner's Errors.' *International Review of Applied Linguistics* 5 (4), 161-170.

Cowie, A. (1987) *The Dictionary and the Language Learner*. Tübingen: Niemeyer.

Department for Education and Employment (1998) *National Literacy Strategy: Framework for Teaching*. Sudbury: DfEE Publications.

Diab, T. (1989) 'The Role of Dictionaries in English for Specific Purposes: A Case Study of Student Nurses at the University of Jordan'. in *Lexicographers and Their Works*. ed. by James, G. Exeter: University of Exeter Press, 74-82. [Reprinted in *Lexicography: Critical Concept (Vol. 1)*. ed. by Hartmann, R. R. K. (2003) London: Routledge, 327-335].

Dolezal, F. T. and McCreary, D. R. (1999) *Pedagogical Lexicography Today: A Critical Bibliography on Learners' Dictionaries with Special Emphasis on Language Learners and Dictionary Users*. Tübingen: Niemeyer.

Dörnyei, Z. and Scott, M. L. (1997) 'Communication Strategies in a Second Language: Definitions and Taxonomies'. *Language Learning* 47 (1), 173-220.

Dziemianko, A. (2010) 'Paper or Electronic? The Role of Dictionary Form in Language Reception, Production and the Retention of Meaning and Collocations.' *International Journal of Lexicography* 23(3), 257-273.

East, M. (2007) 'Bilingual Dictionaries in Tests of L2 Writing Proficiency: Do They Make a Difference?' *Language Testing* 24 (3), 331-353.

Ferris, D. (1999) 'The Case for Grammar Correction in L2 Writing Classes: A Response to Truscott (1996).' *Journal of Second Language Writing* 8, 1-11.

Ferris, D. and Roberts, B. (2001) 'Error Feedback in L2 Writing Classes: How Explicit Does It Need to Be?' *Journal of Second Language Writing* 10, 161-184.

Fischer, U. (1994) 'Learning Words from Context and Dictionaries: An Experimental Comparison'. *Applied Psycholinguistics* 15 (4), 551-574.

Frankenberg-Garcia, A. (2005a) 'A Peek into What Today's Language Learners as Researchers Actually Do.' *International Journal of Lexicography* 18 (3), 335-355.

Frankenberg-Garcia, A. (2005b) 'Pedagogical Uses of Monolingual and Parallel Concordances.' *ELT Journal* 59 (3), 189-198. Doi: 10.1093/elt/cci038.

Frankenberg-Garcia, A. (2011) 'Beyond L1-L2 Equivalents: Where do Users of English as a Foreign Language Turn for Help?' *International Journal of Lexicography* 24 (1), 97-123.

Grabe, W. and Stoller, F. L. (2002) *Teaching and Researching Reading*. Essex: Longman.

Guillot, M-N. and Kenning, M-M. (1994) 'Electronic Monolingual Dictionaries as Language Learning Aids: A Case Study'. *Computers in Education* 23 (1/2) 63-73.

Hartmann, R. R. K. (1987) 'Four Perspectives on Dictionary Use: A Critical Review of Research Methods.' in *The Dictionary and the Language Learner*. ed. by Cowie, A. Tübingen: Niemeyer, 11-28.

Hartmann, R. R. K. (1989) 'Sociology of the Dictionary User: Hypotheses and Empirical Studies'. in *Dictionaries: An International Encyclopedia of Lexicography*. ed. by Hausmann, F. J., Reichmann, O., Wiegand, H. E., and Zgusta, L. Berlin: Walter de Gruyter, 102-111.

Hartmann, R. R. K. (1999) 'Case Study: The Exeter University Survey of

Dictionary Use.' in *Thematic Network Project in the Area of Languages: Recommendations, National Reports and Thematic Reports from the TNP Sub-project 9: Dictionaries.* ed. by Hartmann, R. R. K. Berlin: Freie Universität Berlin, 36-52.

Harvey, K. and Yuill, D. (1997) 'A Study of the Use of a Monolingual Pedagogical Dictionary by Learners of English Engaged in Writing'. *Applied Linguistics* 18 (3) 253-278.

Hatherall, G. (ed.) (1984) 'Studying Dictionary use: Some Findings and Proposals.' in *LEXeter '83 Proceedings: Papers from International Conference on Lexicography at Exeter 9-12 Sept.* Tübingen: Niemeyer, 183-189.

Hayashi, M. (2001) 'The Acquisition of the Prepositions "in" and "on" by Japanese Learners of English.' *JACET Bulletin* 33, 29-42.

Herbst, T. and Stein, G. (1987) 'Dictionary-using Skills: A Plea for a New Orientation in Language Teaching'. in *The Dictionary and the Language Learner*. ed. by Cowie, A. Tübingen: Niemeyer, 115-127.

Hu, M. and Nation, I. S. P. (2000) 'Unknown Vocabulary Density and Reading Comprehension.' *Reading in a Foreign Language* 13 (1), 403-430.

Huang, R. T., Jang, S. J., Machtmes, K., Deggs, D. (2011) 'Investigating the Roles of Perceived Playfulness, Resistance to Change and Self-management of Learning in Mobile English Learning Outcome.' *British Journal of Educational Technology*, 1-12.

Hulstijn, J. H. (1993) 'When Do Foreign-Language Readers Look Up the Meaning of Unfamiliar Words? The Influence of Task and Learner Variables.' *Modern Language Journal* 77, 139-147.

Hulstijn, J. H. (2001) 'Intentional and Incidental Second Language Vocabulary Learning: A Reappraisal of Elaboration, Rehearsal and Automaticity.' in *Cognition and Second Language Instruction*. ed. by Robinson, P. Cambridge: Cambridge University Press, 258-286.

Hulstijn, J. H. (2003) 'Incidental and Intentional Learning.' in *The Handbook of Second Language Acquisition*. ed. by Doughty, C. and Long, M.

H. Malden, MA: Blackwell publishing, 349-381.

Hulstijn, J. H. and Atkins, B. T. S. (1998) 'Empirical Research on Dictionary Use in Foreign-language Learning: Survey and Discussion.' in *Using Dictionaries: Studies of Dictionary Use by Language Learners and Translators.* ed. by Atkins, B. T. S. Tübingen: Niemeyer 7-19.

Hulstijn, J. H. and Laufer, B. (2001) 'Some Empirical Evidence for the Involvement Load Hypothesis in Vocabulary Acquisition'. *Language Learning* 51 (3), 539-558.

Hulstijn, J. H., Hollander, M., and Greidanus, T. (1996) 'Incidental Vocabulary Learning by Advanced Foreign Language Students: The Influence of Marginal Glosses, Dictionary use, and Reoccurrence of Unknown Words'. *Modern Language Journal* 80 (3), 327-339.

Hurman, J. and Tall, G. (1998) *The Use of Dictionaries in GCSE Modern Foreign Languages Written Examinations (French)*. Birmingham: School of Education, University of Birmingham.

Hurman, J. and Tall, G. (2002) 'Quantitative and Qualitative Effects of Dictionary Use on Written Examination Scores.' *Language Learning Journal* 25, 21-26.

Iwasaki, H. (2006) 'Guessing Meaning of Unknown Words in Monolingual Definitions: A Case of Japanese EFL Learners.' in *English lexicography in Japan.* ed. by Ishikawa, S., Minamide, K., Murata, M. and Tono, Y. Tokyo: Taishukan Publishing Company, 286-297.

Iwasaki, H. (2007) *한국인이 무조건 알아야 할 영영사전 활용법.* 박소연 옮김. 서울: 두앤비컨텐츠.

Iwasaki, H. (2011) 'How Monolingual Definitions Contribute to the Concept of Globish.' in *Lexicography: Theoretical and Practical Perspectives. Papers submitted to the Seventh ASIALEX Biennial International Conference, Kyoto, August 22-24 2011*. ed. by Akasu, A. and Uchida, S. Kyoto, Japan: The Asian Association for Lexicography, 679.

Jacobs, H. L., Zinkgraf, S. A., Wormuth, D. R., Hartfiel, V. F. and Hughey, J. B. (1981) *Testing ESL Composition: A Practical Approach.*

Rowley, MA: Newbury House.

James, C. (1998) *Errors in Language Learning and Use: Exploring Error Analysis*. London: Longman.

Knight, S. (1994) 'Dictionary Use while Reading: the Effects on Comprehension and Vocabulary Acquisition for Students of Different Verbal Abilities.' *Modern Language Journal* 78 (3) 285-299.

Kobayashi, C. (2006) *The Use of Pocket Electronic Dictionaries as Compared with Printed Dictionaries by Japanese Learners of English*. Unpublished Ph.D. dissertation. Ohio, USA: Ohio State University.

Koyama, T. (2006) *For the Effective Use of Hand-held Electronic Dictionaries in the Japanese EFL Context: Focusing on Retention, Reading Comprehension, and Learner's Impressions*. Unpublished doctoral dissertation, Kansai University, Osaka, Japan.

Krantz, G. (1990) *Learning Vocabulary in a Foreign Language: A Study of Reading Strategies*. Göteborg: Acta Universitatis Gothoborgensis.

Krashen, S. D. (1982) *Principles and Practice in Second Language Acquisition*. New York: Pergamon.

Krashen, S. D. (1989) 'We Acquire Vocabulary and Spelling by Reading: Additional Evidence for the Input Hypothesis.' *Modern Language Journal* 73, 440-464

Lantolf, J. P., Labarca, A. and den Truinder, J. (1985) 'Strategies for Accessing Bilingual Dictionaries: A Question of Regulation.' *Hispania* 68, 858-864.

Laufer, B. (2000) 'Electronic Dictionaries and Incidental Vocabulary Acquisition: Does Technology Make a Difference? in *Proceedings of the Ninth Euralex International Congress, EURALEX 2000* ed. by Heid, U., Evert, S., Lehmann, E., Rohrer, C. Stuttgart: Universität Stuttgart, 849-854.

Laufer, B. and Hadar, L. (1997) 'Assessing the Effectiveness of Monolingual, Bilingual, and "Bilingualised" Dictionaries in the Comprehension and Production of New Words'. *Modern Language Journal* 81, 189-196.

Laufer, B. and Hill, M. (2001) 'What Lexical Information Do L2 Learners Select in a CALL Dictionary and How Does It Affect Word Retention?' *Language Learning & Technology 3* (2), 58-76.

Laufer, B. and Hulstijn, J. H. (2001) 'Incidental Vocabulary Acquisition in a Second Language: The Construct of Task-Induced Involvement'. *Applied Linguistics* 22 (1), 1-26.

Laufer, B. and Kimmel, M. (1997) 'Bilingualised Dictionaries: How Learners Really Use Them'. *System* 25 (3), 361-369.

Law, L. and Li, K. (2011) 'Mobile Phone Dictionary: Friend or Foe?: A User Attitude Survey of Hong Kong Translation Students.' in *Lexicography: Theoretical and Practical Perspectives. Papers submitted to the Seventh ASIALEX Biennial International Conference, Kyoto, August 22-24 2011*. ed. by Akasu, A. and Uchida, S. Kyoto, Japan: The Asian Association for Lexicography, 303-312.

Lew, R. (2010) 'Users Take Shortcuts: Navigating Dictionary Entries.' in *Proceedings of the XIV Euralex International Congress*. ed. by Dykstra, A. and Schoonheim, T. Leeuwarden, The Netherlands: Fryske Akademy, 1121-1132.

Lew, R. and Doroszewska, J. (2009) 'Electronic Dictionary Entries with Animated Pictures: Lookup Preferences and Word Retention.' *International Journal of Lexicography* 22 (3), 239-257.

Lew, R. and Galas, K. (2008) 'Can Dictionary Skills be Taught?: the Effectiveness of Lexicographic Training for Primary-school-level Polish Learners of English'. in *Proceedings of the XIII EURALEX International Congress*. ed. by Bernal, E. and DeCesaris, J. Barcelona: Universitat Pompeu: Fabra, 1273-1285.

Lew, R. and Pajkowska, J. (2007) 'The Effect of Signposts on Access Speed and Lookup Task Success in Long and Short Entries.' *Horizontes de Linguistica Aplicada* 6 (2), 235-252.

Li, L. (1998) 'Dictionaries and their Users at Chinese Universities: With Special Reference to ESP Learners.' in *Lexicography in Asia*, ed. by

McArthur, T. and Kernerman, I. Jerusalem: Password Publishers, 61-80.

Liu, N. and Nation, I. S. P. (1985) ‘Factors Affecting Guessing Vocabulary in Context.’ *RELC Journal* 16, 33-42.

Luppescu, S. and Day, R. (1993) 'Reading, Dictionaries, and Vocabulary Learning'. *Language Learning* 43 (2), 263-287.

MacFarquhar, P. D. and Richards, J. C. (1983) 'On Dictionaries and Definitions'. *RELC Journal* 14 (1), 111-124.

Mackintosh, K. (1998) ‘An Empirical Study of Dictionary Use in L2-L1 Translation.’ in *Using Dictionaries: Studies of Dictionary Use by Language Learners and Translators.* ed. by Atkins, B. T. S. Tübingen: Niemeyer, 123-149.

McCreary, D. R. (2002) ‘American Freshmen and English Dictionaries: “I Had Aspersions of Becoming an English Teacher”.’ *International Journal of Lexicography* 15(3), 181-205.

McKeown, M. (1993) 'Creating Effective Definitions for Young Word Learners'. *Reading Research Quarterly* 28 (1), 16-31.

Meara, P. (2001) *V_States, v. 0.3.* [computer programme] Swansea: University of Wales Swansea.

Midlane, V. (2005) ‘Students’ Use of Portable Electronic Dictionaries in the EFL/ESL Classroom: A Survey of Teacher Attitudes.’ [Available at http://www.hankgatetutors.co.uk/PEDs/htm].

Miller, G. and Gildea, P. (1985) 'How to Misread a Dictionary'. *AILA Bulletin* final issue, 13-26.

Miller, G. and Gildea, P. (1987) ‘How Children Learn Words’. *Scientific American* September, 86-91.

Mitchell, E. (1983) ‘Formative Assessment of Reading’. *Working Paper 20: Search-do Reading: (2) Using a Dictionary—a Preliminary Analysis*. Aberdeen: Aberdeen College of Education.

Mochizuki, M. (2006) ‘Acquisition of Different Senses of Prepositions and its Implications for Lexicography.’ in *English lexicography in Japan.* ed. by Ishikawa, S., Minamide, K., Murata, M. and Tono, Y.,

Tokyo: Taishukan Publishing Company, 262-273.
Moskowitz, G. (1967) 'The Flint System: An Observational Tool for the Foreign Language Classroom'. in *Mirrors for Behavior: An Anthropology of Classroom Observation Instruments*. ed. by Simon, A. and Boyer, E. E. Philadelphia: Center for the Study of Teaching at Temple University, 1-15.
Mouly, G. J. (1978) *Educational Research: the Art and Science of Investigation*. Boston, Mass: Allyn and Bacon.
Müllich, H. (1990) 'Die Definition ist blöd!' *Herübersetzen ist dem einsprachigen Wörterbuch. Das französische und englische Lernerwörterbuch in der Hand der deutschen Schüler*. Tübingen: Niemeyer.
Nakayama, N. and Osaki, S. (2006) 'How the Rate of Unknown Words Affects Word Search and Reading Comprehension: Hand-held Electronic Dictionaries vs. Paper Dictionaries.' in *English lexicography in Japan.* ed. by Ishikawa, S., Minamide, K., Murata, M. and Tono, Y. Tokyo: Taishukan Publishing Company, 298-310.
Nation, I. S. P. (2001) *Learning Vocabulary in Another Language*. Cambridge: Cambridge University Press.
Nation, I. S. P. (2005) 'Teaching and Learning Vocabulary'. in *Handbook of Research in Second Language Teaching and Learning*. ed. by Hinkel, E. Mahwah, New Jersey: Laurence Erlbaum, 581-595.
Nesi, H. (1999) 'The Specification of Dictionary Reference Skills in Higher Education.' in *Thematic Network Project in the Area of Languages: Recommendations, National Reports and Thematic Reports from the TNP Sub-project 9: Dictionaries*. ed. by Hartmann, R. R. K. Berlin: Freie Universität Berlin, 53-67. [Reprinted in *Lexicography: Critical Concept (Vol. 1)*. ed. by Hartmann, R. R. K. (2003) London: Routledge, 370-393].
Nesi, H. (2000) 'On Screen or in Print? Students' Use of a Learner's Dictionary on CD-ROM and in Book Form'. in *EAP Learning Technologies*. ed. by Howarth, P. and Herington, R. Leeds: Leeds

University Press, 106-114.

Nesi, H. (in press) 'Researching Users and Uses of Dictionaries.' in *Continuum Companion to Lexicography*. ed. by Jackson, H. London: Continuum.

Nesi, H. and Haill, R. (2002) 'A Study of Dictionary Use by International Students at a British University'. *International Journal of Lexicography* 15 (4), 277-305.

Nesi, H. and Meara, P. (1991) 'How Using Dictionaries Affects Performance in Multiple-Choice EFL Tests'. *Reading in a Foreign Language* 8 (1), 631-43.

Nesi, H. and Meara, P. (1994) 'Patterns of Misinterpretation in the Productive Use of EFL Dictionary Definitions'. *System* 22 (1), 1-15.

Nesi, H. and Tan, K. H. (2011) 'The Effect of Menus and Signposting on the Speed and Accuracy of Sense Selection.' *International Journal of Lexicography* 24 (1), 79-96.

Neubauer, F. (1989) 'Vocabulary Control in the Definitions and Examples of Monolingual Dictionaries.' in *Dictionaries: An International Encyclopedia of Lexicography*. ed. by Hausmann, F. J., Reichmann, O., Wiegand, H. E., and Zgusta, L. Berlin: Walter de Gruyter, 899-905.

Ogden, C. K. (1934) *Basic English*. New York: Harcourt, Brace.

Osaki, S., Ochiai N., Iso, T. and Aizawa, K. (2003) 'Electronic Dictionary vs. Paper Dictionary: Accessing the Appropriate Meaning, Reading Comprehension and Retention'. in *Proceedings of the 3rd ASIALEX Biennial International Conference*. ed. by Murata, M., Yamada, S. and Tono, Y. Chiba: Meikai University, 205-212.

Ozawa, S. and Ronald, J. (2009) 'Electronic Dictionaries in the Classroom'. in *Perspectives in Lexicography: Asia and Beyond*. ed. by Ooi, V. B. Y., Pakir, A., Talib, I. S. and Tan, P. K. W. Tel Aviv: K Dictionaries ltd., 129-137.

Park, J. E. (2001) 'Korean EFL Learners' Vocabulary Learning Strategies'. *English Teaching* 56 (4), 3-30.

Poulet, G. (1999) 'Instruction in Dictionary Use and Foreign Language Training: the English Scene.' in *Thematic Network Project in the Area of Languages: Recommendations, National Reports and Thematic Reports from the TNP Sub-project 9: Dictionaries.* ed. by Hartmann, R. R. K. Berlin: Freie Universität Berlin, 78-82.

Pressley, M. and Afflerbach, P. (1988) *Verbal Protocols of Reading: The Nature of Constructively Responsive Reading*. Hillsdale, New Jersey: Erlbaum.

Quirk, R. (1973) 'The Social Impact of Dictionaries in the UK'. in *Lexicography in English.* ed. by McDavid, R. I. and Duckert, A. R. New York: New York Academy of Sciences, 76-83 [Reprinted in *Lexicography: Critical Concept (Vol. 1)*. ed. by Hartmann, R. R. K. (2003) London: Routledge, 312-326].

Ronald, J. (2006) *Second Language Vocabulary Acquisition through Dictionary Use*. Unpublished doctoral dissertation, Swansea: University of Wales Swansea.

Ronald, J. (2009) 'Repeated L2 Reading With and Without a Dictionary'. in *Lexical Processing in Second Language Learners.* ed. by Fitzpatrick, T. and Barfield, A. Bristol: Multilingual Matters, 82-94.

Rossner, R. (1985) 'The Learner as Lexicographer.' in *Dictionaries, Lexicography and Language Learning.* ed. by Ilson, R. Oxford: Pergamon Press and the British Council, 89-95.

Rundell, M. (1999) 'Dictionary Use in Production'. *International Journal of Lexicography* 12 (1), 35-53.

Schmitt, N. (1997) 'Vocabulary Learning Strategies'. in *Vocabulary: Description, Acquisition, and Pedagogy*. ed. by Schmitt, N. and McCarthy, M. Cambridge: Cambridge University Press, 199-227.

Schmitt, N., Schmitt, D., and Clapham, C. (2001) 'Developing and Exploring the Behaviour of Two New Versions of the Vocabulary Levels Test.' *Language Testing* 18 (1), 55-88.

Scholfield, P. (1982) 'Using the English Dictionary for Comprehension'. *TESOL Quarterly* 16, 185-194.

Scholfield, P. (1999) 'Dictionary Use in Reception'. *International Journal of Lexicography* 12 (1), 13-34.

Sharpe, P. (1995) 'Electronic Dictionaries with Particular Reference to the Design of an Electronic Bilingual Dictionary for English-speaking Learners of Japanese'. *International Journal of Lexicography* 8 (1), 39-54.

Stark, M. (1990) *Dictionary Workbooks (Exeter Linguistics Studies 16)*. Exeter: University of Exeter Press.

Szirmai, M. (2009) 'The Benefits of CD-ROM Dictionaries in Teaching'. in *Perspectives in Lexicography: Asia and Beyond*. ed. by Ooi, V. B. Y., Pakir, A., Talib, I. S. and Tan, P. K. W. Tel Aviv: K Dictionaries, 139-147.

Tang, G. (1997) 'Pocket Electronic Dictionaries for Second Language Learning: Help or Hindrance?' *TESL Canada Journal* 15 (1), 39-57.

Taylor, A. and Chan, A. (1994) 'Pocket Electronic Dictionaries and their Use.' in *Euralex 1994 Proceedings: Papers Submitted to the 6th EURALEX International Congress on Lexicography in Amsterdam, the Netherlands*. ed. by Martin, W., Meijs, W., Moerland, M., ten Pas, E., van Sterkenburg, P. and Vossen, P. Amsterdam: Euralex, 598-605.

Thorndike, E. L. and Lorge, I. (1944) *The Teacher's Wordbook of 30,000 Words*. New York: Columbia University Press.

Thornton, P. and Houser, C. (2004) 'Using Mobile Phones in Education'. in *Proceedings of the 2nd IEEE International Workshop on Wireless and Mobile Technologies in Education*, 3-10.

Thumb, J. (2004) *Dictionary Look-Up Strategies*. Tübingen: Niemeyer.

Tomaszczyk, J. (1979) 'Dictionaries: Users and Uses'. *Glottodidactica* 12, 103-119.

Tono, Y. (1984) *On the Dictionary User's Reference Skills*. Unpublished B.Ed. thesis. Tokyo: Gakugei University.

Tono, Y. (1989) 'Can a Dictionary Help One Read Better?: On the Relationship between EFL Learners' Dictionary Reference Skills and

Reading Comprehension.' in *Lexicographers and their Works. Exeter Linguistics Study Vol. 14*. ed. by James, G. Exeter: University of Exeter, 192-200.

Tono, Y. (1992) 'Guide Word or Signpost?: An Experimental Study on the Effect of Meaning Access Indexes in EFL Learners' Dictionaries.' *English Studies* 28, 55-77.

Tono, Y. (1998) 'Interacting with the Users: Research Findings in EFL Dictionary User Studies.' in *Lexicography in Asia*. ed. by McArthur, T. and Kernerman, I. Jerusalem: Password Publishers, 97-118.

Tono, Y. (2000) 'On the Effects of Different Types of Electronic Dictionary Interfaces on L2 Learners' Reference Behaviour in Productive / Receptive Tasks.' in *Proceedings of the Ninth EURALEX International Congress*. ed. by Heid, U., Evert, S., Lehmann, E., and Rohrer, C. Stuttgart: Universitat Stuttgart, 855-861.

Tono, Y. (2001) 'Research on Dictionary Use: Methodological Considerations.' in Tono, Y. *Research on Dictionary Use in the Context of Foreign Language Learning*. Tübingen: Niemeyer, 59-72. [Reprinted in *Lexicography: Critical Concept (Vol. 1)*. ed. by Hartmann, R. R. K. (2003). London: Routledge, 394-412].

Tono, Y. (2001) *Research on Dictionary Use in the Context of Foreign Language Learning*. Tübingen: Niemeyer.

Truscott, J. (1996) 'The Case against Grammar Correction in L2 Writing.' *Language Learning* 46, 327-369.

Uzawa, K. and Cumming, A. (1989) 'Writing Strategies in Japanese as a Foreign Language: Lowering or Keeping Up the Standards.' *The Canadian Modern Language Review* 46 (1), 178-194.

Varantola, K. (1998) 'Translators and Their Use of Dictionaries: User Need and User Habits.' in *Using Dictionaries: Studies of Dictionary Use by Language Learners and Translators*. ed. by Atkins, B. T. S. Tübingen: Niemeyer, 179-192. [Reprinted in *Lexicography: Critical Concept (Vol. 1)*. ed. by Hartmann, R. R. K. (2003) London: Routledge, 336-354].

Victori, M. (1999) 'An Analysis of Writing Knowledge in EFL Composing: A Case Study of Two Effective and Less Effective Writers.' *System* 2 (4), 537-555.

Watanabe, T., Itagaki, N., Suzuki, M., and Kubota, Y. (2006) 'Incidental Learning from English-Japanese Dictionaries: Silent Reading Rather Than Note Taking Enhances Memory.' in *English Lexicography in Japan.* ed. by S Ishikawa, S., Minamide, K., Murata, M. and Tono, Y. Tokyo: Taishukan Publishing Company, 250-261.

Welker, H. A. (2010) *Dictionary Use: A General Survey of Empirical Studies*. Brasilia: Author's edition. [Available at http://www.let.unb.br/hawelker/dictionary_use_research.pdf].

West, M. (1953) *A General Service List of English Words*. London: Longman

Whitcut, J. (1986) 'The Training of Dictionary Users'. in *Lexicography: An Emerging Profession*. ed. by Ilson, R. Manchester: Manchester University Press, 111-121.

Whitfield, J. (1993) '"Dictionary Skills" is not a Four-letter Word.' *English Journal* 82 (8), 38-40.

Widdowson, H. G. (1978) *Teaching Language as Communication*. Oxford: Oxford University Press.

Wingate, U. (2004) 'Dictionary Use—the Need to Teach Strategies.' *Language Learning Journal* 29, 5-11.

Yamada, S. (2006) 'Student's Evaluation and Use of Web-based EFL Dictionaries.' in *English lexicography in Japan*. ed. by Ishikawa, S., Minamide, K., Murata, M. and Tono, Y. Tokyo: Taishukan Publishing Company, 311-324.

Yamada, S. (2009) 'EFL Dictionaries on the Web: Students' Appraisal and Issues in the Cambridge, Longman, and Oxford Dictionaries.' in *Perspectives in Lexicography: Asia and Beyond*. ed. by Ooi, V. B. Y., Pakir, A., Talib, I. S. and Tan, P. K. W. Tel Aviv: K Dictionaries, 87-103.

Yamaoka, T. (1994) 'A Prototype Analysis of the Learning of *On* by

Japanese Learners of English and the Potentiality of Prototype Contrastive Analysis (Part 1).' *Hyogo University Teacher Education Journal* 15, 51-59.

Yamaoka, T. (1995) 'A Prototype Analysis of the Learning of *On* by Japanese Learners of English and the Potentiality of Prototype Contrastive Analysis (Part 2).' *Hyogo University Teacher Education Journal* 16, 43-49.